ELVEA VERLAG
PRINT & DIGITAL

AF547435

Autorin

Barbara Schlüter ist seit **33** Jahren selbständige Kommunikationstrainerin, Coach und Managementberaterin. Als wissenschaftliche Assistentin (damals Barbara Kroemer) am Historischen Seminar der Universität Hannover bot sie als Erste Veranstaltungen zum Thema ›Frauen in der Geschichte‹ an. Mit ihrem Sachbuch ›Rhetorik für Frauen‹ (1987) hat sie Pionierarbeit auf diesem Gebiet geleistet.
Sie lebt nach einigen Jahren im Rheinland seit 2001 wieder in ihrer Heimatstadt Hannover und auf La Palma.
Ihre historische Romanreihe um 1890 ›Vergiftete Liebe‹, ›Verheimlichte Liebe‹, ›Gerächter Zorn‹ mit Detektivin Elsa besteht aus jeweils in sich abgeschlossenen Folgen. Außerdem ist Elsa aktiv in der Hannover Erzählung (1889) Wenn der Kaiser kommt, ist Feiertag in ›Ausgerechnet zum Feiertag – historische Mord(s)geschichten‹ und in ›Ein eiskaltes Händchen‹ (Hannover 1888/89) in: Joachim Anlauf, Peter Gerdes (Hrsg) Tod unterm Schwanz, Anthologie zur Criminale 2020 in Hannover, Gmeiner Verlag.
www.dr.b-schlueter.de

Barbara Schlüter

Gerächter Zorn

Gesellschaftsroman um 1891

Bibliografische Information der Deutschen Nationalbibliothek:
Die Deutsche Nationalbibliothek verzeichnet diese Publikation in der Deutschen Nationalbibliografie; detaillierte bibliografische Daten sind im Internet über dnb.dnb.de abrufbar.

Die Handlung und alle Personen des Textes sind frei erfunden.
Alle möglichen Ähnlichkeiten mit tatsächlichen Vorgängen oder Ereignissen bzw. mit lebenden oder gestorbenen Personen sind rein zufällig.

1. Auflage: Schardt-Verlag 2016

Neuauflage: © ELVEA 2021

Layout: Uwe Köhl
Grafikgestaltung: Barbara Bär
Bildquelle/Titelbild: Archiv Bernd Sperlich

Der Verlag ist erreichbar:
Elvea Verlag
Am Silberbach 22
09123 Chemnitz
Deutschland
Mail: elveaverlag@t-online.de

Druck: Libri Plureos GmbH, Friedensallee 273, 22763 Hamburg

Projektleitung
BOOKUNIT

ISBN: 978-3-946751-80-9

Selig sind, die da hungert und dürstet nach der Gerechtigkeit.
Matthäus, Kapitel 5, Vers 6

Wo Gefahr ist, wächst das Rettende auch.
Friedrich Hölderlin

Inhaltsverzeichnis

Prolog

Endlich endete das Warten. Ein letzter Atemzug, dann war es vorbei. Die zusammengesunkene Gestalt hob den Kopf, den sie nervös in den Händen geborgen hatte, und blickte auf den Menschen, der kurz zuvor das Irdische gesegnet hatte – noch verzerrte sich das Gesicht im Todeskampf. Über die angespannte Miene glitt flüchtig ein sphinxartiges Lächeln, die verkrampften Finger begannen sich zu lösen. Zitternd stand sie auf – als sie ihren Knien wieder trauen konnte, huschte sie auf leisen Sohlen hin und her. Und plötzlich gab sie einen Laut von sich, der etwas von Genugtuung hatte.

Neben Erleichterung verspürte sie Befriedigung und einen stillen Triumph. Denn einzugreifen, auch hinsichtlich Leben und Tod, um Unrecht zu verhindern, fühlte sich letztendlich nach all den langen Bedenken richtig an. Es folgte ein nachdrückliches Nicken – rätselhaft, wem es gelten sollte, es befand sich niemand weiter im Raum. Nachdem sie tief durchgeatmet hatte, sortierte sie die Medikamente auf dem Nachtschränkchen, wobei sie ein kleines Fläschchen in ihre Rocktasche steckte. Während sie sich in der Waschschüssel gründlich die Hände wusch, summte sie zufrieden eine Melodie vor sich hin – in Dur, nicht in Moll.

»Das wäre überstanden«, murmelte sie, »eine Gefahr aus dieser Welt geschafft. Der Gerechtigkeit ist Genüge getan, nun ist es Zeit, sich wieder den Lebenden zu widmen. Gottes Arm reicht manchmal nicht überall hin, da braucht er seine irdischen Heerscharen zur Unterstützung. Der weitere Lauf der Dinge kann nur besser werden. Nur darum geht es, denn das ist es schließlich, was zählt.«

kanarischen Insel unserer Geburt, erbrachte ja dann endlich Klarheit über die familiären Wurzeln. Da geht es uns doch wohl jetzt Gold, liebe Emilie, es sei denn, du magst von dem Traum nach dem adeligen Titel partout nicht lassen!«

Ob sie aus Verlegenheit oder Ärger leicht errötete, wusste Emilie selber nicht so genau. Aber nachdem sie ihren Zwilling nun über ein Jahr kennengelernt und einige Abenteuer mit ihr bestanden hatte, entgegnete sie lächelnd: »Elsa, manchmal benimmst du dich wirklich wie ein Biest.«

»Mag sein«, konterte diese. »Du hast jedoch zuweilen noch Flausen im Kopf. Und viel zu viel Ehrfurcht vor allem, was adelig ist. Das zeigt sich ja oft genug, wie du dich von Sophie von Elßtorffs unsäglicher Cousine, der schrecklichen Tante Edelgarde, Gräfin von Potocki, unterbuttern lässt. Aber jetzt mal im Ernst: Der Dreh- und Angelpunkt besteht doch darin, dass zunächst wir Schwestern, danach wir vier sowohl durch Nachforschungen als auch einige beherzte Fügungen des Schicksals zusammenfanden. Das allein ist es, was zählt, und dafür bin ich außerordentlich dankbar.«

Wie so oft hatte Elsa die Dinge auf den Punkt gebracht – alle stimmten ihr zu.

»Ja, da hast du völlig recht. Und selbst wenn sich jeder von uns fragt, wie es weitergehen soll – wir brauchen Zeit, und die sollten wir uns auch geben.« Nachdenklich blickte Wilhelm Jacob seine Tochter und seine Enkelinnen der Reihe nach an. »Du, Ernestine, befindest dich nach dem über fünfzehn Jahre dauernden Gedächtnisverlust noch in der Rekonvaleszenz. Ruhe, Ruhe und nochmals Ruhe, keine Aufregungen, wenig Veränderungen, Spaziergänge, so lauten die Empfehlungen von Dr. Petzold, dem erfahrenen alten Hausarzt der von Elßtorffschen Familie. Denn wichtig ist, dass du dein Erinnerungsvermögen nach und nach vollständig zurückgewinnst. Hier oben auf dem Lindener Berg ist die Luft ja zum Glück viel besser als unten, wo die Schlote um die Wette rauchen. Es lässt sich am Wasserhochbehälter, der aussieht wie eine trutzige Festung, trefflich spazieren gehen. Auch eine kleine Gartenkolonie für die Arbeiterfamilien, die gerade entsteht, ist sehr einladend. Kurz und gut: so gern ich euch junge Damen hier im Haus hätte, und Platz ist mehr als genug, so weiß ich doch wie Sophie von Elßtorff ebenso wie Maximilian und Heinrich, euch schmerzlich vermissen würden. Deshalb sind Ernestine und ich uns einig, erst mal alles so zu belassen, wie es ist und …«

Da unterbrach ihn die sonst so sanftmütige Ernestine ungeduldig. Auf ihren Wangen zeichneten sich vor Aufregung rote Flecken ab.

»Ganz recht, Papa, wir werden sehen, wie lange meine Rekonvaleszenz dauert. Aber ich kann euch gar nicht sagen, wie aufgeregt ich bin, wenn ich an das morgige Wiedersehen mit meiner alten Pensionatsfreundin Sophie denke. Schließlich sind zwanzig Jahre vergangen, seit wir uns das letzte Mal gesehen haben. Das ist ja unser halbes Leben. Hoffentlich erkennen wir uns überhaupt noch. Hauptsache, ich bekomme nicht vor lauter Aufregung Migräne. Und wer weiß …« Sie verhaspelte sich und rang nervös die Hände. Was, wenn sie sich gar nicht würde erinnern können? Viele Ereignisse aus der Vergangenheit tauchten unklar und diffus auf, manche traten dann plötzlich klar aus dem Gedächtnis heraus. Aber die großen Lücken waren beängstigend.

»Meine liebe Mama«, Elsa genoss es immer wieder von Neuem, nicht nur eine Mutter zu haben, sondern die bitter vermisste Anrede zu gebrauchen, um die sie ihren Ziehbruder Heinrich als Kind so schmerzlich beneidet hatte, »meine liebe Mama«, wiederholte sie in verschwörerischem Ton, »glaub mir, Tante Sophie ist mindestens so aufgeregt wie du.«

Besorgt mischte sich Wilhelm Jacob ein: »Nun lasst mal die Kirche im Dorf! Aufregung tut eurer Mutter nicht gut. Schließlich gibt es so viel Grund zur Freude.«

Insgeheim nahm er sich jedoch vor, bald mit seiner Tochter über eine finanzielle Versorgung seiner Enkeltöchter zu sprechen. Alle drei Frauen wussten bisher nicht, über welche Mittel er wirklich verfügte. Zudem stand er mit der Gräfin in München in engem Kontakt, wofür diese extra ein Telefon angeschafft hatte. Bei ihr hatte er durch seine klugen Ratschläge, wie er schmunzelnd festgestellt hatte, offenbar einen Stein im Brett.

Die eigensinnige und oft ungeduldige Elsa riss ihn aus seinen Gedanken. »Ja, Großvater, gönnen wir uns Zeit. Gut Ding will Weile haben – nach den vielen Veränderungen und Aufregungen wird uns ein wenig Normalität guttun. Es sind ja keine Mordanschläge mehr auf uns zu befürchten noch mysteriöse Todesfälle zu klären. Apropos Normalität«, fügte sie schleunigst hinzu, um das Thema zu wechseln, als sie die besorgte Miene ihrer Mutter bemerkte. »Wann dürfen wir denn deine Fabrik besichtigen? Und wieso hast du eigentlich nicht eine Fabrikantenvilla direkt daneben gebaut?«

»Weil deine Großmutter uns noch etwas Privatleben erhalten wollte, du Naseweis.«

»Und Cord hospitiert bei dir und wird im Oktober an der Königlich Technischen Hochschule im ehemaligen Welfenschloss studieren?«

»Ja, das wird er. Und er macht sich hervorragend in der Fabrik. Er hat ein gutes Vorstellungsvermögen und ein Händchen für Maschinen. Das hätte ich ehrlich gesagt von dem Sohn eines sozialdemokratischen Volksschullehrers nicht unbedingt erwartet. Ein famoser Bursche, bin schon dabei, ihn auch in der Continental-Caoutchouc AG als Praktikanten unterzubringen.«

Erfreut lächelte Elsa ihren Großvater an – es gefiel ihr, dass ihr junger Freund und Gefährte hier solche Förderung fand.

Emilie hatte sich etwas überlegt. »Tante Sophie hat ja letztes Jahr, als sie für das Kinderheim des Henriettenstiftes auf Norderney spendete, obendrein eine finanzielle Patenschaft für eine Familie in Linden übernommen. Unsere Haushälterin Marga, die ja auch aus Linden stammt, unterstützt die dort eingesetzte Diakonisse Karla. Momentan ist die zweite Diakonisse erkrankt, und kurzfristig kann die Henriettenstiftung keinen Ersatz stellen. Da wird jede helfende Hand gebraucht, gern möchte ich mit anpacken. Uns ist so viel Gutes widerfahren, das hätte genauso ganz anders ausgehen können. Vielleicht kann ich an der einen oder anderen Stelle Menschen, denen das Schicksal nicht so wohlgesonnen ist, etwas Unterstützung geben.«

Nachdenklich blickte Elsa ihre Schwester an. »Meine Liebe, das ist eine hervorragende Idee, ich bin dabei.«

Möglicherweise ist das, so dachte sie pragmatisch, nicht zuletzt eine gute Ablenkung von all den offenen Fragen, die zurzeit anstehen. Wobei ihre Gedanken zu ihrem Ärger kurz zu dem Rechtsanwalt Victor Rehnhoff abschweiften, dessen wankelmütiges Benehmen sie im Laufe des vergangenen Jahres allzu oft beschäftigt hatte.

»Vielleicht würde auch unsere Freundin Isidora Kaulbach dafür zu gewinnen sein.«

»Wer weiß, was deren Fastverlobter, der Chemiefabrikant, davon hält. Den muss sie jetzt wohl fragen. Abgesehen davon schreibt sie ja an ihrem ersten Roman – sie macht sich jetzt schon rar. Da wird sie nicht noch Zeit erübrigen können, um in Linden die Diakonisse zu unterstützen.«

Emilie blickte zu ihrer Mutter und fügte erklärend hinzu: »Isidora ist die Tochter des Malers Friedrich Kaulbach und eine alte Freundin von Elsa. Sie begleitete uns letzten Sommer nach Norderney und ebenso bei unserer Reise zu den kanarischen Inseln. Du wirst sie gewiss bald kennenlernen.«

Indessen hatte sich Ernestine in ihrem Armlehnstuhl aufgerichtet und erklärte bestimmt: »Emilie, inwieweit und womit deine Schwester und du der Diakonisse helfen könnt, das möchte ich zunächst morgen mit Sophie besprechen. Bist du schon mal in einem Arbeiterhaushalt gewesen?« Während Emilie verneinte, erwiderte Elsa: »Ich habe Marga mal begleitet, Maman. Aber die sagte damals, in jeden Haushalt würde sie mich nicht mitnehmen.«

Großvater Jacob räusperte sich und meinte: »Nun, verglichen mit vor einigen Jahren haben sich die Lebensumstände in der Industriestadt Linden zum Glück etwas verbessert. Die Bevölkerung ist ja durch Zuzug von Arbeitern in einem Tempo gewachsen, mit dem der Wohnungsbau nicht mithalten konnte. Und es gab auch eine Reihe von schlechten Wirtschaftsjahren. Die Verhältnisse in Linden Süd, Mitte und Nord sind zum Teil recht unterschiedlich.« Er unterbrach sich, schluckte offenbar weitere Ausführungen hinunter, schlug dann aber vor: »Was haltet ihr davon, wenn ihr in der Warteschule des Vereins christlicher Jungfrauen für Zwecke der Inneren Mission helft? Da wird gottgefällige Liebestätigkeit gewiss immer benötigt.«

»Warteschule?« Ernestines Gesicht war ein einziges Fragezeichen.

»Warteschulen oder Kinderbewahranstalten sind Pflegeanstalten für kleinere Kinder unbemittelter Eltern. Diese gewähren den Kindern armer, rechtlicher Eheleute von eineinhalb bis sechs Jahren Schutz, Aufsicht, Pflege und Nahrung. Die Kleinen werden frühmorgens gebracht und abends wieder abgeholt.«

Wie so oft erkannte Elsa sofort den Haken an der Sache. »Bedeutet rechtliche Eheleute verheiratete Paare, so dass man uneheliche Abkömmlinge nicht aufnimmt?«

Alle blickten ebenso betroffen wie gespannt zu Wilhelm Jacob. »Leider ist das so. Ich habe das stets als pharisäerhaft verurteilt, denn gerade diese Sprösslinge benötigen doch Hilfe!« Er zögerte einen Moment, bevor er weitersprach. »Uneheliche Kinder bleiben von einer Betreuung ausgeschlossen, so hieß es, da selbstredend aus einer Wohltätigkeitsanstalt kein Beförderungsmittel der Unzucht werden dürfe.«

Während Emilie peinlichst berührt zusammenzuckte, wurde Ernestine abwechselnd rot und blass. »Das ist eine hanebüchene Ungerechtigkeit! In der Arbeiterschaft haben die alleinstehenden Mütter ja noch weniger Chancen, sich durchzubringen. Manchmal lassen mich diese selbstgerechten guten Christen wirklich verzweifeln!«

»Empörend!«, stimmte Elsa ihr zu und ergriff tröstend die Hand ihrer Mutter.

»Man muss sich über solche Kleingeister hinwegsetzen und gerade dort helfen, wo man kann.« Wilhelm Jacob, der das Thema der Unehelichkeit weder verschweigen noch überbewerten wollte, blieb ruhig. »Dennoch dürfen wir nicht verkennen, dass die 1888 eröffnete Warteschule des Jungfrauenvereins dringend benötigt wurde. Denn die Krippe der Mechanischen Weberei betreut zwar 150 Kinder, nimmt aber nur Sprösslinge ihrer dort beschäftigten Eltern auf. Und die Egestorffsche Verwahranstalt der Hanomag versorgt 45 kleine Erdenbürger, das reicht bei weitem nicht mehr aus.«

»Onkel Maximilian erzählte, dass das Gebäude der Warteschule des Jungfrauenvereins nach modernsten Gesichtspunkten gebaut wurde, mit einem Warmbad nach dem Vorbild der Warmwasseranlage im Elefantenhaus, die dort das Nilpferdbecken beheizt.«

Dies fand selbst Emilie so kurios, dass es ihr ein Lächeln abrang. »Den Zoo möchte ich auch gern mal besuchen.«

»Das lässt sich gewiss einrichten«, entgegnete ihre Schwester. »Jedenfalls leitet die Warteschule die im Henriettenstift ausgebildete Kinderlehrerin Marie Preuß, und die Diakonisse der benachbarten Schwesternstation wurde zur Hausmutter bestellt. Da haben wir also schon Verbindungen, denn mit der ist ja auch unsere Marga befreundet.«

»Ich möchte aber lieber Erkrankte in den Familien besuchen«, schaltete sich Emilie ein. »Da wird am dringendsten Unterstützung gebraucht.«

Ernestine beendete das Thema: »Sophie und ich werden das miteinander abklären, es kommt ja jetzt nicht auf einen Tag an.«

Unsere Mutter beginnt, die Zügel in die Hand zu nehmen, konstatierte Elsa. Nun haben wir ein Trio, das um unser Wohl besorgt ist: unsere leibliche Mama, Tante Sophie und Marga, die für mich von klein auf eine Vertrauensperson war. Wer wird schon so vielfach bemuttert wie wir? Sie drückte die Hand ihrer Schwester, die dies mit einem Lächeln erwiderte – zufrieden sahen die beiden sich an.

»Eine wichtige Frage habe ich aber noch, liebe Mama«, Elsa blickte verschmitzt in die Runde, »wer von uns beiden ist denn die Erstgeborene?« Alle Anwesenden hielten den Atem an und begannen dann zu lächeln – hatte es doch genau zu dieser Frage letztes Jahr auf Norderney ein kleines Wortgeplänkel zwischen den Zwillingen gegeben.

Ernestine, in Unkenntnis dieser Vorgeschichte, fühlte sich etwas irritiert, antwortete aber prompt: »Das ist nicht schwer zu erraten, denn es richtet sich nach dem Alphabet. L kommt vor M, also ist Elsa die erste gewesen, die auf La Palma das Licht der Welt erblickte.«

Diese schlug völlig undamenhaft erst sich selber, dann ihrer Schwester vergnügt auf die Schenkel und jubelte: »Hab ich es nicht gesagt!«

»Genau diese Vermutung äußerte Elsa letztes Jahr auf Norderney«, erläuterte Wilhelm Jacob seiner Tochter.

Die lächelte. »Der Apfel fällt nicht weit vom Stamm!« – womit ausnahmsweise mal nicht Elsa, sondern ihre Mutter das letzte Wort hatte.

Ohne Scham

Während Cord die Falkenstraße hinunterging, kreisten seine Gedanken um eine Maschine in der Möbelfabrik Wilhelm Jacobs. Da beförderte ihn ein Pfiff in die Realität zurück. Kalle, ein etwa dreizehnjähriger typischer Lindener Butjer, stand vor ihm, schob die Schiebermütze nach hinten und zupfte sich am Ohrläppchen. Er umfasste, nachdem Cord diese Geste spiegelverkehrt wiederholt hatte, mit der rechten Hand dessen Handgelenk, was von weitem so aussah, als würden sich die beiden die Hände schütteln. Zweifellos handelte es sich um ein Mitglied der roten Füchse, einer Gruppe von Jungen, die in der Zeit der Sozialistenverfolgungen ein geheimes System aufgebaut hatten, um Genossen vor Polizeieinsätzen und Bespitzelungen zu warnen. Der Vater von Cord, ein außerordentlich belesener Volksschullehrer, wegen seiner sozialdemokratischen Gesinnung auch der ›rote‹ Breuer genannt, hatte damals seinem Neffen die Gründung dieses Bundes gestattet. Und Jahre später, 1890, waren die roten Füchse unter der Leitung seines Sohnes Cord aktiv geworden, um dessen Freundin Elsa bei der Aufklärung eines mysteriösen Todesfalls im Königlichen Schauspielhaus zu unterstützen.

»Mensch, Cord, wie gut, dass ich dich treffe, ich brauche deine Hilfe«, flüsterte der Junge. »Ich habe den Verdacht, dass bei uns gerade eine schreckliche Sauerei im Gange ist. Es geht um meine kleine Schwester Pauline …« In diesem Moment näherte sich ihnen ein Bursche aus der Nachbarschaft, der sichtlich neugierig versuchte, etwas von dem Gespräch aufzuschnappen.

Wütend zischte Kalle ihn an: »Kathol'scher Bock, schiet in'nen Rock, schiet deiner Mutter innen Kaffeepott!«

Diese freundliche Aufforderung, sich zu verziehen, verstärkte Cord noch durch ein trockenes, mit erhobener Hand unterstrichenes: »Verpiss dich!« Woraufhin der Junge mit roten Ohren ein »Jesses, Maria und Josef« ausstieß und sich schleunigst trollte.

Aufgeregt sprach Kalle mit leiser Stimme weiter, während er Cord mit sich zog. Der blieb völlig entsetzt stehen, als er verstanden hatte, um was es ging, ballte die Fäuste, versuchte, sich zu sammeln und erklärte: »Wir können da nicht einfach reinstürmen, es braucht einen Plan, um diese Ruchlosigkeit zu verhindern. Allein schaffen wir beide das kaum.«

Mit hängenden Schultern blickte der Jüngere zu dem Älteren auf. »Du hast doch immer gesagt, die roten Füchse sind, wie ihr Name schon sagt, schlau und listig. Wir müssen uns beeilen, sonst kommen wir zu spät. Und das darf auf keinen Fall passieren!«

In diesem Moment kam ein Schutzmann vorbei, der den offenbar aufgeregten jungen Männern einen prüfenden Blick zuwarf. Da blitzte in Cord eine geniale Idee auf. Während sie eilig der Viktoriastraße zustrebten, instruierte er Kalle, der erleichtert nickte. »Das funktioniert!«, zischte er zufrieden.

Sie betraten den zweiten Hinterhof, in dem es ekelhaft nach dem Latrinenhäuschen roch, und hörten schon die schrille Stimme einer offenbar nicht mehr nüchternen Frau. »Unvorsichtig ist die Alte auch noch«, fauchte Kalle. »Komm, wir gehen rein.«

In den muffigen Raum im Erdgeschoss drang nur wenig Licht. Umso deutlicher zeichnete sich die weiße Haut eines etwa zwölfjährigen, hellblonden Mädchens ab, welches splitternackt auf einem Schemel stand. Sie zitterte am ganzen Körper, hielt eine Hand vor die Scham, und ihre Augen irrten zwischen drei Männern hin und her, die sie taxierten. Kalle, der zunächst schreckensstarr auf dem Absatz stehen geblieben war, verkündete nun betont lässig: »Hier gibt es noch jemanden, der Interesse hat.« Niemand sah, wie sich die Finger seiner rechten Hand so fest in den Ballen bohrten, dass der Schmerz ihn sofort in die abscheuliche Gegenwart zurückriss. Denn ihm wurde gerade ein lange gehegter Verdacht zur schrecklichen Gewissheit.

Die Frau blickte indessen Cord nur mit einem verschwommenen Blick an und entblößte bei einem Lächeln zahlreiche Zahnlücken. »Willkommen, je mehr desto besser«, nuschelte sie. Die drei Kerle, die Cord auf über vierzig schätzte, beäugten ihn misstrauisch.

Wie gut, dass man mich meist für Mitte zwanzig hält, ging es dem jungen Mann durch den Kopf, während er sich zugleich um eine gleichgültige Miene bemühte. Er vermutete, dass die Männer alle aus Hannover kamen. Inzwischen kreiste die Schnapsflasche, und dies, so schätzte Cord, sicherlich nicht zum ersten Mal.

»Also, die Herren, das Mädel is Jungfrau, das garantier ich. Und se hat die Tage noch nicht, dat is ja auch wichtig, wir wollen ja kein Kladderadatsch.«

Ein dicker Mann, der die Melone nicht abgenommen hatte, zeigte mit seinen Wurstfingern auf die Kleine. »Will hoffen, dass das stimmt. Nen bisschen Busen hat sie ja schon.«

Cord sträubten sich die Nackenhaare.

»So, nu mal ran an den Speck und kein langer Firlefanz. Was wolln Se denn blechen?« Die Frau genehmigte sich einen ordentlichen Schluck aus einem schmuddeligen Glas und blickte raffgierig einen nach dem anderen an.

»Zehn Mark«, erklärte ein hagerer Mann in feinem Zwirn und leckte sich die Lippen.

»Dat is ja mal grad 'nen Wochenlohn von 'ner Arbeiterin. Das reicht nicht. So 'n süßes Schätzchen bekommen Se so schnell nicht wieder.«

Der Dicke trat plötzlich auf das Mädchen zu und strich ihr über das Hinterteil. Diese stieß einen leisen Schrei aus, während die Frau mit erstaunlicher Geschwindigkeit und Kraft den Mann zurückstieß.

»Ümesonst kriegste hier nichts!«

»Nu machen Se mal halblang«, der Hagere grinste verschlagen, »ich könnte das ja mal prüfen mit der Jungfräulichkeit«, und dabei ließ er den Zeigefinger seiner rechten Hand kreisen.

»Das Berühren der Figüren mit den Pfoten ist verboten, Kerl!« Mit hochrotem Gesicht kreischte die Frau in schrillsten Tönen.

Während in Cord Übelkeit aufstieg und Kalle immer käsiger aussah, schien der Dicke Feuer zu fangen – die Ausbeulung an seinen Beinkleidern zeigte das deutlich.

»Zwanzig Mark«, verdoppelte er.

»Dreißig Mark«, erhöhte der Hagere und kratzte sich unbewusst am Schritt.

Das halte ich nicht mehr lange aus, dachte Cord, dessen Magen heftig rebellierte. Das grausame Spiel muss schleunigst beendet werden. Er blickte zu Kalle, griff sich ans Ohr.

Der nickte und schrie: »Da kommt Polente, haut über die Hintertür ab!« Er riss die Tür auf, rannte los, fluchtartig stürzten die Männer hinaus, während die Frau dem Mädchen ein Hemd überstreifte. Cord bildete das Schlusslicht und rief: »Beeilung, der Gendarm verfolgt uns!« Woraufhin sich die Männer in dem Gewirr des Viertels verteilten.

Kalle und Cord verdrückten sich in eine Toreinfahrt, beide außer Atem und außer Fassung. Kalle schien völlig am Boden zerstört, er flüsterte: »Mir ist etwas Ungeheuerliches klargeworden.«

Bleich und zitternd bot er ein Bild des Jammers.

»Noch ungeheuerlicher als eben geht es ja kaum. Jetzt reiß dich zusammen und berichte, wie es sich für einen roten Fuchs gehört«, versuchte Cord ihn bewusst aus seinem Schockzustand zu holen. »Du weißt doch, Lindener Blut ist keine Buttermilch! Wir lassen uns nichts gefallen.«

Aber Kalle bekam kein einziges Wort heraus.

»Komm, wir setzen uns auf die Mauer dort, und du gibst Rapport. Wer hat was wann mit wem gemacht?«

Der Junge rutschte unruhig hin und her, sprang von der Steinwand wieder runter und starrte auf den Boden. »Damals, vor zwei Jahren, hatte ich mich versteckt, ich konnte nicht alles sehen und verstand nicht richtig, was da ablief. Jetzt jedoch fällt es mir wie Schuppen von den Augen.« Er hob den Kopf und sah Cord an: »Meine ältere Schwester – die Alte hat sie genauso verschachert, wie sie es heute mit der Kleinen vorhatte.«

Cord zögerte. »Deine ältere Schwester – aber die ist doch tot. Das war seinerzeit dieser schreckliche Unfall mit der Droschke, die sie überfahren hat. Der Kutscher floh und wurde nie gefunden …« Deutlich erinnerte er sich daran, wie unter vorgehaltener Hand über den entsetzlich zugerichteten Leichnam des Mädchens gesprochen worden war.

»Nein, ja – es verhielt sich aber anders. Frühmorgens weckte mich ein Geräusch, ich schlief unruhig, denn meine Schwester war nicht nach Hause gekommen, die Alte lag nicht ansprechbar sinnlos betrunken auf dem Bett. Ich schlich zur Tür, und da fand ich sie, sie war tot.« Kalle stockte, holte stöhnend Luft und fuhr mit leiser Stimme fort: »Sie hatte ein zugeschwollenes Auge, und untenherum war alles voller Blut. Ich hob vorsichtig ihren Unterrock an, es war schrecklich. Gerade eben begriff ich erst, dass sie erbarmungslos missbraucht wurde, vorn und hinten, Cord, sie muss verblutet sein.« Blicklos starrte er vor sich hin, während Cord Mühe hatte, das Gehörte zu begreifen.

»Heute gab es Rettung in letzter Minute, aber meine Mutter wird es wieder versuchen.«

Cord blickte ihn entsetzt an. »Was ist mit eurem Vater?«

»Unser Vater gibt's nich! Die älteste Schwester hatte einen, der ist tot. Von da an ging es nur noch abwärts. Die Alte kam über den Tod des Vaters wohl nicht weg – dauernd Kerle und immer mehr Alkohol – den Rest kennst du jetzt. Pauline und ich wissen nicht mal, ob wir vom selben Erzeuger abstammen, sicher ist nur, dass wir Früchte der Unzucht sind, wie der Pfarrer mal sagte.«

Cord schluckte – unehelich geboren, das machte es für die Kinder noch schwerer.

»Dann müssen wir unbedingt die Polizei verständigen.«

»Auf gar keinen Fall. Es gibt doch null Beweise. Soll ich meine eigene Mutter anzeigen? Die Alte käme ins Kittchen. Das hilft uns nicht weiter. Denn selbst wenn man uns glaubt, landen meine Schwester und ich in einem Waisenhaus, wo man uns trennen wird.

Die Kleine ist sowieso schon völlig verstört und vertraut nur noch mir – sowie wir nicht mehr beisammen sind, wage ich nicht mir auszumalen, was dann passiert. Wir beide müssen zusammenbleiben, komme, was da wolle.«

»Aber ich verstehe nicht, was war denn mit dem Droschkenunfall?«

»Das war mein Onkel, meine Mutter hat ihn überredet, damit wir nicht alle in die Bredouille geraten.«

Völlig Durcheinander vor Entsetzen und Ekel konnte Cord kaum einen klaren Gedanken fassen.

Wir brauchen Unterstützung, überlegte er. Das kann ich nicht allein lösen. Schnell kam ihm Marga Lheiss in den Sinn, zu der er während der Reise zu den Kanarischen Inseln ein Vertrauensverhältnis aufgebaut hatte. Die Haushälterin der von Elßtorffs zeichnete sich durch gesunden Menschenverstand aus.

»Hör zu, Kalle, ich versuche, Hilfe zu organisieren. Du lässt jetzt erst mal deine Schwester nicht mehr aus den Augen. Wenn es nicht anders geht, lauft ihr zu der Diakonisse Karla.«

»Aber was soll ich der sagen?«

Cord überlegte: »Sag ihr, eure Mutter sei schrecklich betrunken und habe Pauline schlagen wollen. Ihr würdet euch nicht allein nach Hause trauen.«

»Gut, das mache ich für den Notfall.«

»Melde dich bei mir jederzeit, wenn du mich brauchst. Du kannst auch einen von unseren Füchsen zu mir schicken. Ich werde meine Mutter immer informieren, wo ich bin. Jetzt hole ich mein Veloziped und fahre schleunigst in die Königstraße zu den von Elßtorffs. Kopf hoch, Kalle, es wird uns etwas einfallen!« Er schlug dem Jungen, der ihm von Herzen leid tat, aufmunternd auf die Schulter. Dabei war ihm noch völlig rätselhaft, was man tun könnte. Schnell eilte er nach Hause, informierte seine Mutter, die vor Entsetzen die Hände rang, und schwang sich aufs Rad.

Sein flottes Tempo musste er am Gasthof zum Schwarzen Bären drosseln – es herrschte das übliche Gewimmel eines Markttages. Besonders fielen die Frauen in der Bückeburger Tracht mit den roten Röcken und mehrfarbigen Schürzen auf, die bereits bei Tagesanbruch mit Pferdegespannen Richtung Linden aufgebrochen waren. Er schob sich durch das Gedränge, die verführerischen Gerüche vom Stand eines Landwirtes mit Wurst und Schinken vom Calenberger Land stiegen ihm in die Nase. Ihm wurde bewusst, wie hungrig er war. Rasch überquerte er die Ihmebrücke – seine Gedanken überschlugen sich. Zum

Glück fand er Marga in ihrer Lieblingsecke im von Elßtorffschen Stadt-Garten vor. Vor ihr lagen Kräuter, die sie zum Trocknen bündelte.

»Cord, wie schön, dich zu sehen«, sie stockte. »Aber du siehst ja völlig aufgelöst aus. Was ist passiert?«

Der sank auf den angebotenen Korbstuhl, trank durstig ein Glas selbstgemachter Zitronenlimonade, räusperte sich und berichtete dann kurz und knapp.

Marga, die in Linden aufgewachsen war, hörte mit entsetztem Gesicht zu und sagte schließlich: »Dass es bei den teilweisen elenden Verhältnissen zu schlimmen Auswüchsen kommt, bedrückt mich häufig. Aber dass eine Mutter die eigenen Töchter ohne Rücksicht auf deren Leib und Leben an widerliche Kinderschänder verschachert, das kann ich nicht fassen.«

»Was sollen wir tun?« Hilflos blickte Cord sie an. Da knurrte sein Magen laut und vernehmlich.

»Du lässt dir gleich von der Köchin eine ordentliche Schinkenstulle machen – warum sagst du nicht geradewegs, dass du Hunger hast? Ich werde sofort die Diakonisse Karla aufsuchen. Du weißt, wir haben uns angefreundet, seitdem sie letztes Jahr vom Kinderhospiz auf Norderney nach Linden kam. Unter allen Umständen müssen wir das kleine Mädchen retten. Wir sprechen morgen weiter.«

»Was Kalle und seine Schwester angeht, werde ich gleich mit meinen Eltern reden, die kennen sich in Linden bestens aus. Meine Mutter ist ja nicht umsonst eine Pfarrerstochter und setzt sich viel in der St. Martinsgemeinde ein, während mein Vater als langjähriger Volksschullehrer und Sozialdemokrat fast mit ganz Linden bekannt ist.«

Mit einem Schulterklopfen, für das sie sich etwas recken musste, verabschiedete Marga den langen Kerl. »Deine Eltern sind für mich ein gutes Beispiel, wie das Bemühen um soziale Gerechtigkeit, evangelischen Glauben und sozialdemokratische Überzeugung Hand in Hand gehen können.«

»Ich weiß es zu schätzen, solche Eltern zu haben«, erwiderte Cord. »Umso mehr geht mir unter die Haut, was ich heute erlebt habe.«

Karla und Marga

Nachdem Marga sich von der Hausherrin Urlaub erbeten und noch schnell Anweisungen für das Dinner gegeben hatte, fuhr sie mit der Pferdetram in das benachbarte Linden.

Zum Glück fand sie Karla in der einfachen Dienstwohnung in der Falkenstraße 60 vor, wo seit einiger Zeit ebenfalls die Warteschule des Jungfrauenvereins für Kinder angesiedelt war.

Die Diakonisse hatte die unbequeme Haube zurückgeschoben und saß am Esstisch in der kleinen Wohnstube. Auch den Haarknoten, der etwas höher gesteckt und straff zusammengedreht werden musste, um dann die Bindebänder der Haube unter dem Kinn ordentlich fest anzuziehen, hatte sie gelockert.

Die beständige Reibung des Randes der Mütze führte zu spärlichem Vorderhaar und breitem Scheitel, die Ohren wurden leicht wund. Aber von weiblichen Eitelkeiten sind wir ja sowieso weit entfernt, sinnierte Karla, denn als Diakonissen gehen wir durch ein Fegefeuer, welches die Aschen der Selbstsucht zwangsläufig hinwegfegt.

Über dem Tisch hing ein in sorgfältigster Schönschrift geschriebener Spruch in einem schlichten Silberrahmen:

Vergiss niemals,
dass du nicht allein das leibliche Elend lindern sollst,
gedenke daran,
dass die Seele der Barmherzigkeit
die Barmherzigkeit mit der armen Seele ist.

»Ach Karla«, stöhnte Marga, die nach kurzem Anklopfen stürmisch hineingefegt war, auf den Spruch zeigend, »mit der Barmherzigkeit ist es selbst bei Müttern mit ihren eigenen Töchtern manchmal nicht weit her.«

Die erfahrene Diakonisse merkte sofort, in welchem Aufruhr sich die Freundin befand. Zu den vielfältigen Pflichten ihres Berufes, der ihr auch Berufung war, zählte neben der Krankenpflege die seelsorgerische Betreuung. Da hieß es einfühlsam sein, gerade wenn sie, vermittelt durch den Pastor, neu in eine Familie gerufen wurde. Denn zwangsläufig gewann sie genaue Einblicke in die gesamten Verhältnisse.

Hilfe im kompletten Haushalt des Kranken gehörte dazu. Außer der eigentlichen Pflege wurde jede noch so grobe Arbeit verrichtet, egal, ob die Diakonisse früher Dienstmädchen oder Tochter aus großbürgerlichem Hause gewesen war. Aber Karla scheute inzwischen auch unangenehme Reinigungsprozeduren nicht mehr, denn ihr kam es vor allem darauf an, bedrängte Seelen zu unterstützen. Und dafür hatte sie im Laufe der Jahre ein sehr feines Ohr und Gespür entwickelt.

»Hier hast du eine Tasse Pfefferminztee – und nun erzähl, was dich herführt.«

Marga zögerte. »Mir ist klar, dass du manch Schreckliches zu sehen bekommen hast, mehr als andere Frauen. In diesem Fall jedoch weiß ich nicht, wie ich es dir sagen kann. Ich bin Witwe, aber du …« Wie soll ich ansprechen, dass sie gewiss eine Jungfrau ist, überlegte sie verzweifelt.

Die Diakonisse schien ihre Gedanken lesen zu können. Doch ihr hauchfeines Lächeln verschwand blitzschnell wieder.

»Berichte einfach. Ich kenne mehr, als du glaubst. Das steht allerdings auf einem anderen Blatt.«

Als Marga geendet hatte, goss Karla jeder einige Tropfen Klosterfrau-Melissengeist in den Tee. Beide tranken ein wenig und genossen die entspannende Wärme im Magen. Nachdrücklich betonte Marga: »Das schreckliche Schicksal von Kalles älterer Schwester verlangt, dass wir besonders gut auf die Kleine achthaben.«

Karla entgegnete mit fester Stimme: »Das werden wir tun, soweit es geht. Heute Abend wird der Bruder aufpassen, so schnell kann die Frau nicht wieder einen neuen Versuch beginnen. In der Viktoriastraße bin ich sowieso öfter, und bei dieser Familie war ich auch schon. So gibt es keine unnötigen Nachfragen vom Pastor, was ich dort zu besehen habe. Gleich morgen früh gebe ich der schrecklichen Frau unmissverständlich zu verstehen, dass ich das Mädchen im Auge behalte. Wie es weitergeht, müssen wir dann entscheiden. Am besten wäre es zweifellos, Pflegeeltern für Kalle und seine Schwester zu finden.«

»Ja, die Kinder können keinesfalls bei der leiblichen Mutter bleiben. Selbst für Lindener Verhältnisse ist das ein extremer Fall.«

»Manchmal brauche ich Standhaftigkeit, um nicht zu verzweifeln bei so viel himmelschreiender Ungerechtigkeit«, gab Karla zu. »Umso dankbarer bin ich für deine Freundschaft. Auch für unsere Gespräche über Arzneien und was du mir von Linden erzählt hast, als ich letztes Jahr im September von Norderney nach Hannover kam. Das machte und macht es mir leichter, hier klarzukommen. Vor allem gerade jetzt, wo ich durch die Krankheit der zweite Diakonisse ganz auf mich

rechten Hand auf die Tischplatte. Dann hob sie den Kopf und blickte Marga an: »Mein Verlobter starb genau wie dein Mann im Krieg 1870/71. Ich war völlig verzweifelt, denn ich liebte ihn sehr. Bald merkte ich, dass ich schwanger war, und wusste nicht aus noch ein.«

Das verschlug Marga zunächst die Sprache. Dann jedoch platzte sie heraus: »Just wie bei Ernestine, der Mutter der Zwillinge! Du liebe Güte, zahlreichen jungen Frauen wird das so gegangen sein, dass sie sich ihrem Verlobten oder Freund hingegeben haben, bevor er in den Krieg zog.«

»Ja, aber nicht alle wurden schwanger. Einerseits wollte ich das Kind, andererseits wusste ich nicht, wie ich es durchbringen sollte. Damals stand ich schon völlig alleine in der Welt.«

»Lebten denn deine Eltern nicht mehr?«

»Meine Mutter kränkelte lange an einem viel zu spät erkannten Frauenleiden. Sie hatte sich geschämt, einen Arzt zu konsultieren, und dann war es für ihre Rettung zu spät.«

Voller Verständnis meinte Marga: »Wenn wir doch endlich Ärztinnen hätten, da würden sich die Frauen bestimmt eher hin trauen! Augenblicklich können die Mädchen ja nicht mal Abitur machen. Nur in der Schweiz ist es bisher möglich, dass Frauen Medizin studieren.«

»Dabei könnten wir zahlreiche Medizinerinnen gut gebrauchen, dessen bin ich mir aufgrund meiner Erfahrungen in der Pflege gewiss.« Die Diakonisse hielt einen Moment inne. »So kam die Krankenpflege früh auf mich zu. Mutter starb, als ich achtzehn war. Der Vater wurde, so vermute ich, vor lauter Kummer krank, jedenfalls pflegte ich auch ihn bis zum Tode, und er folgte seiner Frau nach einem halben Jahr ins Grab. Ich hatte versucht, das Kolonialwaren-Geschäft von Papa weiter zu betreiben. Nach seinem Tod musste ich feststellen, dass nach Bezahlung aller Verbindlichkeiten kaum noch etwas vorhanden war. So stand ich völlig mittellos und ohne eine Aussteuer da. Die Entscheidung, was zu tun sei, blieb mir erspart – ich verlor das Kind im dritten Monat. Einerseits war ich traurig, gleichwohl auch erleichtert. Aber nun musste ich mein Leben in die Hand nehmen und beschließen, wie es weitergehen sollte.«

»Du hättest doch heiraten können.«

»Ohne Aussteuer einen passenden Mann zu finden ist wie ein Lotteriegewinn. Mir stand nach dem Verlust meines Verlobten auch gar nicht der Sinn danach, mir schleunigst einen Ehemann zu angeln.«

»Ich kann dich gut verstehen. Als ich meinen Mann verloren hatte, der übrigens Gärtner auf dem Rittergut der Familie des gnädigen

Herrn war, da habe ich keinen mehr angesehen. Ob das richtig war, daran zweifele ich jetzt manchmal, aber geschehen ist geschehen.«

»Ja, gerade für eine Frau finde ich es schwierig, allein in dieser Welt zu stehen. Inzwischen ist das Mutterhaus meine Familie, etwas anderes brauche ich nicht«, erklärte Karla und fügte nach einem fast unmerklichen Zögern hinzu: »Nicht mehr.«

»So ähnlich geht es mir mit den von Elßtorffs.« Nachdenklich strich sich Marga eine vorwitzige Haarlocke hinter das Ohr. »Ich weiß natürlich, wo mein Platz ist. Wobei ich mich da ein wenig zwischen Baum und Borke befinde. Ich gehöre nicht richtig zur Dienerschaft, aber selbstverständlich auch nicht zur Herrschaft. Immerhin genoss ich mit meiner kleinen Wohnung im Elßtorffschen Haus in der Königstraße von Anfang ein besonderes Privileg. In den zwanzig Jahren, die ich der Familie diene, entwickelte sich ein großes Vertrauensverhältnis, vor allem mit der gnädigen Frau.«

»Und Elsa ist, glaube ich, fast wie eine Tochter für dich, nicht wahr?«

»Ja, das stimmt. Mir vertraute sie von klein auf vieles an.« Nachsinnend blickte Marga auf den Spruch an der Wand. »Aber wie kamst du dann zur Diakonie?«

»Die Schwester einer Schulfreundin war Diakonisse bei der Henriettenstiftung. Sie machte mir klar, was für eine gute Ausbildung als Krankenschwester ich dort erhalten konnte. So trat ich den Dienst als Probeschwester in der Henriette an.«

»Gibt es da eigentlich so etwas wie Aufnahmebedingungen?«

»Ja, das Lebensalter muss in der Regel zwischen achtzehn und sechsunddreißig Jahren betragen, und es braucht ein ärztliches Attest über den Gesundheitszustand. Ich reichte einen selbst verfassten und eigenhändig geschriebenen Lebenslauf ein, in dem ich mich auch darüber auszusprechen hatte, wie ich zu dem Entschluss kam, mich dem Diakonissendienst widmen zu wollen. Nicht zuletzt benötigte ich ein Pastoralzeugnis über mein bisheriges Verhalten.«

»Das ist ja schon einiges. Ich habe gehört, es soll da sehr streng zugehen. Viel Arbeit, viel Disziplin und viel Demut. Hast du das damals auch so erlebt?«

»Ja, beständig wurde Demut und Gehorsam gefordert und geübt – von gesundem Selbstvertrauen hielt man wenig, sondern einzig und allein auf die Gnade Gottes sollte sich jede Hoffnung richten. Nicht umsonst heißt es für die Arbeit der Diakonissen: *Was will ich? – Dienen will ich. Wem will ich dienen? – Dem Herrn in seinen Elenden und*

Armen. Und was ist mein Lohn? – Ich diene weder um Lohn noch um Dank. Mein Lohn ist, dass ich dienen darf.«

»Das wäre mir mit zwanzig nicht unbedingt zugefallen«, meinte Marga nachdenklich.

»Dafür leben wir aber in einer Gemeinschaft. In der Diakonissen-Familie gebührt der Vorsteherin in ihrer übergeordneten Stellung um Gottes und des Gewissens willen kindliche Verehrung. Ihr wird in allen Anordnungen jederzeit pünktlich und willig, mit Hingebung des eignen Wollens, gehorcht.«

»Auch hier also wieder demütige Unterordnung.«

»Ja, aber wer von uns führt denn schon ein selbständiges Leben? Wir Frauen müssen uns eigentlich fast überall fügen. Ein Ehemann bestimmt doch ebenfalls in vielen Belangen über uns.«

»Wie wahr. Von der Vormundschaft des Vaters werden wir in die des Gemahls weitergereicht.«

»Eben! Jedenfalls biss ich in der ersten Zeit manches Mal die Zähne zusammen. Es gab jedoch außer der ausgezeichneten Ausbildung vieles, was mir gefiel. Neben dem gemeinsamen Morgen- und Abendgebet verband uns Schwestern ein frischer, manchmal urwüchsiger Humor. Für ein Scherzwort, welches durchaus nach Galgenhumor klingen konnte, war auch im Vorübergehen Zeit. Das schaffte in der Hetze des Alltags Zusammenhalt und Verständnis.«

»Und wie lange dauerte deine Ausbildung?«

»Nach drei Jahren wurde ich als Diakonisse eingesegnet. Erst arbeitete ich in unserer Henriette, das gefiel mir gut. Und mit dem Kinderheim auf Norderney wurde mir viel Verantwortung übertragen. Es war eine schöne Aufgabe, sich um diese armen Würmer zu kümmern und sie hochzupäppeln. Allerdings begann ich bereits dort, an so manchen Vorschriften zu zweifeln – vor allem die Sache mit der Mütze, wie ich unsere Haube gern nenne …«

»Was hat es damit auf sich?«

»Die gesteifte Kopfbedeckung, die vollständig die Ohren bedeckt, raschelt und knistert bei jeder Bewegung so, dass es das Gehör beeinträchtigt. Oft komme ich nicht umhin nachzufragen, was gesagt worden ist. Dieses Ding muss regelrecht balanciert werden, denn bei normaler Drehung des Hauptes stoßen die steifen Säume an den Schultern auf, dann verschiebt sich das Ganze. Daher wird der Kopf ein wenig gesenkt und geradeaus gehalten. Um zur Seite zu sehen, darf man nicht den Hals drehen, sondern wendet den Oberkörper und die Augen.«

Während Marga diese Beschreibungen gedanklich nachvollzog, stahl sich ein verschmitztes Lächeln auf ihr Gesicht.

»Im Auftreten der Diakonissen liegt etwas Gemessenes und Gehaltenes, was mir als Ausdruck innerer Gesinnung erschien. Dass es auch mit dem Balanceakt mit der Haube zu tun haben könnte, darauf wäre ich nie gekommen.«

Karla musste ebenfalls schmunzeln, wurde jedoch schnell wieder ernst. »Für die praktische Arbeit ist die Mütze oft unzweckmäßig, wenn nicht gar gefährlich. Ich muss vernünftig hören und verstehen können, was meine Patienten und deren Angehörige bewegt. Missverständnisse könnten zu bedrohlichen Fehlern führen – oder gar zu Unfällen. Im Kinderheim auf Norderney rief ein kleines Mädchen nach mir, und ich habe es nicht gehört. Es fiel vor Aufregung aus dem Fenster und brach sich beide Ärmchen. Das wäre ohne die knisternde Mütze auf meinen Ohren nicht passiert. Das werde ich nie vergessen.«

»Was für ein erschreckendes Erlebnis.«

»Seitdem lasse ich die Haube hinter die Ohren sinken, sowie ich allein bin, auch wenn man sagt, eine Diakonisse dürfe das nicht.«

»Wieso denn?«, fragte Marga ahnungslos. »Es wird doch jeder einsehen, dass euch das bei der Arbeit behindert.«

»Das dachte ich anfangs ebenfalls, aber es ist mit unserer Kleidung wie mit einer Uniform, es muss immer alles korrekt sein. Darüber hinaus gilt als eherne Regel: Welche einmal die Haube bekommen hat, der hat es eine Ehrensache zu sein, unter keinerlei Umständen sich ohne diese sehen zu lassen, es sei denn, sie liegt selber krank darnieder.«

»Das ist wirklich eine eigene Welt«, meinte Marga, »aber ihr Diakonissen seid jedenfalls überall hoch angesehen.« Plötzlich blickte sie auf die Uhr: »Du liebe Güte, es ist schon so spät! Und wir beide müssen morgen ganz früh raus!«

Nun lächelte Karla spitzbübisch. »Zu den Hauptaufgaben der Diakonisse gehört es, durch ihren stillen Wandel die Seelen ohne Worte zu gewinnen. Und in der Tat liegt morgen ja reichlich Wandel vor mir, wenngleich selten stiller, und ohne Worte schon mal gar nicht.«

»An die Gemeindediakonisse dachte man dabei wohl nicht, liebe Karla.«

»Das denke ich auch. Aber der ist es immerhin gestattet, in dringenden Fällen nach bestem Vermögen sogleich selbst zu helfen. Jedoch genug für heute – ich bin hundemüde. Die Tropfen der Klosterfrau sorgen nebenbei für die nötige Bettschwere.«

»Tja, da sorgt der Alkohol mal für konfessionsübergreifende Toleranz. Das würde meinem gnädigen Herrn gefallen, der ja, wie ich dir erzählte, schon lange Freimaurer ist.«

»Darüber musst du ein anderes Mal mehr verlauten lassen, jetzt bringe ich dich zur Droschke. Denn in die Pferdetram vom Schwarzen Bären zum Hauptbahnhof möchte ich dich so spät nicht setzen. Da treibt sich zu viel Gesindel rum.«

Dieser Abend hatte die zwei Frauen einander noch nähergebracht. Und in Gedanken wandten sie sich vor dem Schlafengehen beunruhigt wieder dem ungewissen Schicksal von Kalle und vor allem seiner Schwester zu.

Was wird aus Pauline und Kalle?

Am Abend saßen Cord und seine Eltern noch lange in der blitzblanken, gemütlichen Wohnküche der Breuers.

Nachdem Cord die gesamte schreckliche Geschichte geschildert hatte, herrschte zunächst bedrücktes Schweigen.

»Unvorstellbar, wie die ältere Schwester gelitten hat. Auf solche Art zu Tode zu kommen …« Mutter Luise starrte auf das sorgfältig gerahmte, mit Glas geschützte gestickte Kunstwerk, welches die Frauen einiger Genossen vor fast zwanzig Jahren zur Hochzeit von Hannes Breuer gefertigt hatten.

Wir wollen den Frieden,
Freiheit und Recht,
Dass niemand sei des anderen Knecht.
Das Arbeit aller Menschen Pflicht,
Und niemand es an Brod gebricht.

Damals hätte sich Luise vielleicht nicht unbedingt den proletarischen Haussegen zur Heirat gewünscht. Inzwischen jedoch verband sie ihren festen protestantischen Glauben mit hohem Gerechtigkeitssinn und einer an den Verhältnissen in Linden gewachsenen, praktischen christlichen Nächstenliebe. In der Martinskirche jedenfalls bildete sie eine Stütze der Gemeindearbeit.

»Ich kenne die Kinder«, Hannes Breuer räusperte sich, »sind beide nicht dumm, könnte was draus werden, wenn sie in geregelten Lebensumständen aufwachsen würden. Der Kalle wird schon bald handlangern oder irgendetwas arbeiten müssen, dessen Schulzeit kann wohl leider nicht mehr lange dauern. Das Mädchen, die Pauline, ist nicht bei der Sache in der Schule und dauernd müde, kein Wunder, bei der häuslichen Vernachlassigung.«

»Wie könnte man ihnen nur helfen? Die Kleine hängt mit einer wahren Affenliebe an ihrem Bruder. Wenn man die beiden der Mutter wegnimmt, trennt und sie in ein Waisenhaus steckt, fürchtet Kalle, dass sie durchdreht. Belastet durch die Szene heute ist das Mädchen ja schon über alle Maßen. Ich weiß nicht, wie wir verhindern sollen, dass die unselige Mutter einen weiteren Versuch unternimmt, die Jungfräulichkeit ihrer Tochter zu verschachern.«

»Die nächsten Tage können wir gemeinsam mit Schwester Karla ein Auge auf die Rabenmutter haben«, meinte Luise Breuer. »Cord, du gehst morgen ganz früh rüber und siehst nach dem Rechten. Und wir müssen uns mit der Diakonisse abstimmen. Lad sie zu mir auf einen morgendlichen Kaffee ein, wenn du sie zufällig treffen solltest.«

Hannes Breuer nickte seiner Frau zu. »Wir werden aufpassen und von Tag zu Tag entscheiden, was möglich ist. Das Waisenhaus kann nur die allerletzte Notlösung sein.« Er knetete nervös seine Finger. Nicht zum ersten Mal in seinem Leben wünschte er sich, mehr tun zu können.

Cord verfolgten in der Nacht Albträume, in denen ein kleines blondes Mädchen nackt und lauthals schreiend durch Linden lief. Am folgenden Morgen um halb sechs stand er auf und fühlte sich zerschlagen. Nach einer flüchtigen Katzenwäsche über der Waschschüssel kippte er ein Glas Milch hinunter und stürzte aus dem Haus. Als er in die Viktoriastraße einbog, erblickte er die Diakonisse, die ihm entgegen kam. Die beginnt ja in der sprichwörtlichen Herrgottsfrühe ihr Tagewerk, stellte er voller Hochachtung fest und grüßte freundlich: »Tach, Schwester Karla!«

»Guten Morgen, Cord! Wohin so früh?«

»Wollte mal nach Pauline und Kalle gucken, mache mir Sorgen.«

Ernst blickte die Diakonisse ihn an. »Gut geschlafen haben wir wohl in dieser Nacht alle nicht. Ging dorthin heute als Erstes. Die Mutter leidet schwer unter den Folgen ihres gestrigen Konsums.«

»Das heißt, sie pflegt einen mordsmäßigen Kater, das geschieht ihr recht.«

»Habe ihr einiges an Medikamenten verabreicht, das wird sie zunächst mal viel schlafen lassen.«

»Und wer schläft, der sündigt nicht …«

Die beiden sahen sich verstehend an.

»Dann hole ich Pauline und Kalle mal ab, meine Mutter hat sich erboten, ihnen ein ordentliches Frühstück zu machen.«

Die Diakonisse klopfte ihm spontan anerkennend auf die Schulter, wozu sie sich etwas hochrecken musste. »Das nenne ich christliche Nächstenliebe. Habe schon gehört, deine Mama stammt aus einem Pfarrershaushalt.«

Cord nickte und vermutete zu Recht, dass sich die Diakonisse fragte, wieso seine Mutter ausgerechnet den roten Breuer geheiratet hatte. »Schauen Sie doch mal bei meiner Mutter vorbei, Schwester Karla.

Sie würde sich bestimmt freuen, falls Sie es einrichten können, auf einen Kaffee im Laufe des Vormittags vorbeizukommen, mit echten Bohnen, keine Ploerre, hat sie noch hinzugefügt.« Er griente die Diakonisse mit einem kleinen verschwörerischen Lächeln an. »Mutter würde Sie sicher gern kennenlernen.« Er merkte, dass sie zögerte, und fügte etwas breiter grinsend hinzu: »Bei uns ist es nicht so rot, dass es abfärbt.«

Da konnte sich Karla ein Lachen nicht verkneifen. »Sei froh, dass ich Humor habe, du vorlauter Bengel. Ich werde sie besuchen.« Vorsichtig den Kopf schüttelnd, damit nicht ihre verrutschende Haube den Abgang verdarb, eilte sie davon.

Cord hingegen ging zufrieden weiter zu der Hinterhofwohnung in der Viktoriastraße, wo ihn sofort der beißende Gestank des Abortes empfing, der sich mit den Ausdünstungen des nur wenige Meter entfernten Schweinestalls mischte. Das könnten selbst alle Perfumes of India nicht überlagern, stellte er fest, während er sich die Nase zuhielt.

So dürften Menschen nicht hausen müssen, dachte er nicht zum ersten Mal. Wir haben immerhin ein Plumpsklo auf halber Treppe, und die Fäkalien aus der Auffanggrube im Hof werden einmal in der Woche vom Jauchewagen abgeholt.

Da öffnete sich bereits die Tür, und Kalle lugte hervor.

»Schwester Karla kam früh vorbei und gab Mutter Medizin. Sie pennt.«

Cord trat leise ein und sah auf die schnarchende Gestalt, deren Umrisse sich unter einer schmuddeligen Decke auf der Chaiselongue der Wohnküche abhoben.

»Hab sie schon getroffen. Schnapp dir Pauline, wir gehen zu meiner Mutter. Es gibt was zum Frühstück.«

Dem blassen Kalle wurden die Augen feucht, wovon er mit einem dankbaren Klaps auf Cords Oberarm abzulenken suchte. »Schwester Karla brachte ein wenig Milch mit, aber ich schiebe richtig Kohldampf und die Kleine genauso. Bei uns laufen sich die Ratten Quesen, es ist rein gar nichts zum Essen da.«

Die Jungen begaben sich zum Treppenhausflur, um von dort zur Tür zu der winzigen Kammer zu gelangen, die den Kindern zum Schlafen diente. Einen eigenen Vorplatz besaßen viele der dürftigen Arbeiterwohnungen nicht, so wurde Fläche gespart. Die drei verließen eilig den heruntergekommensten Teil der Viktoriastraße. Bei den Breuers angekommen, schickte die Hausherrin beide an die Küchenspüle, um sich gründlich Gesicht und Hände zu waschen.

Scheu sah sich Pauline um. »Was ist das schmuck hier. Kiek mal, alles so sauber und hell! Und feine weiße Häkelgardinchen auf Stangen. Und der schöne Küchenschrank mit den Fenstern drin. Das ist ja ein kleines Paradies!«

Ihrem Bruder wurden erneut verdächtig die Augen feucht. »Das hatten wir auch mal, als Vater noch lebte, Paulinchen, kannste dich nicht mehr dran erinnern. Da besaßen wir sogar 'ne gute Stube, ein Heiligtum, das nur Weihnachten und zu besonderen Anlässen genutzt wurde.« Als er bemerkte, dass Frau Breuer mithörte, meinte er laut: »So wunderbar wie Ihre Wohnküche war es jedoch bei uns nie, ehrlich nich.«

Lächelnd erwiderte diese: »Die ist auch mein ausgesprochener Stolz, Kalle. Bei uns nutzen wir ebenso die gute Stube, da stehen auch unsere vielen Bücher drin und mein Klavier. Aber jetzt wird erst mal was gegessen.«

Es gab Brötchen, Gersterbrot, Griebenschmalz, Margarine und selbstgemachte Erdbeermarmelade, dazu ein gekochtes Ei, welches normalerweise nur sonntags auf den Tisch kam. Denn selbst bei Breuers musste jeder Pfennig umgedreht werden. Von dem Salär eines Volksschullehrers ließen sich keine großen Sprünge machen, vor allem nicht, wenn der Sohn studieren sollte und noch für vielfältige Belange der Genossen immer wieder Geld abgezweigt wurde. Nicht umsonst verdienten sich Luise mit Näharbeiten und Cord schon seit Jahren mit Botengängen und Schreibarbeiten für Maximilian von Elßtorff etwas dazu.

Kalle verputzte in Windeseile sein Marmeladenbrötchen und schmierte sich eine Schmalzstulle nach der anderen. »Das ist aber lecker«, verkündete er mit halbvollem Mund.

»Langsam, Junge, du kannst dich in aller Ruhe sattessen. Und gesprochen wird bei uns nur mit leerem Schnabel«, fügte Luise Breuer beiläufig hinzu, um dann gleich fortzufahren: »Das Schmalz mache ich selber, mit ordentlich Zwiebeln, Apfelstücken und viel Majoran.« Nebenbei köpfte sie für Pauline das Ei, bestreute es mit Salz und zeigte ihr, wie es ausgelöffelt wurde. Das Mädchen kratzte sich ab und zu am Kopf und gab sonst keinen Ton von sich. Immer wieder rutschte sie eng an ihren Bruder heran, der sich im Gegensatz zu ihr in der fremden Umgebung schnell einfand. Ab und zu schubberte er sich heftig am Nacken.

Nach einem weiteren Mustern der Kinder bat Luise Breuer ihren Sohn: »Bitte hol mir die Zinkwanne und stell die beiden großen Bottiche mit Wasser auf den Herd. Dazu die Dose mit dem Chrysantemenextrakt und Essig. Wir legen gleich noch einen außerordentlichen Bademorgen für die zwei ein.« Den wenig begeisterten Blick von Kalle ignorierte sie. »Für Pauline habe ich einiges zum Anziehen aus der Kleiderkammer der St. Martinsgemeinde besorgt, und für dich, Kalle, liegen auch saubere Stücke bereit, aus denen mein Sohn längst herausgewachsen ist. Wenn nachher Schwester Karla vorbeischaut, soll sie doch staunen, wie gut ihr ausseht.«

Das gab für Kalle den Ausschlag, und er fügte sich in sein Schicksal.

Cord brachte die Zinkwanne, füllte Wasser aus dem Messinghahn über dem Ausguss in die Bottiche und stellte sie auf den Herd. Dabei dachte er darüber nach, dass es in der Königsallee nicht nur eine einzige Wasserstelle gab. Dort floss Wasser in der Küche und in zwei Badezimmern, in dem ein Kohleofen sogar das Badewasser erhitzte – welch ein Luxus! Von der Toilette mit Wasserspülung mal gar nicht zu reden.

Luise Breuer hatte schnell erkannt, dass die beiden Blondköpfe verlaust waren. Bei Kalle sah es noch schlimmer aus als bei seiner Schwester. Cord schüttete den ersten Bottich mit Wasser in die Wanne. »Kommst du allein klar, Mutter?«

»Ja, Kalle kann mir nachher beim Wechseln des kostbaren Nasses helfen.«

Der staunte. »Extra Wasser für mich?«

Pauline erschien die Badeprozedur unheimlich.

Inzwischen hatte Luise Breuer Handtücher und engzinkige Kämme geholt.

»Also, ihr zwei, außer Baden ist vor allem Läusebekämpfung angesagt. Für dich, Kalle, habe ich schon eine saubere Schiebermütze, deine kommt sofort ins Feuer.« Und ehe er sich versah, war seine geliebte Mütze auf Nimmerwiedersehen im Breuerschen Küchenherd verschwunden. Hilfesuchend blickte er zu Cord.

»Na gut, ich bleibe jetzt hier und nehme mir deinen Kopf vor, und du, Mutter, nimmst die Kleine. Wilhelm Jacob wird mir schon nicht den Kopf abreißen, wenn er hört, wieso ich etwas später komme. Dann sind wir mit der Prozedur schneller durch. Alle einverstanden?«

Dankbar nickte Luise Breuer ihrem großen Sohn zu.

»Wir feuchten die Haare mit einer Spülung aus Essigwasser an, die aus einem Teil Haushaltsessig und zwei Teilen warmem Wasser hergestellt wird, und massieren das ein. Diese Mischung sollte zehn Minuten auf dem Haar einwirken. Das betäubt die kleinen Biester für kurze Zeit. Dadurch geht dann das Kämmen mit dem ganz feinen Läusekamm aus Metall leichter.«

Cord begann auf Kalles Kopf ganz schmale Strähnen abzuteilen und pfiff durch die Zähne. »Mein lieber Schwan, bei dir ist ja Leben in der Bude! Frische Läuseeier nah am Haaransatz, Nissen im weiteren Haar und dazwischen die possierlichen Tierchen. Und im Nacken hast du schon ein Läuseekzem mit roten und schuppenden Knötchen.«

Kalle, der vor Verlegenheit einen knallroten Kopf bekommen hatte, brummte: »Daher das Jucken!«

Luise warf einen Blick auf seine Haare und flüsterte: »Erst mal Kämmen – eine Radikalkur können wir immer noch machen.«

Indessen teilte sie auf dem Lockenkopf des Mädchens ganz schmale Strähnen ab und begann auszukämmen. Lautes Gejammer war die Folge.

»Es ziept, das tut mir weh!« Paulines Wangen röteten sich, und die ersten Tränen kullerten.

»Hör auf zu blöken«, mahnte ihr Bruder, »ich hab hier auch keine Freude!«

Cord blickte ihn an. »Du bist doch ein tapferer Kerl – was möchtest du – soll ich weiterkämmen oder dir den Schädel kahl rasieren? Die Prozedur mit dem Läusekamm muss übrigens jeden Tag wiederholt werden!« Der Junge blickte entsetzt bei dieser Vorstellung, besann sich einen Augenblick und entschied: »Abrasieren!«

Pauline hielt sich die Mähne fest und schrie lauthals: »Aber ich nicht!«

»Ganz ruhig, Paulinchen«, beruhigte sie Mutter Breuer. »Was hältst du davon, wenn ich deine Haare einfach kürzer schneide? Dann tut das Kämmen nicht so weh, und wir kommen schneller zum Erfolg.«

»Gute Idee«, fand Kalle, dem sofort durch den Kopf ging, dass seine kleine Schwester mit der andersartigen Frisur womöglich den schrecklichen Männern nicht mehr gefiel.

Nach einer Stunde bedeckte Kalles kahlen Schädel seine neue Schlägermütze; alle abgeschnittenen Strähnen waren im Herd verbrannt, die Kämme sorgfältig mit Essigwasser gesäubert. Dem Haarwaschmittel für Pauline hatte Frau Breuer noch Chrysantemenextrakt und etwas Kokosöl hinzugefügt. Beide Kinder waren in der Zinkwanne von Kopf bis Fuß abgeschrubbt worden und saßen nun neu eingekleidet zufrieden mit einer heißen Milch in der Wohnküche. Kalle hatte seine Mütze abgelegt, nachdem Pauline ihm zugeflüstert hatte: »Bruder, du siehst mit dem geschorenen Kopf richtig erwachsen aus!«

Da klopfte tatsächlich Schwester Karla an die Wohnungstür.

Luise, noch in der ziemlich nassen Kittelschürze, nahm das gelassen. »Seien Sie herzlich willkommen, entschuldigen Sie meinen Aufzug, wir haben einen Badetag angesetzt.«

Die beiden Frauen schüttelten sich die Hand.

Karla begriff sofort die Situation. »Du liebe Güte, Sie haben ja gleich gründlich gearbeitet. Da werde ich mal heute Abend die Kopfkissen kontrollieren, ich muss ja sowieso nach dem Rechten sehen. Pauline, du siehst mit dem kurzen Lockenköpfchen aus wie ein Cherubim!«

Die Kleine erstarrte. »Wie ein was?«

»Wie ein Engelchen«, erklärte Luise Breuer.

Da fing Pauline an zu strahlen.

»Fühle mich heute nicht so ganz extra, kann ein anständiges Käffchen vertragen, keinen Muckefuck. Einverstanden, Schwester Karla? Sie sind doch bestimmt schon etliche Stunden auf den Beinen.«

»Das ist jetzt genau das Richtige.«

Mit Bedacht wurde der Kaffee aufgebrüht. Cord verabschiedete sich, da er vermutete, dass die beiden Frauen ungestört sein wollten, und schickte auch gleich die Geschwister weg.

»Geht ein wenig in den Hof zum Spielen, ihr werdet gewiss andere Kinder dort vorfinden. Und außerdem einige Frauen aus dem Haus, die unten auf der Bank sitzen und ihre Flickarbeiten erledigen. Hier, nehmt noch einen alten Ball von mir mit.«

Die beiden strahlten, die Bade- und Entlausungsprozedur schien fast vergessen. Da öffnete Luise Breuer die Glastür im oberen Teil des Küchenschrankes, nahm einen Porzellanbehälter, stellte diesen auf den Tisch und schüttete etliche bunte türkische Bohnen heraus. Dann holte sie einen farbenfroh bestickten Stoffbeutel und zählte zwanzig Stück ab. Pauline verfolgte alles mit großen Augen und strahlte das erste Mal über das ganze Gesicht, als ihr der Beutel feierlich überreicht wurde. »Da sind sie sicherer als in der Schürzentasche – gewiss werden unten die Mädchen Dipsebohnen spielen, da kannst du mitmachen. Aber macht euch nicht sofort wieder dreckig.«

»Nee, ich pass auf, dass wir uns nich gleich einsaun«, versprach Kalle. »Meine kleine Schwester ist eine geschickte Spielerin. Die schießt treffsicher mit dem vorschnellenden Zeigefinger die Bohnen ins Ziel – das hat schon was! Hab ich ihr beigebogen. Voriges Jahr gewann ich beim Dipsen einen richtig großen Beutel voll – den hat meine Mutter mir spornstreichs abgenommen und eine Bohnensuppe zusammengebraut.« Er stockte und fügte leise hinzu: »Das war die letzte warme Mahlzeit, die sie für uns zubereitet hat.« Und zog mit Paulinchen an der Hand ab.

Bestürzt sahen die beiden Frauen sich an. »Kein gekochtes Mahl – die armen Kinder – kein Wunder, dass die bei mir so reingehauen haben.«

»Von gesundem Essen sind viele der Arbeiterfamilien weit entfernt. Es fehlt sowohl das Geld für Lebensmittel als auch die Zeit für die Zubereitung.« Schwester Karla ließ sich müde auf die Bank fallen. »Umso mehr schätze ich, wie hilfsbereit die Menschen untereinander sind. Den Diakonissenverein unterstützen nicht nur die Bessergestellten.« Sie sah sich um. »Schön haben Sie es hier.«

»Danke. Bei uns wird zwar obendrein die gute Stube regelmäßig benutzt, aber die Wohnküche strahlt doch eine besondere Gemütlichkeit aus, sobald alle beisammen sind.«

Genüsslich tranken beide den starken Kaffee mit viel Zucker. »Mögen Sie ein wenig Butterkuchen dazu? Er ist zwar schon hart, jedoch zum Einstippen allemal lecker.« Schwester Karla, inzwischen mit der Sitte vertraut, trockenen Kuchen in den Kaffee zu tauchen, nickte.

»Köstliches Käffchen, Frau Breuer, da steht ja fast der Löffel drin. Das bringt mich wieder auf die Beine. Wenn ich nur wüsste, wie es mit den Geschwistern weitergehen soll. Die Kleine lebt bei der Trinkerin keinesfalls sicher, die Weibsperson ist so abgestumpft, dass ihr in keiner Weise noch etwas heilig ist.«

»Eine Lösung wissen wir momentan auch nicht, aber mein Mann und ich bieten an, dass die Kinder notfalls die Kammer nutzen können, in der früher ab und zu mein Neffe wohnte.«

Auf den fragenden Blick Karlas hin erklärte sie. »Johann arbeitete bis vor kurzem in Kastens Hotel. Jetzt bedient er in Brenners Parkhotel in Baden-Baden die allervornehmsten Herrschaften. Das Kabäuschen ist klein, es reicht aber immerhin für zwei Betten, das wird im Notfall erst mal gehen.«

Schwester Karla nickte. »Das finde ich wirklich christlich und großzügig von Ihnen beiden. Richten Sie das bitte auch Ihrem Mann aus. Und die Kammer bietet für die Geschwister eine gute Lösung. Das habe ich schnell gelernt, so beengt, wie es in Linden zugeht, kann man noch froh sein, wenn sich mehrere Kinder unterschiedlichen Geschlechts nicht ein Bett teilen müssen. So etepetete wie in bürgerlichen Kreisen zu sein, wo die Reformer fordern, Mädchen und Jungen ab zehn Jahren in getrennten Kinderzimmern unterzubringen, das lassen die Verhältnisse hier schwerlich zu.«

»So ist es. Von den Verwandten und womöglich noch den Schlafgängern, die alle miteinander sich eine Wohnung und gegebenenfalls die Betten teilen müssen, gar nicht zu reden. Da mag man kaum über Hygiene nachdenken, von der Moral ganz zu schweigen.«

»Es gibt vieles, was nicht menschenwürdig ist. Dem Herrn in seinen Kranken und Elenden hier zu dienen stellt keine leichte Aufgabe dar. Zumal der Bedarf groß ist, aber uns an neuen Diakonissen nur Tröpflein zufließen, wo man Ströme bräuchte, um das Land zu wässern.«

Erstaunt blickte Luise Karla an. »Ich hörte, dass zahlreiche Probeschwestern eintreten.«

»Das stimmt, aber so manches zunächst hoch aufflackernde Feuer sinkt schnell in ein Aschehäufchen zusammen. Und welche das erste Jahr im Stift überdauert haben, fallen bei der zweiten ernsteren Sichtung auf den Außenstationen durchs Sieb. Vom letzten Jahrgang blieben von sechsundzwanzig Probeschwestern mal gerade sechs als bleibender Zuwachs übrig. Und mehr als Arbeiten bis zum Umfallen können wir nicht – wir bräuchten dringend etliche helfende Hände.«

»Aus welchen Gründen scheitern so zahlreiche von den Aspirantinnen?«

»Viele halten die Arbeit auf den Außenstationen nicht aus. Aber es fehlt wohl auch im Stift manchmal an der sonnigen Freundlichkeit und edlen Heiterkeit, die vor allem die jungen Frauen brauchen, um den Dienst versehen zu können.«

»In der Tat, gerade als Pfarrerstochter weiß ich, mit Herbigkeit und Härtigkeit lassen sich Herzen nicht gewinnen. Manchmal könnte man am Hier und Jetzt verzweifeln. Dies gilt ebenso für das Voranbringen der sozialen Fragen wie für Gottes Gerechtigkeit.«

Karla hob so rasch den Kopf, dass ihre Haube ins Rutschen geriet. Die Ehefrau des Sozialisten brachte auf den Punkt, was sie selber so oft bewegte! Und sie merkte, wie gut es ihr tat, mit solchen Überlegungen nicht allein zu sein. Mit einem tiefen Seufzer entgegnete sie: »Das denke ich auch. Nie reicht aus, was wir tun. Und die Veränderungen, vor allem, was die miserable Wohnungssituation betrifft, gehen so unendlich langsam voran.«

»Aber sie geschehen. Verglichen mit den Lebensverhältnissen vor zwanzig Jahren hat sich ja schon einiges getan. Es gibt eine größere Anzahl befestigter Straßen, Kanalisation wird kommen, und es soll mehr gebaut werden.«

»Das brauchen wir ganz dringend. Denn ohne eine vernünftige Wohnung kann auch kein Familiensinn entstehen. Das ist wie ein Baum ohne Boden – er muss verdorren.«

Erstaunt sahen sich die Frauen über ihre Kaffeetassen an. Eine so beträchtliche Übereinstimmung hatten sich beide kaum vorstellen können.

»Übrigens, Marga Lheiß, die Haushälterin der von Elßtorffs, unterstützt mich tatkräftig – durch sie habe ich vieles in Linden besser kennengelernt, als ich letztes Jahr im November hierher kam«, erzählte Karla.

»Cord schätzt Marga sehr«, Luise Breuer strahlte die Diakonisse an. »Wir brauchen hier zahlreiche Unterstützung, Schwester, auch ich helfe gern, wo ich kann.« Spontan reichte sie Karla die Hand, die sofort ergriffen und fest geschüttelt wurde.

»Ja, so ist es. Der Lindener Diakonissenverein hilft bereits seit 1865 durch Spendensammlungen und kümmert sich um die Ernährung und Kleidung für Kranke. Aber wie wir gerade sehen, brauchen wir auch oft Beistand in besonderen Notsituationen.«

»Womit wir wieder bei Pauline und Kalle wären.« Luise schlug sich an den Kopf. »Die Lösung liegt doch so nah! Die Warteschule – die Abteilung Schulkinder von sechs bis vierzehn Jahren ist gerade für jene gedacht, bei denen durch Mangel an häuslicher Aufsicht die Gefahr sittlicher Verwilderung und leiblicher Verkümmerung besonders groß ist. Diese kommen nach dem Vormittagsunterricht, erhalten Mittagsbrot, besuchen die Nachmittagsschule und werden danach bis zum Abend in Arbeit und Spiel beschäftigt und beköstigt. Dann müssen wir nur noch eine Lösung finden, wer die Geschwister für die Nacht und am Wochenende aufnimmt.«

Schwester Karla, die sofort abwehrend die Hand gehoben hatte, entgegnete knapp: »Vollkommen unmöglich! Uneheliche Kinder nimmt man grundsätzlich nicht auf. Leider ist es so, da habe ich mir schon vergeblich den Kopf eingerannt.« Sie stand seufzend auf und verabschiedete sich: »Die Pflicht ruft. Frau Breuer, es freut mich, dass wir uns kennengelernt haben. Danke für den ausgezeichneten Kaffee – nicht nur der hat mich gestärkt. Auch unser Gespräch tat gut. Wir werden uns bald wiedersehen.«

»Sie sind hier jederzeit herzlich willkommen, Schwester Karla.«

Ein Wiedersehen nach zwanzig Jahren

In der Königstraße steckte Sophie von Elßtorff mit ihrer Nervosität jeden in ihrer Umgebung an. »Wo bleibt nur Marga? Ist auch wirklich alles perfekt gerichtet?«

»Die Gnädige führt sich auf, als ob der Kaiser höchstpersönlich zu Besuch käme«, brummte Trine genervt vor sich hin. Dabei war das Dienstmädchen selbst neugierig auf den Gast.

Im Salon prangte der Kaffeetisch vom Feinsten und Besten, eingedeckt mit Königlich Kopenhagen, Blaue Blume, allerhand Silberzeug und den exquisitesten Torten und Gebäck von der nahen Bäckerei Fahrenhorst.

Nach langem Überlegen, was sie anziehen sollte, wählte Sophie eines ihrer selbst entworfenen Reformkleider. Da die Zwillinge bereits zahlreiche dieser Modelle trugen, wusste Ernestine schon um diese streng geheime, da völlig unstandesgemäße Betätigung. Sowohl im Adel als auch im gehobenen Bürger- und Beamtentum galt es als ganz und gar unpassend, wenn Frauen irgendeiner Arbeit nachgingen. Daher stellte Sophie sogar gegenüber ihrem Gemahl ihre Entwürfe für Roben als künstlerische Spielerei dar. Marga, die die Kleider zusammen mit der Hausschneiderin nähte, schaffte es allein schon längst nicht mehr, den Bedarf von Sophie, den Zwillingen, der eingeweihten Ehefrau des Hausarztes Dr. Petzold und sich selbst abzudecken. Mittlerweile erwärmten sich weitere Damen für diese der Gesundheit so viel zuträglicheren Mode, die auf marternde Stahlkorsetts und hautenge Knöpf-Stiefelchen verzichtete. Sophie strich über das lockerfallende zartgrüne Gewand – sie verwendete nur gut fließende Stoffe, um einen sackartigen Effekt zu vermeiden. Mal sehen, wie ich an die wunderbaren und hauchfeinen Spitzen und Tüllstoffe aus Frankreich herankomme. Ich werde Ernestine von dieser viel gesünderen und bequemeren Kleidung überzeugen, nahm sie sich vor.

In diesem Moment wirbelte Elsa mal wieder völlig undamenhaft in den gelben Salon, umarmte Sophie und rief: »Bist du auch so aufgewühlt?«

Die Haushälterin Marga Lheiß indessen warf nochmals einen prüfenden Blick auf die Kaffeetafel und verschwand diskret.

Nun trat Emilie ein, deren Gesicht Besorgnis ausdrückte.

»Ein Wiedersehen nach zwanzig Jahren, das bringt unsere Mutter Ernestine hoffentlich nicht ganz aus der Fassung. Aufregungen tun ihr nicht gut, sie ist ja noch längst nicht genesen.«

Da läutete es auch schon. Kurz darauf öffnete das Dienstmädchen die Tür zum gelben Salon. Die Mutter der Zwillinge, in einem mäßig geschnürten, mittelblauen Kleid mit einem am Hals geschlossenen Spitzenkragen, der mit einer Kamee gehalten wurde, trat ein. »Ernestine Jacob, gnädige Frau«, meldete Trine und warf noch einen neugierigen Blick auf die Dame, von der der ganze Haushalt inzwischen wusste, dass sie die unverheiratete Mutter der Zwillinge war. Die Töchter sind ihr wie aus dem Gesicht geschnitten, befand Trine. Nur die dunklen Augenbrauen stimmen nicht. Wahrscheinlich sind die vom Vater, aber die aquamarinblauen Augen sind gleich. Und die Mädchen sind etwas größer als die Mama.

Da man völlig ungestört sein wollte, hatte das Dienstmädchen Anweisung erhalten, sich sofort nach der Anmeldung des Besuches zurückzuziehen. Was Trine, die vor Neugierde brannte, nur unter größtem Bedauern tat. Sie sah gerade noch, dass Sophie auf die alte Pensionatsfreundin zuging. Mit ausgebreiteten Armen näherten sich beide – dann standen sie weinend engumschlungen da. Ein scharfer Blick von Elsa veranlasste das Dienstmädchen, endlich die Tür zu schließen.

Lange verharrten die Freundinnen so, als könnten sie es nicht fassen, einander wiederzusehen.

»Ich hätte dich sofort erkannt.«

»Ich dich auch.«

Nach einer Weile bezogen die beiden Frauen die Zwillinge in die Umarmung mit ein. In diesem bewegenden Moment schloss sich im wahrsten Sinne des Wortes ein Kreis.

Natürlich war es Elsa, die den Bann brach und sagte: »Solche aufwühlenden Ereignisse machen mich ganz flau im Magen. Eine Tasse heiße Schokolade und ein leckeres Stück Linzer Torte wären jetzt genau das Richtige.«

Während Emilie sich daran machte, einzuschenken und alle zu versorgen, ließ Ernestine ihren Blick durch den Salon schweifen und strahlte Sophie voller Hochachtung an: »Wie wunderbar du diesen Raum eingerichtet hast! Ganz in gelb und weiß, den Farben des ehemaligen welfischen Königshauses.«

»Das ist so, aber ich mag diese Kombination ebenfalls, weil sie selbst bei trüben Tagen ein wenig Heiterkeit verströmt.«

Ernestine nickte. »Auch bei dir einige von den schönen, schlichten Biedermeiermöbeln. Genau wie bei Papa. Ich hätte mir denken können, dass du die verschnörkelten und überladenen historistischen Möbel auch nicht magst.« Ihr Blick blieb an einem wunderbaren Porträt Sophies hängen. »Das trifft dich ja hervorragend, was für ein großartiges Gemälde.«

»Ja, das hat vor vielen Jahren unser begnadeter Friedrich Kaulbach geschaffen, der einst auch die hannöversche Königsfamilie malte. Elsa und ich sind seit langem mit seiner Tochter Isidora befreundet, einer angehenden Schriftstellerin und demnächst verlobt mit dem Chemiefabrikanten Theobald von Lensing. Du wirst sie bald bei einem Dinner im kleinen Kreis, welches ich dir zu Ehren geben werde, kennenlernen.«

Elsa und Emilie schenkten Kakao und Kaffee ein und boten köstlich aussehende Tortenstücke an. »Die Heidelbeertorte, ein Rezept aus dem Gasthaus Zum weißen Rössel im Schwarzwald, ist besonders zu empfehlen, Mama«, pries Elsa an. Und fügte mit sichtlicher Rührung hinzu: »Die mag auch Tante-Maman, oh pardon, Tante Sophie so gern.«

»Tante-Maman?« fragend blickte Ernestine von einer zur anderen, Emilie guckte ebenfalls erstaunt.

Sophie nickte. »Als Elsa noch ganz klein war, da verstand sie nicht, warum Heinrich Maman sagen durfte und sie mich Tante nennen sollte. Daraus entstand, dass sie mich in vertrauten Augenblicken unter uns eben Tante-Maman nannte.«

Alle schwiegen bewegt. Dann sagte Ernestine: »Dass das Schicksal dir eine von meinen Zwillingen in die Obhut gab, das erscheint mir als eine Fügung.« Sie ergriff die Hand der Freundin und drückte diese fest.

»Tante Sophie sprach des Öfteren von dir, ihrer Lebensretterin, die sie aus der Isar gefischt hatte«, bemerkte Elsa.

»Ja, unsere Pensionatszeit in München, unsere Freundschaft, welch glückliche Tage, und wie lange ist das her!«

»In der Tat, als wir uns zuletzt sahen, waren wir so alt, wie jetzt ihre Zwillinge sind.«

Die vier blickten sich gedankenverloren an.

»Ach«, seufzte Sophie, »es gab doch freudvolle Erlebnisse in unserer Pensionatszeit.«

Ernestine, die an ihren Friedrich dachte, meinte: »Ja, bis der Deutsch-Französische Krieg ausbrach.«

Mit der Absicht, die Freundin abzulenken, bemerkte Sophie: »Mich belastete sehr, dass du verschollen warst und wir über dein Schicksal keinerlei Informationen besaßen. Es war ja nicht mal sicher, ob du noch lebtest! Und als Elsa größer wurde, da erinnerte sie mich manchmal an dich. Und das konnte ja alles nicht sein! Sie war ja die Tochter deiner Patentante. Das verwirrte mich völlig. So vertraute ich meine Gedanken niemandem an, auch nicht Maximilian.«

»Meine liebe Patentante. Dass sie verstarb, das muss ich noch wirklich begreifen.«

»Wir besuchten zusammen mit der Lehrerin Josefina ihr Grab in Los Llanos, Mama«, sagte Emilie leise.

»Irgendwann möchte ich auf die Insel und am Grabmal von ihr Abschied zu nehmen. Wenn nur die Anreise nicht so langwierig wäre. Ach ja, das wunderschöne La Palma. Dieses Eiland und seine Menschen sind mir ans Herz gewachsen. Und das Städtchen Los Llanos mit seiner schönen Kirche und dem großen Platz mit den Lorbeerbäumen …«

Sowohl die Zwillinge als auch Ernestine gerieten ins Schwärmen über die Insel.

»Und dass uns Hanna das Haus in Los Llanos mit dem weiträumigen Grundstück vererbt hat …« Ernestines Augen begannen zu leuchten. »Jetzt erinnere ich mich wieder! Es ist mit den Bananen, Kaffeebäumen, Avocados, Aprikosen, Apfelsinen, Zitronen und dem Olivenbaum wie eine kleine Finca mitten in der Stadt. Der Mann von Hanna, ein Agrar-Ökonom, hatte ja alles Mögliche angepflanzt, um zu experimentieren.«

»Wir waren von dem Anwesen mit der Vielfalt der Pflanzen begeistert und fühlten uns dort sehr wohl.« Auch Emilie hing ihren Erinnerungen nach. »Nur das Ende unseres Aufenthaltes, mit dem entsetzlichen Zwischenfall bei der Fiesta, das war schrecklich.«

»Von den Abenteuern dieser Reise wollen wir jetzt gar nicht mehr sprechen«, mischte sich Elsa mit einem besorgten Blick auf ihre Mutter ein. »Jedenfalls ist Josefina eine treue Seele. Wie gut, dass sie für uns das Anwesen hütet.«

»Mit Josefina freundeten wir uns schnell an. Ihre Schüler liebten sie, weil sie eine gute Lehrerin war. Und sie spricht wirklich ausgezeichnet Deutsch«, ergänzte Emilie.

»Ja, sie hatte ja schon meiner Patentante Spanisch beigebracht und danach mir.« Ernestines Gedanken wanderten zurück: »Hanna war eine ganz besondere Frau. Obwohl sie sich in tiefer Trauer um ihren kürzlich verstorbenen Gatten befand, sorgte sie sich rührend um mich. Sie bemerkte sehr bald, dass mit mir etwas nicht stimmte. Und so erzählte ich ihr alles. Meine Liebe zu Friedrich von und zu Hohenstein, sein Tod im Krieg und meine Schwangerschaft. Da kam sie ganz schnell auf die Idee, dass sie sich als die Mutter ausgeben würde, um dem Kind eine eheliche Geburt zu ermöglichen. Ihr Mann war ja gerade ein Vierteljahr tot, so fügte sich alles. Nur ihre liebe Freundin Josefina weihten wir ein. Hanna ging mit einem immer dicker werdenden Kissen um den Bauch aus dem Haus und ich gegen Ende der Schwangerschaft gar nicht mehr. Mein Umfang schien so enorm, dass Josefina meinen Leib abhorchte und meinte, es seien zwei. Eine Hebamme wollten wir ja nicht hinzuziehen, dann wäre ja alles aufgeflogen.«

»Mon dieu«, platzte Sophie spontan heraus, »du hast ohne Arzt und Geburtshelferin Zwillinge entbunden?«

»Zum Glück verfügte Josefina, die sich ja auch mit Kräutern und sämtlichen Hausmitteln ausgezeichnet auskannte, über einige Erfahrung.« Ernestine warf ihrer Freundin einen kurzen warnenden Blick zu, den diese sofort verstand, und merkte sich vor, mit dieser später darüber zu reden, wie es um die Aufklärung der Zwillinge stand.

Sophie, eine Meisterin darin, Themen elegant zu wechseln, meinte: »Da du in Zeven aufgewachsen bist, gibt es viel zu entdecken in Hannover, deine neue Heimat soll dir vertraut werden, und auch Emilie hat noch längst nicht alles kennengelernt. Was hältst du davon, wenn wir übermorgen gemeinsam mit den Mädchen eine ausgiebige Kutschfahrt unternehmen?«

»Ja, am Welfenschloss vorbei, das die hannöverschen Könige nie bewohnt haben, die Herrenhäuser Allee entlang, dann nach Herrenhausen. Da könnten wir etwas promenieren und über das Dorf Limmer, wo wir die Leine überqueren, zum Lindener Berg zurückkommen und dort mit dem Großvater wieder Tee trinken.«

»Ein guter Plan, Elsa«, fand Sophie, »somit kann sich Ernestine morgen erst mal ausruhen.« Ihr war keineswegs entgangen, dass die Freundin zwar vor Aufregung rosig überhaucht war, aber auch begann, sich mit den Fingerspitzen die Stirn zu reiben.

»Weitere Ausflüge durch die Eilenriede, zum Steuerndieb, und Döhrener Turm, zum Tiergarten und nach Bischhofshol planen wir nach und nach, solange das Wetter noch gut ist.«

»Wenn ihr die Kutsche nehmt, können wir für kürzere Strecken auch das Veloziped nehmen.«

Elsa lässt wirklich keine Gelegenheit aus, um zu radeln, dachte Emilie.

Prompt bemerkte ihre Schwester: »Wir fahren jetzt ein Stündchen

Fahrrad in der Eilenriede, dann könnt ihr völlig ungestört in Erinnerungen schwelgen.«

Die Freundinnen nickten.

»Aber nicht länger …«, mahnten beide gleichzeitig, und alle lachten.

»Außer unseren Kutschfahrten können wir regelmäßig Spaziergänge in der Eilenriede unternehmen, Ernestine, mal wir zwei, mal zu viert mit den Zwillingen. Denn nach Norderney sollten wir in diesem Spätsommer nicht mehr fahren. Es scheint mir wichtiger, dass du zunächst Ruhe findest, hier ankommst und alles kennenlernst.«

Obwohl sie die Begründung von Sophie einsah, war Emilie ein wenig traurig. Zu gern wäre sie wieder dorthin gereist. Ihr erster Aufenthalt dort im letzten Jahr hatte ihr außerordentlich gut gefallen! Vor allem an das von Elsa angezettelte heimliche adamistische Bad dachte sie noch oft.

Da stupste Elsa sie an. Die Zwillinge verabschiedeten sich und eilten in ihre Zimmer, um sich für die Velo-Fahrt geteilte Beinkleider anzuziehen.

»In die Sommerfrische können wir nächstes Jahr fahren. Immerhin traft ihr ja auf Norderney zufällig meinen Vater.« Ernestine blickte nachdenklich ihre alte Freundin an.

»Ja, welch ein Glück, denn damit kam der Stein ins Rollen.«

»Aber sag, seit wann magst du Spaziergänge? Und wieso trägst du Reformkleider?«

»Die Kleidung kann ich dir wirklich empfehlen. Und auch die Reformleibchen sind viel bequemer und vor allem gesünder als die Stahlkorsetts. Frag unseren Hausarzt Dr. Petzold, der hat mich darauf gebracht. Denn mir ging es im letzten Sommer gesundheitlich gar nicht gut, ich musste nach Salzuflen zur Kur. Und die Spaziergänge empfahl er ebenfalls, allerdings in vernünftigem Schuhwerk, liebe Freundin, und nicht in solchen Knöpf-Stiefelchen, so schick die auch sein mögen.«

»Gut, dann hast du das Vergnügen, mit mir Schuhe kaufen zu gehen. Nach Maß kann ich später noch welche in Auftrag geben. Die Zwillinge erzählten, dass du diese Kleider, die mir übrigens hervorragend gefallen, selber entwirfst?«

Sophie lächelte. »Ich glaube, ich höre da eine Nachtigall trapsen. Möchtest du vielleicht, dass ich für dich einige Entwürfe mache?«

»Oh ja, liebend gern!«

»Dann empfehle ich dir auch gleich die Reform-Baumwoll-Unterkleidung von Dr. Lahmann, die von der Firma Heinzelmann in Reutlingen gefertigt wird. Diese Unterwäsche besitzt sämtliche

Vorzüge der Tricot-Wollkleidung, ist ebenfalls trocken, weich und warm, dabei von cremeweißer Naturfarbe. Sie ist aber viel dauerhafter als Wolle, filzt nicht, läuft nicht ein und reizt vor allem die Haut nicht.«

Spontan sprang Ernestine auf und umarmte mit fröhlichem Gesicht die Freundin. »Du bist so fürsorglich!«

»Wir sind uns immer noch vertraut, wie schön das ist«, bemerkte Sophie leise.

»Ich genieße das auch«, entgegnete Ernestine.

»Unbedingt müssen wir über die Idee der Zwillinge reden, der Diakonisse in Linden zu helfen«, fiel Sophie ein. »Was hältst du denn davon?«

»Ich bin mir nicht sicher. Einerseits gefällt es mir, wenn sie Bedürftigen helfen und zugleich merken, wie gut es uns geht. Andererseits erklärte mir mein Vater nach unserem Treffen in Linden, dass einige Wohnverhältnisse dort wirklich schrecklich sind. Und obendrein führen die Fabrik- und auch die Heimarbeit der Frauen häufig dazu, dass sie den Haushalt kaum genügend versorgen können. Die Schlechtwohnenden zahlen denjenigen, die dagegen nichts tun, diese Vernachlässigung bekanntlich oft mit Krankheitsansteckungen heim. Einige Epidemien breiteten sich aus Linden und den heruntergekommenen Wohnungen in der Altstadt aus.«

»Unsere Haushälterin Marga, die ja mit der Lindener Diakonisse befreundet ist, kann das aus eigener Anschauung am besten beurteilen. Was hältst du davon, wenn wir den beiden sozusagen die Auswahl überlassen? Und anfangs könnte Marga auch mitgehen. Augenblicklich ist ja halb Hannover in der Sommerfrische, da muss ich kaum aufwendige offizielle Einladungen bestreiten, die ich sowieso nicht mag. Da kann ich Marga schon ab und an entbehren.«

»Eine hervorragende Idee! Und mehr als dreimal die Woche jeweils vier Stunden sollten das auch keinesfalls sein.«

»Völlig einverstanden, Ernestine. Denn wir müssen aufpassen, dass wir die Mädchen nicht mit dem, was sie da mitbekommen, überfordern. Ich kenne Emilie ja noch nicht so lange, aber ich glaube, sie ist diejenige, der die Dinge mehr nahegehen. Sie besitzt ein sehr weiches Herz und wird leicht angerührt durch fremdes Schicksal. Elsa schützt eher ihr analytischer Verstand.«

»Ja, ich mache mir auch Gedanken wegen Emilie. Sie ist sehr behütet aufgewachsen. Ich weiß nicht, ob sie die Zustände, die in einigen Familien herrschen, verkraftet. Zumal sie anmerkte, sie könne sich ein Medizinstudium für sich gar nicht vorstellen. Damit hingen Dinge zusammen, die ihr weibliches Empfinden zu sehr verletzen würden.«

»Nun, da ist Elsa schon aus anderem Holz geschnitzt. Als kleines Mädchen hat sie mit Heinrich bereits alles Mögliche und Unmögliche mikroskopiert. Aber so, wie die bürgerlichen Mädchen erzogen werden, zum Beispiel ohne das geringste Wissen darüber, was zwischen Mann und Frau in der Ehe vorgeht, könnte sie einiges in Linden schockieren.«

»Ja, das denke ich ebenfalls. Ich glaube, dass Emilie mehr nach ihrem Vater, nach Friedrich schlägt. Denn der besaß bei aller Schneidigkeit unter der tapferen Schale des Offiziers ein sehr weiches und mitfühlendes Herz.«

»Das besitzt Elsa auch. Aber sie wuchs mit Heinrich auf, teilte dessen naturwissenschaftliche Interessen, hat sogar aus schier unaussprechlichen Dingen für ihn Präparate für das Mikroskop hergestellt …« Sophie schüttelte sich. »Das habe ich neulich mal eher beiläufig erfahren.«

»Um welche Unaussprechlichkeit handelt es sich denn? Wir sind doch unter uns!«

»Um den männlichsten Teil eines Wildschweines oder besser gesagt Ebers.« Sophie verdrehte die Augen. »Das gestand mir Heinrich, als es um die Frage ging, inwieweit die Mädchen wohl um grundlegende Dinge Bescheid wissen. Elsa jedenfalls kennt sich da aus. Scheinbar hat sie sich auf dem Rittergut Rosenberg, dem Anwesen von Maximilians Familie nahe Peine, in der Bibliothek umgetan. Die Großmama schloss da nichts ab. Und auf dem Lande gibt es ja bei den vielen Tieren auch praktischen Anschauungsunterricht.«

»Und Emilie?«

»Ich werde mal vorsichtig bei Elsa nachfragen. Nach meiner Beobachtung könnte es nötig sein, da noch einiges zu klären, bevor sie nach Linden geht. Denn ich erinnere mich an eine Unterhaltung beim Dinner, als es ums Radfahren ging. Da wurde von Behauptungen erzählt, dass Frauen das Veloziped zu unsittlichen Zwecken benutzen könnten.«

»Du liebe Güte, was manchen Leuten alles einfällt, um die Frauen am engsten Gängelband zu halten!«

Sophie nickte. »Ja, so sehe ich das auch. Aber ich will darauf hinaus, dass Emilie, glaube ich, gar nicht wusste, was gemeint war.«

»Gut, meine liebe Freundin, ich bin nicht wirklich böse, dass du diese Angelegenheit übernimmst. Denn Emilie sollte über die grundlegenden Dinge aufgeklärt sein.«

»Wird gemacht, Ernestine. Ich finde es unverantwortlich, wie die jungen Frauen unwissend in die Ehe geschickt werden. Bestenfalls bekommen sie noch den Rat, alles zu erdulden, weil es dazugehört und dem Manne zusteht.«

»Die sogenannten höheren Töchter hält man meist künstlich in einer heilen Scheinwelt. Sich gut zu verheiraten und sich dann in einem mehr oder weniger luxuriös ausstaffierten Gefängnis einzurichten, darauf werden sie von klein auf dressiert. Konversation, Handarbeiten, Musik, Sprachen und wirklichkeitsferne, schwülstige Romane über Land- und Seeräuber, entführte Jungfrauen, edle Grafen und schurkische Verbrecher begrenzen den Horizont. Umso schwerer tun sie sich dann mit den Realitäten des Lebens. Den Ladies in unseren Frauenhilfsvereinen täte mehr Einblick in den Alltag der sogenannten niederen Klassen nur gut. Nicht zuletzt, wenn es um die Unterstützung des Magdaleniums geht, sind die Ansichten einiger Damen teilweise so bigott und selbstgefällig, dass ich oft an mich halten muss, um nicht scharf zu entgegnen.«

»Magdalenium?«

»Ein Asyl für gefallene Mädchen. Es wurde ein Verein gegründet, und unsere tüchtigen Henrietten kümmern sich in Kirchrode um diese Frauen. Was heißt Frauen, fast die Hälfte von denen ist bei der Aufnahme zwischen sechzehn und zwanzig Jahre alt, einige noch jünger. Allerdings setzt man Prostituierte und Gefallene gleich und erwartet, dass sie ihr Unrecht bereuen und sich zu bessern wünschen. Man unterstellt ihnen oft lockere Moral und sündige Wollust. Dabei hatten die wenigsten eine echte Alternative.«

»Wie wahr. Aber außerdem geben sich einige Damen oft so ehrpusselig und erbarmungslos, weil sie gar nicht im Bilde sind, was wirklich vorgeht. Die Dienstmädchen sind ja nicht selten vom Hausherrn oder vom Sohn des Hauses geschwängert worden.«

»Möglicherweise wollen sie es auch gar nicht wissen. Manche schicken ein heulendes und verzweifeltes Dienstmädchen mit der gleichen Nonchalance weg, mit der sie sich die Nase pudern.«

»Solange man den Frauen einredet, dass im unverdorbenen Weib kein Geschlechtstrieb wohnt, und dass nur anormale Weibspersonen Begierden empfänden, wird sich da wenig ändern. Da müssen die Frauen ihren Körper wie einen zu schweren Mantel tragen und ihn als immer bleierner werdende, sündige Bürde empfinden.«

»Wir sind uns auch bei diesem Thema völlig einig, liebe Ernestine. Was hältst du davon, wenn du jetzt noch auf einen Sherry bleibst, meinen Mann Maximilian und meinen Sohn Heinrich kennenlernst und dann nach Hause kutschiert wirst?«

»Das finde ich alles wunderbar, liebste Freundin, da ich fühle, wie die Kopfschmerzen sich wieder anschleichen. Und ich bin dankbar, dass wir die Dinge zunächst so belassen, wie sie sind. Denn ich merke, mich um die Mädchen täglich richtig zu kümmern, würde noch meine Kräfte übersteigen.«

»Dann ist doch alles in bester Ordnung, und wir können uns auf unsere gemeinsamen Stunden freuen.«

Zufrieden und erleichtert nahmen sich die beiden Frauen in die Arme. Da erschienen auch schon der Hausherr und Heinrich. Es wurde eine kurze Begegnung, denn Ernestine wirkte nun sichtlich erschöpft. Maximilian brachte sie persönlich zur Kutsche.

»Wir werden noch viel Zeit haben, uns näher kennenzulernen. Ich freue mich darauf, Sie und Ihren geschätzten Vater bald zum Dinner bei uns zu haben.«

»Nun, wie war es?«, erkundigte Maximilian sich abends bei seiner Gemahlin.

Sophie stand vom Bett auf und umarmte ihren Gatten. »Ach, ich bin etwas erschöpft, aber sehr glücklich. Ernestine und ich verstehen uns mindestens genauso gut wie früher und sind miteinander sehr vertraut. Sie hat mich übrigens gebeten, Emilie über die Dinge zwischen Frau und Mann aufzuklären. Da scheint diese im Gegensatz zu Elsa keinen blassen Schimmer zu haben.« Maximilian durchfuhr eine ungeheure Erleichterung – wie oft hatte er sich darüber den Kopf zerbrochen! Unbewusst stieß er einen befreiten Seufzer aus. Denn das hieß ja, dass Emilie im wahrsten Sinne des Wortes von Tuten und Blasen keine Ahnung hatte. Also war die Anstellung als Gesellschafterin bei der Besitzerin des exklusivsten hannoverschen Edelbordells ohne verderbliche Spuren geblieben – er hatte Emilie da rechtzeitig rausgeholt! Er hoffte, dass dieses Geheimnis, das er mit Emilie teilte, auf immer und ewig ungelüftet bleiben würde. Möge es vor Elsas detektivischen Spürsinn verborgen bleiben, dachte er und lächelte. Seine Gattin betrachtete indessen etwas irritiert sein Mienenspiel. Er zog sie eng an sich und sagte: »Meine liebe Sophie, dann sollten wir deine Kenntnisse zu diesem Thema doch dringend auffrischen.« Während er sie küsste, ging ihm durch den Sinn, dass sein Seitensprung mit der schönen Helena das Liebesleben doch um einige Varianten bereichert hatte…

Nachdem Ernestine eine Stunde geruht und mit ihrem Vater diniert hatte, zog sie sich am frühen Abend in ihren Salon mit den hellen

Biedermeiermöbeln zurück und setzte sich an den vertrauten Sekretär. Tränen der Rührung traten ihr in die Augen, als sie den Nachmittag mit der Freundin an sich vorüberziehen ließ. Dann jedoch wischte sie die feuchten Wangen energisch ab, schnäuzte sich die Nase und griff zu Feder und Papier. Es galt nun endlich eine andere vertraute Gefährtin aus fernen Tagen anzuschreiben und darüber zu informieren, dass sie lebte und die Zwillinge gefunden hatte. Denn wenn noch jemand ein Recht darauf hatte, von dem letztlich glücklichen Ausgang zu erfahren, dann war es die Lehrerin Josefina auf der Insel La Palma. Es wurde ein zehn Seiten langer Brief, und Ernestine spürte Sehnsucht nach der Insel, auf der ihr so viel Entgegenkommen widerfahren war.

In der Nacht schlief sie gut und tief. Einige Bilder von La Palma zogen ebenso durch ihre Träume wie die Gesichter der Zwillinge, ihres Vaters und von Sophie. Am nächsten Morgen erwachte sie zum ersten Mal seit ihrer Ankunft in Linden mit dem Gefühl, dass nach und nach ihre Erinnerungen zurückkehren könnten und die Dinge sich zum Guten wenden würden.

Elsa und Victor

Während sie im Café Kröpcke auf Heinrich wartete, rührte Elsa verträumt in ihrem Kakao und starrte Löcher in die Luft. Sie ahnte nicht, dass sie dabei einen besonders reizvollen Anblick bot. Dies fand jedenfalls Victor Rehnhoff, der gerade seiner Kanzlei zustrebte, nichtsdestoweniger spontan auf Elsa zuging, die er anhand ihres hellblauen Kleides zweifelsfrei identifizieren konnte. Schließlich hatte man sich durch die Reise zu den Kanarischen Inseln lange nicht gesehen.

»Schön, dass Sie wieder daheim sind! Darf ich fragen, wovon Sie träumen?«, riss er sie aus ihren Gedanken. »Aber ich will Sie keineswegs stören«, schob er, erschrocken über sich selbst, hinterher, »Ich habe sowieso Termine.«

Das ist doch typisch Victor, einen Schritt vor und zwei Schritte zurück, wahrscheinlich vom Sternzeichen ein Krebs, stellte Elsa etwas gereizt fest.

»Nun, Sie brauchen nicht zu befürchten, dass Sie mich kompromittieren, Herr Rehnhoff, Heinrich wird jede Sekunde hier auftauchen. Wie Sie zeitlich disponieren, können allerdings nur Sie entscheiden.«

Sich einen Ruck gebend, nahm Victor mit einer dankenden Verbeugung Platz. Seit sie sich bei der Aufklärung eines mysteriösen Todesfalls im königlichen Schauspielhaus näher kennengelernt hatten, verwandten sie in der Anrede auch schon mal den Vornamen.

»Sich Träumen zu widmen, ist ja eher den Dichtern und dem schönen Geschlecht vorbehalten, während unsereins sich mehr dem rastlosen Schaffen zu verschreiben hat. Schließlich müssen wir ja in der Lage sein, eines Tages eine Familie standesgemäß zu ernähren.«

Oder eine reiche Erbin heiraten, wie es die Frau Mutter möchte und letzten Sommer auf Norderney nach Kräften voranzutreiben suchte. Elsa spürte, wie eine leichte Verärgerung in ihr aufstieg. Indessen dämmerte Victor, dass seine Ausführungen zur Rolle des Mannes vielleicht missverstanden werden könnten, und ärgerte sich über sich selbst.

»Ach Victor, ich träumte vergangene Nacht etwas Wunderbares«, erklärte da Elsa mit einem leichten Seufzer.

Der schluckte trocken. Sie wird doch nicht etwa eine zarte Andeutung in meine Richtung streuen? Ich habe mich ja in letzter Zeit völlig zurückgehalten, weitere Zeichen meiner Verehrung für sie zu setzen.

»Wie interessant«, entgegnete er mit etwas rauer Stimme. »Mögen Sie erzählen, um was es ging?«

»Ich fühlte mich lange nicht so glücklich, wie in diesem Traum. Plötzlich sah ich alles ganz klar vor mir.«

Rehnhoff schluckte erneut – seine Kehle kam ihm vor wie ein Reibeisen –, hastig trank er einen Schluck Kaffee. Hatte sie etwa einen anderen? Mühsam entgegnete er: »Und was hat Sie so glücklich gemacht?«

»Ich sah mich mit Großpapa in seiner Möbelfabrik.«

Rehnhoff atmete in einem Stoß aus und spürte dann, dass er erleichtert war – kein anderer Mann –, aber auch enttäuscht, dass es nicht um ihn ging.

»Dort habe ich in der sogenannten Künstlerklause mein Zeichenbrett. Großpapa zeigte sich begeistert von meinen Entwürfen. Er meint, ich hätte das Talent von seiner Frau geerbt. Und er wolle eine Art Kollektion von meinen Möbeln produzieren. Die gäbe es dann nur bei ihm.«

»Und das hat Sie so glücklich gemacht?«

Er wusste zwar, dass Elsa ihr einziges Heil nicht in einer konventionellen Versorgungsehe sah. Aber diese begeisterte Schilderung, bei der ihre blauen Augen blitzten, irritierte ihn.

»Das war ja noch nicht alles, Victor. Der Großvater schaute mich dann so komisch von der Seite an. Er meinte, ich sei ja darüber hinaus gut im Rechnen. Es wäre mithin schade, wenn diese Talente nicht genutzt würden. Schließlich könne doch auch eine Frau den Betrieb einmal übernehmen.«

In Victors konservativer Seele sträubte sich alles bei dieser Vorstellung. Eine Frau als Leiterin einer Möbelfabrik! Großvater Jacob musste in der Freude über seine wiedergefundenen Enkelinnen den Verstand verloren haben! Mehr als an deren Schwester schien er ja an Elsa einen Narren gefressen zu haben. Wieso träumte sie nicht von dem geliebten Mann an ihrer Seite, wie es die meisten jungen Damen taten?

»Sie wissen, Fräulein Elsa, ich traue Ihnen einiges zu. Aber eine Frau als Leiterin einer Möbelfabrik! Wäre das nicht sehr ungewöhnlich?«

Kaum gesagt, hätte er sich am liebsten auf die Zunge gebissen. Schließlich wusste er, wie gereizt Elsa auf solche Anmerkungen reagieren konnte. Ihre Gedanken konnten sich blitzschnell in geschliffene Argumente wandeln.

Aber heute ging dieser Krug an ihm vorbei. Elsa, die sich schon heftig ärgerte, ausgerechnet ihm diese noch niemandem anvertrauten Perspektiven erzählt zu haben, lächelte etwas gequält: »Mein lieber Victor, meine Großmutter hat bereits erfolgreich Möbel entworfen, wieso sollte ich nicht in ihre Fußstapfen treten und das Kaufmännische dazu lernen? In großen Handwerksbetrieben läuft es dann besonders gut, wenn die Ehefrau tatkräftig ihren Mann unterstützt. Und damit meine ich nicht nur das Kochen für die Gesellen und Lehrlinge, sondern auch die Buchhaltung.«

Erneut war Victor froh, dass er sich Zurückhaltung auferlegt hatte. Es ließ sich ja nicht absehen, was die adelige Großmutter in München nun wirklich tun würde. Heinrichs Andeutungen zufolge konnte es da noch Überraschungen geben. Tatsache blieb jedoch die uneheliche Geburt, die sich durch eine Adoption abmildern ließe. Eine Elsa Gräfin von und zu Hohenstein würde dann allerdings kaum eine Möbelfabrik leiten.

Indessen bedauerte Elsa, dass sie ihr Herz erneut auf der Zunge getragen hatte. Bei mir kämpfen nicht nur zwei Seelen in meiner Brust, wie weiland schon Goethe sagte, es gibt noch mehr. Und die sind sich keineswegs immer einig! Wahrscheinlich ist Victor wie so oft völlig entsetzt über meine Gedankengänge. Es scheint ihm ja die Sprache zu verschlagen.

Dieser blies indessen zum geordneten Rückzug.

»Fräulein Elsa, Sie sind ja gerade erst wieder da und mit vielen Neuigkeiten und Eindrücken zurückgekehrt. Welche Möglichkeiten sich ergeben, sollte man in den nächsten Wochen in Ruhe prüfen.«

»Da spricht der erfahrene Jurist. Sie haben völlig recht, Victor«, erklärte Elsa, die das Gespräch dringend beenden wollte, zu seinem Erstaunen. »Und da kommt Heinrich.« Nachdem er seinen jungen Freund begrüßt hatte, verabschiedete sich Rehnhoff hastig. Diese Elsa schafft es spielend, mich durcheinanderzubringen, gab er vor sich zu, während er zu seinem Bureau eilte. Ich weiß allerdings selber nicht, ob mir das gefällt.

Blicke in die medizinische Praxis

Nur aus jahrzehntelanger Verbundenheit zur Familie von Elßtorff hatte deren Hausarzt, Dr. Petzold, Ernestine Jacob als Patientin angenommen. Denn der Mittsechziger betreute nur noch einige wenige seiner treuen langjährigen Patienten.

Nun hatte er sich von seinem Studienfreund Dr. Krugmann, seines Zeichens Kassenarzt in Linden, breitschlagen lassen, ihn zumindest teilweise zu vertreten. »Ich muss zur Kur, alter Freund, es geht kein Deut drum herum, vier bis sechs Wochen nach Bad Ems. Mein Herz klabastert sonst nicht mehr lange.«

»Nach Bad Ems, so, so, äußerst vornehm. Willst wohl dort den Kaiser treffen?«, brummte Petzold.

»Klar, und sein Leibarzt werden«, konterte Krugmann. »Spaß beiseite, habe einen jungen Kollegen, der mich in der Praxis vertritt. Tüchtig, aber noch etwas grün hinter den Ohren. Der schafft mein Pensum keinesfalls. Bei Unfällen in den Fabriken könnte man dich hinzuziehen, wenn der Fachgenosse allein nicht klarkommt. Wollte dich hauptsächlich bitten, die Totenscheine auszustellen, das traue ich dem Frischling nicht so recht zu. Außerdem bist du das mehr gewohnt, und du brauchst dich mit deiner Erfahrung nicht zeitaufwendig mit allen Untersuchungen aufzuhalten. Ein natürlicher Tod ist schnell festgestellt.« Dazu lachte er meckernd. »Im Ernst, mir scheint in letzter Zeit wird in Linden häufiger gestorben als sonst. Ich würde dir die Erstattungen von der Krankenkasse voll überlassen. Du weißt, ich konnte mit denen einen recht ordentlichen Vertrag aushandeln.«

»Darüber reden wir später, alter Freund. Wir können uns beide glücklich schätzen, dass wir mit unserer Krankenkasse ein vernünftiges Auskommen haben.«

»In der Tat, das geht nicht allen Ärzten so. Weißt du noch, wie erfreut wir waren, als Bismarck im Jahr 1881 vor dem Reichstag eine ›Botschaft seiner Majestät‹ verlas, dass eine Krankenversicherung für Arbeiter zu schaffen sei?«

Dr. Petzold nickte. »Damit entstand die allgemeine Versicherungspflicht, und wir handelten Einzelverträge mit den Krankenkassen aus. Wir ahnten da noch nicht, welche Probleme hierdurch auf uns zukommen sollten. Denn jedwede einzelne Krankenversicherung kann nach eigenem Gutdünken Verträge vereinbaren und dabei die Zahl der für sie tätigen Ärzte selbst bestimmen. Nahezu jede Knappschaft zahlt ein unterschiedliches Honorar.«

»Und eine weitere Ungerechtigkeit besteht darin, dass die Arbeitsverteilung unter den Medizinern so ungleich wie nur möglich ist. Einige schuften fast rund um die Uhr für 'nen Appel und 'nen Ei, andere leben wie die Made im Speck.«

»Kurzum, es ist bei den Ärzten so wie beim Rest der Gesellschaft, in der zahlreiche soziale Fragen bewältigt werden müssen«, stellte Dr. Petzold mit einem mokanten Lächeln fest. »Da bekommen die nächsten Generationen noch viel zu tun.«

»Apropos: Nimm doch den jungen von Elßtorff mit, dem schadet ein Blick in die Praxis und die Lebensumstände in Linden gewiss nicht.«

»Gute Idee, das werde ich tun.«

Einige Tage später bat Dr. Petzold folglich Heinrich, ihn zu begleiten: »Da kannst du eine Menge lernen, mein Junge, und mir tut es auch gut, wenn ich nicht allein los muss.«

»Sehr gern, Doktor Petzold, bei Ihnen gehe ich bereitwillig in die Lehre. Außerdem wäre es mir eine besondere Freude, Sie ein wenig zu unterstützen, nachdem Sie mich im letzten Sommer so diskret auskuriert haben.«

»Ach ja, der erstklassige Tripper aus dem drittklassigen Bordell in Berlin. Apropos: alles in Ordnung?«

Nun bekam Heinrich doch einen roten Kopf. »Ja, danke. So eine Dummheit begehe ich nur einmal.«

Der Hausarzt, der Heinrich nicht weiter in Verlegenheit bringen wollte, fuhr fort: »Außerdem kannst du mir von den neuesten Erkenntnissen aus Berlin erzählen. Die Stadt ist ja inzwischen ein regelrechter Hort der Forschung und künftiger Nobelpreisträger.«

»Von den wissenschaftlichen Ergebnissen werde ich gern berichten. Robert Koch betreibt höchst interessante Studien.«

Insgeheim vermutete Heinrich, dass dem Arzt die Vertretung des Kollegen eher unerwünscht und zu anstrengend sein könnte. Daher hatte er sofort zugesagt, obwohl es ihn wenig lockte, Totenscheine auszustellen – aber das gehörte nun mal auch zum ärztlichen Beruf. Und in Linden war die Todesrate unter anderem durch Fabrikunfälle und die wesentlich größere Kindersterblichkeit höher als im weniger industrialisierten Hannover.

Dr. Petzold nahm Heinrichs Gedanken auf, als er fast mehr zu sich selber meinte: »Es wird Zeit, dass mein Studienfreund Dr. Krugmann sich als Rentier Ruhe gönnt. Er glaubte, in den letzten Monaten eine größere Anzahl Todesfälle als gewöhnlich zu haben. Das macht die Brille des Alters, gestorben wird immer, mal mehr, mal weniger.«

»Werden wir auch zu Fabrikunfällen gerufen?«, fragte Heinrich, dem blutige Bilder vor Augen kamen, um sich zu wappnen.

»Das kann passieren. In Linden ballt sich ja die unterschiedlichste Industrie. Vor allem entlang der Ihme. Von der Mechanischen Weberei, die den weltberühmten Lindener Samt produziert, über die Produktion von Asphalt, Ultramarin, Gummi und chemischen Erzeugnissen. Letztes Jahr ist noch die Bettfedernfabrik von Werner & Ehlers hinzugekommen, die jetzt vielen Lindenern Arbeit und Brot gibt.«

»Wobei die trotzdem nicht auf Daunen gebettet sind«, versetzte Heinrich trocken.

»Nein, die sind was für die feineren Herrschaften«, stimmte Petzold zu. »Aber der größte Unternehmer und Begründer der Industrialisierung Lindens ist für mich Georg Egestorff gewesen, der zahlreiche Fabriken hinterließ, als er starb. Das war so um 1868.«

»Unglaublich, dass er damals in Linden Lokomotiven baute, obwohl es dort noch keine Schienenverbindung gab. Und man diese mit einem von 24 Pferden gezogenen Transportwagen, den man im Volksmund den großen Onkel Egestorff nannte, mühsam bis zum Bahnhof bugsieren musste. Die Hannoversche Maschinenbau-Aktiengesellschaft ist in der Tat industrielles Lindener Urgestein.«

»Ja, das hat mich schon als kleiner Junge fasziniert. Die Hanomag ist schließlich der größte deutsche Hersteller von Dampflokomotiven.«

»Dazu kommt noch Körting mit seinen Pumpen und Motoren. Erst vor zwei Jahren zog man an die Badenstedterstraße aufs freie Feld in das eigens errichtete Werk für tausend Arbeiter und Angestellte. Zündholzer, Brot, Bier – es gibt kaum etwas, was in Linden nicht produziert wird. Aber auch wenn die allerschlimmsten Kinderkrankheiten der industriellen Entwicklung überwunden scheinen – mit ohrenbetäubendem Lärm, Staub, Chemikalien-Einsatz und schlechtbezahlter Frauen- und Kinderarbeit haben wir immer noch zu tun.«

»Ja, wie mein Freund Cord Breuer erzählt, gilt es vieles weiter zu verbessern.«

»Die Kassenärzte meiner Generation haben in den Lindener Fabriken früher Zustände erlebt, da konnte man allemal radikal werden. Die Gefahren gingen ja nicht nur von den Maschinen aus, deren offen liegende Transmissionsriemen und Wellen zum Beispiel viele schlimme Unfälle verursacht haben.«

»Auch heute gibt es noch in etlichen Bereichen Verbesserungsbedarf, um die Apparaturen besser abzukapseln«, nahm Heinrich den Faden auf. »Da habe ich in Berlin einige erbarmungswürdige Unfallopfer gesehen, die danach invalide waren.«

»Die Maschinen sind das eine, Staub und Gase das andere Übel, sowohl innerhalb der Betriebe als auch draußen. In den chemischen Fabriken werden viele schädliche Stoffe freigesetzt, gar nicht zu reden von dem tückischen Phosphor bei der Zündholzfabrikation.«

»Haut-, Lungen und Rheumakrankheiten kommen nach wie vor in der Arbeiterschaft weitaus häufiger vor als bei der übrigen Bevölkerung. Aber Sie sprachen von radikal, Dr. Petzold, was meinten Sie damit?«

»Nun, mein verehrter Kollege Krugmann hatte Gutes im Sinn, er erinnerte immer wieder an die Schutzvorschriften, die den Arbeiterinnen und Arbeiter leider oft lästig erscheinen und so zu manchem Leichtsinn führen. Außerdem verhehlte er weder vor den Fabrikbesitzern noch vor der Arbeiterschaft, dass die Arbeitsbedingungen die Gesundheit angreifen. Das hat ihm den Ruf eines Roten eingebracht, der die Arbeiter aufwiegelt. Ich selber habe nicht zuletzt deshalb immer mehr im Stillen geforscht, seit einiger Zeit über die Auswirkungen des Vulkanisierens auf die Leibesbeschaffenheit und das Gemüt der dort beschäftigten Leute.«

Überrascht blickte Heinrich ihn an. »Darüber hörte ich gleichfalls etwas in Berlin. Das scheint bisher wenig untersucht zu sein. Auch die Gewerberäte zeigen sich da wohl noch überfordert.«

»Wir werden eine Menge Themen haben, die ganz anders sind als das, was die Charité beschäftigt.«

Unwillkürlich musste Heinrich an den roten Breuer denken. Durch die Gespräche mit dessen Sohn Cord auf der Reise nach La Palma, so wurde ihm klar, hatte er einiges über die Lebens- und Arbeitsbedingungen in der Industriestadt erfahren, aber offenbar längst nicht genug. »Und wie steht es mit den Heimarbeiterinnen?«, fiel ihm plötzlich ein.

Der Arzt seufzte nur. »Manchmal frage ich mich, welche Arbeiterinnen schlechter dran sind – unterm Strich sind es häufig diejenigen, die zu Hause schuften.«

»Mein Freund Cord erzählte, wie schlimm es teilweise in den kleinen Wohnungen aussieht, aber mir war nicht klar, dass das Nähen an der Maschine so auf die Gesundheit geht.«

»Wenn genug Aufträge da sind, arbeiten die Frauen oft mehr als achtzehn Stunden, da das Geld sonst einfach nicht reicht. Ein Fabrikant erklärte mir mal, dass er nur Mädchen von sechzehn Jahren an der Nähmaschine beschäftige, denn mit zwanzig seien sie oft schon reif für das Hospiz.«

Heinrich blickte ungläubig.

»Das ist leider nicht übertrieben. Bleichsucht in allen Stadien, Unterleibsleiden, Lageveränderungen der Gebärmutter, die eine Schwangerschaft fast unmöglich machen, neurasthenische Erkrankungen jeder Art befallen die Frauen als widrige, ungeladene Besucher.«

»Da kommt ja einiges auf uns zu«, meinte Heinrich etwas kleinlaut. »Cord wird ein Praktikum bei der Continental-Caoutchuc AG machen und ich sozusagen eines bei Ihnen.«

»Eine Feuertaufe in der Fabrik und bei den Ärmsten ist mir für junge Männer lieber als eine im Krieg«, beendete Dr. Petzold das Gespräch. »Jetzt trinken wir noch einen Port auf unsere gemeinsame Arbeit. Werde dir telefonisch avisieren, wenn ich dich brauche.«

Eine weitere Begegnung mit Victor Rehnhoff

Mit glitzernden Augen schritt Frau Rehnhoff in flottem Tempo die drei Wohnzimmerfenster ab, die zum Aegidienthorplatz zeigten. Ungeduldig spähte sie nach ihrem Sohn aus. Weder das Album für Teppichgärtnerei und Gruppenbepflanzung noch das Gartenbuch für Damen vermochten ihre Aufmerksamkeit zu fesseln. Dafür klangen die Neuigkeiten, die über die beste aller Informationsquellen, den Dienstbotenklatsch, zu ihr gelangt waren, viel zu extraordinär! Das veränderte möglicherweise die Sachlage doch enorm. Es rief danach, neu bedacht und womöglich in die richtigen Bahnen gelenkt zu werden! Denn scheinbar beschäftigte sich ihr Herr Sohn immer noch mit diesen Zwillingen, vor allem mit dieser Elsa, statt gezielt nach einer vorteilhaften Partie zu suchen und in einen lukrativen Ehehafen einzulaufen. Aber erst musste man Genaueres wissen. Endlich meldete die Dienstbotin ihren Sohn. Ungeduldig scheuchte sie das Mädchen hinaus, schenkte den Tee selber ein und begann auf den Busch zu klopfen. »Mir ist zu Ohren gekommen, die Zwillinge hätten eine adelige Großmutter in München, eine Gräfin.«

»Es scheint so. Heinrich verplapperte sich da neulich. Nichtsdestotrotz sind die Schwestern unehelich geboren und damit keinesfalls Ehe-Kandidatinnen für deine hochfliegenden Pläne, chère Maman!« Sich eben diesen Plänen zu widersetzen, fiel ihm schwer, hatte doch seine früh verwitwete Mutter viele Opfer gebracht, um ihm das Jura-Studium zu ermöglichen.

Frau Rehnhoff, selber von adeliger Herkunft, hob die rechte Augenbraue, was ihrem Gesicht mit der schnabelförmigen Nase noch mehr den Ausdruck eines Habichts verlieh. »Es sei denn, besagte Großmutter würde ihre unehelichen, aber zugleich auch einzigen Enkelkindern adoptieren oder ihnen zumindest einen Teil ihres gewiss großen Vermögens vermachen.«

»Heinrich plauderte jüngst vor lauter Freude aus dem Nähkästchen, dass die Zwillinge nicht mehr lange mittellos sein würden. Von der adeligen Großmutter in München war die Rede und dem Großvater, einem Lindener Möbelfabrikanten, der ebenfalls nicht gerade unvermögend sei.«

»Linden, dieses übelriechende Industriedorf, auch das noch. Nun ja, immerhin, Geld stinkt bekanntermaßen nicht.«

»Ich vermute nach Heinrichs Andeutungen, dass dies den Zwillingen ermöglichen würde, notfalls auf eigenen Füßen zu stehen. Was zumindest Elsa entgegenkäme. Es gibt ja mittlerweile unverheiratete Frauen, wie Anita Augspurg oder Helene Lange, die mit einer gleichgesinnten Freundin einen unabhängigen Haushalt führen.«

»Was auch immer man unter gleichgesinnten Freundinnen verstehen mag«, zischte seine Mutter giftig. Nachdenklich meinte sie: »Das müsste schon ein beträchtliches Vermögen sein, das den Makel der unehelichen Geburt ohne Adoption nur annähernd wettmachen könnte. Und es stellt sich wirklich die Frage, welche von den beiden eine gute Gemahlin wäre. Letztes Jahr auf Norderney ergaben sich ja für mich genügend Möglichkeiten, diese jungen Damen mit Argusaugen zu beobachten. Diese Elsa jedenfalls mit ihrem Detektivspielen und ihrem analytischen Verstand mag dir zwar faszinierend vorkommen, ob sie dir jedoch eine fügsame und nützliche Gattin wäre, wage ich zu bezweifeln. Bei der ist Hopfen und Malz verloren.«

»Immerhin hast selbst du zugegeben, dass sie eine vornehme Erscheinung ist und hübsch dazu.«

»Mein Sohn, Schönheit ist wie Falschgeld, davon lässt sich ein kluger Mann nicht blenden. Er achtet vielmehr darauf, dass seine Zukünftige ihm eine stattliche Summe in die Ehe mitbringt, damit er besser dasteht als zuvor.«

Victor, der dies nicht zum ersten Mal anhören durfte, stöhnte innerlich auf. Da ging es bereits weiter.

»Zweifellos ist Emilie im Vergleich zu ihrer lebhafteren Schwester eher Landkonfekt. Aber das werden nicht die schlechtesten Ehefrauen, und genauso hübsch ist sie schließlich auch.«

Sie sah ihren Sohn prüfend an und verwünschte im gleichen Moment ihre voreiligen Sätze. Aus dem Aufblitzen seiner Augen schloss sie, dass ausgerechnet sie selber ihn auf eine Idee gebracht hatte.

»Allerdings wäre Emilie keineswegs die Frau, die ich mir an deiner Seite wünsche – es sei denn, es handelt sich um eine Mitgift, die dir eine sorgenfreie Zukunft ermöglicht. Und genau das gilt es herauszufinden. Du hast ja nicht umsonst einen Privatdetektiv als Kompagnon!«

Solcherart einerseits verunsichert, andererseits aber auch eingenordet, ging er die Georgstraße hinunter, um zu seinem Büro zu gelangen.

Bereits von weitem erspähte Victor eine einzelne, ihm wohlbekannte junge Dame, die allein an einem Tisch im Café Kröpcke saß.

»Wohlbekannt ist gut«, brummelte er genervt vor sich hin. »Momentan erkenne ich noch nicht mal, wer es ist! Und ich weiß ebenso wenig, welche ich jetzt lieber treffen würde.«

Als Rehnhoff in ihr Blickfeld geriet, glaubte sie für einen Moment an Gedankenübertragung, besann sich aber schnell und nickte ihm huldvoll zu. So blieb ihm nichts anderes übrig, als sich formvollendet zu verbeugen. »Gnädiges Fräulein, welch angenehme Überraschung, Sie hier anzutreffen. Darf ich Ihnen ein wenig Gesellschaft leisten, da Sie ja ganz allein sind?« Emilie bemerkte die leise Missbilligung sehr wohl und beeilte sich, eine Rechtfertigung loszuwerden. »Leider vertrat ich mir den Fuß schmerzhaft, daher erklärte sich meine Schwester bereit, die ausstehenden Erledigungen allein zu besorgen.«

Victor fluchte insgeheim vor sich hin: Nun weiß ich immer noch nicht, mit wem ich es zu tun habe!

»Mit Vergnügen leiste ich Ihnen etwas Gesellschaft, gnädiges Fräulein.«

»Das ist sehr nett, Herr Rehnhoff, denn ich sitze hier ungern allein.«

Das klingt nicht nach Elsa, schoss es Victor durch den Kopf, und in diesem Moment bestätigte die ahnungslose Emilie: »Meine liebe Elsa erklärte sich bereit, einige Pralinees von Sprengel auf der Georgstraße zu besorgen, auch bei Liebe noch Einkäufe zu tätigen.«

Victor bedachte sein Gegenüber mit einem ebenso freundlichen wie nachdenklichen Blick.

»Mir fällt gerade ein, dass wir uns letztes Jahr hier zum allerersten Mal begegneten – da waren Sie just in Hannover angekommen.« Da fuhr er bereits mit einem charmanten Lächeln fort: »Wie entzückend Sie aussahen in dem gelben Kleid.«

»Ach, das wissen Sie noch«, sie ärgerte sich über ihre wenig geistreiche Entgegnung, spürte aber zugleich eine wohlige Wärme in sich aufsteigen.

»Daran erinnere ich mich nur allzu genau …«

Sie blickten sich fasziniert an.

»Leider tragen Sie beide ja inzwischen überwiegend diese Reformkleider …« Er brach ab, da er im gleichen Moment an ihrem Gesichtsausdruck bemerkte, dass er den kurzen Zauber des Augenblicks gebrochen hatte.

»Wir sind da eben unserer Zeit ein wenig voraus«, entgegnete Emilie schnippisch. Sie erinnerte sich daran, wie er letztes Jahr beim Tanzen auf dem Sedanball in Norderney versucht hatte, ihr auf den Zahn zu fühlen.

»Nun, das klingt eher nach Ihrer Schwester als nach Ihnen, gnädiges Fräulein. Die rasche Auffassungsgabe von Elsa schätzte ich ebenso wie ihren Scharfsinn. Aber ein echtes Weib will doch immer noch in erster Linie dem Manne gefallen, nicht wahr?«

Emilie fühlte sich prächtig: Endlich verblasse ich mal nicht neben meiner geistreichen Zwillingsschwester! Andererseits weiß ich ja genau, dass Victor Elsa den Hof gemacht hat. Na, ich warte mal ab, wie es mir meine Mama in Königsberg beigebracht hat, und nicke freundlich mit interessiertem Gesichtsausdruck. Ich wurde ganz anders erzogen, als es bei Elsa der Fall war. Meine Adoptivmutter riet stets, die Herren reden zu lassen und noch mit Fragen zu weiterem Sprechen zu ermuntern, da sich die meisten Männer gerne parlieren hörten.

Ermutigt durch ihr leichtes Nicken und andächtiges Zuhören, fuhr Victor fort: »Manchmal braucht man eben einige Zeit, um sich über die andauernden Werte klar zu werden, die wichtiger sind als eine kurzfristige Faszination. Sie, mein verehrtes gnädiges Fräulein, verstehen eine Männerseele wohl eher als die eigenwillige Elsa, deren rasche Auffassungsgabe ich sehr bewundere. Aber ein Mann sehnt sich doch mehr nach einer Gattin, die ihm Haus und Heim als Hort bereithält, wenn er aus den Kämpfen des Berufes ermattet heimkehrt.«

Emilie fühlte sich hin- und hergerissen. Es schmeichelte ihr durchaus, ein wenig angehimmelt und der Schwester, die sie oft als die Überlegene empfand, vorgezogen zu werden. Daher wurde Victor durch ein leichtes Lächeln und ein angedeutetes Nicken belohnt. Andererseits keimte in ihr der Verdacht auf, Gerüchte über die Familiengeschichte und damit ein mögliches Erbe von der Großmama könnten hier eine Rolle spielen. Hatte nicht Heinrich kürzlich beschämt eingestanden, sich seinem alten Freund gegenüber verplappert zu haben?

Elsa erfasste die Szene von weitem ziemlich schnell. Victor mit meiner Schwester? Was soll das denn bedeuten?

Im Näherkommen hörte sie noch seine letzten Sätze und spürte eine maßlose Wut in sich aufsteigen. Außerdem registrierte sie: Emilie himmelt ihn mit schräg geneigtem Köpfchen an. Das heißt, die Spröde gibt sie hier nicht. Seine Gestik zeigt klar: Er will ihr imponieren. Und ich kann nicht umhin zu bemerken, wie eine Mischung aus Eifersucht und Entsetzen in mir hochsteigt. Victor flirtet mit Millie wie einst mit mir! Und was noch schlimmer ist, sie scheint durchaus nicht abgeneigt zu sein.

In diesem Augenblick bemerkte Emilie ihre Schwester, schlug die Augen nieder und errötete. Victor hingegen sprang auf, verbeugte sich und begrüßte sie mit scheinbar völlig unbefangener Nonchalance. »Verehrtes gnädiges Fräulein, liebe Elsa, welche Pläsier, dass ich die schönen Zwillinge hier nun gemeinsam antreffe.«

»Guten Tag, Dr. Rehnhoff«, erwiderte Elsa spürbar reserviert, »seit wann drechseln Sie derartige Komplimente?«

Typisch, dachte Victor, sie kann es nicht lassen, mir eins auszuwischen. Sie weiß ja genau, dass die galante Konversation mit jungen Damen nicht zu meinen Stärken gehörte. Er deutete eine Verbeugung an. »Selbst ein trockener Jurist ist in der Lage, über den storchbeinigen Kanzleistil hinauszuwachsen, Fräulein Elsa, vor allem wenn er sich in so charmanter Gesellschaft befindet.«

Treffer, er lernte inzwischen nicht nur vor Gericht auszuteilen, registrierte Elsa verärgert, entgegnete jedoch scheinbar gelassen: »Die Freude ist natürlich ganz auf unserer Seite.« Sie zückte ihre goldene Uhr, die sie an einer Kette um den Hals trug. »Leider sind wir gleich mit Tante Sophie verabredet, wir müssen uns sputen.«

Das war deutlich, und Victor Rehnhoff verabschiedete sich sogleich.

Kaum war er außer Hörweite, begann Emilie sich zu rechtfertigen: »Es war nicht so, wie du denkst …«

Da wurde sie bereits von ihrer Schwester unterbrochen. »Ich habe Augen im Kopf, Schwester! Du hast ihn angeschmachtet wie ein liebeskrankes Kalb! Und seine letzten Sätze hörte ich sehr wohl. Du darfst zahlen, ich gehe schon mal nach Hause!« Damit drehte sie auf dem Absatz um und ließ eine ziemlich verstörte Emilie zurück.

Vor dem Dinner suchte Marga die Schwestern. »Wir müssen uns noch kurz wegen morgen absprechen. Ich werde euch begleiten. Wir treffen uns um drei Uhr bei Karla auf der Diakoniestation.«

Stirnrunzelnd blickte Elsa die Haushälterin an. »Du bist sozusagen der Wachhund, habe ich recht? Nun, zu viert brauchen wir da wirklich nirgends aufzutauchen, das gleicht ja einem Überfall! So wie Cord mir die Wohnverhältnisse geschildert hat, passen wir alle gar nicht in so eine Wohnküche hinein. Und da es ja sowieso Emilies Idee war, lasse ich meiner Schwester gern den Vortritt. Ich werde mit euch mitfahren und den Großvater in der Fabrik besuchen. Es sind einige Entwürfe angekommen, die mich interessieren.«

Marga wunderte sich über Elsas spitzen Ton und bemerkte, wie Emilie zusammenzuckte und die Augen niederschlug. Da scheint es eine Verstimmung zu geben, vermutete sie, dann ist es besser, die

Schwestern marschieren mal getrennt – vielleicht glätten sich die Wogen von allein.

»Ihr könnt euch ebenso gut abwechseln, zu viert zu erscheinen ist in der Tat wohl für manche der Familien ein wenig heftig. Jedenfalls meint Karla, dass ich einigen der Frauen etwas zur Haushaltsführung beibringen sollte, viele sind da auch durch die langen Arbeitszeiten überfordert. Du kommst das nächste Mal mit, Elsa, dann sehen wir weiter.«

Diese nickte nur und verkündete: »Ich ziehe mich zurück, mir ist der Appetit vergangen, ich habe Kopfschmerzen. Also bis morgen.« Und damit rauschte sie erhobenen Hauptes hinaus.

Marga nahm Emilie beim Ellenbogen. »Da ist doch etwas vorgefallen. Erzähl mal!« Diese starrte Löcher in den Perserteppich und zog eine Schippe. So leicht gab Marga, die es gewohnt war, von Elsa ins Vertrauen gezogen zu werden, nicht nach.

»Also: Was ist passiert?«

»Zufällig kam dieser Anwalt, der Dr. Rehnhoff, am Café Kröpcke vorbei und setzte sich zu mir. Ich hatte mir den Fuß vertreten und wartete auf Elsa. Die fand wohl, ich sei zu freundlich zu ihm gewesen.«

Inzwischen puterrot angelaufen, blickte sie die Haushälterin unglücklich an.

»Und – war das so?«

»Ich war nur höflich«, stammelte Emilie.

Davon war Marga nicht so überzeugt. Eifersucht zwischen den Schwestern – auch das noch! Aber vielleicht musste das ja eines Tages mal kommen.

»Nun, dieser Rehnhoff scheint sehr wetterwendisch zu sein – so einen Kavalier braucht nach meiner Ansicht keine von euch beiden«, äußerte Marga nachdrücklich. »Ihr solltet euch so schnell wie möglich aussprechen!« Und begab sich Richtung Souterrain, um in der Küche nach dem Rechten zu sehen. Emilie sah aus, als hätte es ihr die Petersilie verhagelt, überlegte sie. Das wird doch hoffentlich nicht richtig Ärger zwischen den Zwillingen geben?

Getrennte Wege in Linden

Schwester Karla erwartete die Zwillinge in der Diakoniestation in der Falkenstraße. Sie wollte den Mädchen zunächst einiges erklären, bevor es an die erste gemeinsame Arbeit ging.

Pünktlich um drei Uhr stand die Diakonisse bereits in der Tür. Sie stutzte: »Wo steckt Elsa?«

Emilie errötete, und Marga sprang ein: »Ihr Großvater bat darum, dass sie ihn in der Möbelfabrik trifft. Offenbar erbte sie das Talent ihrer Großmutter, einen guten Blick für Möbel zu haben. Er will ihr einige Entwürfe zeigen. Sie kommt das nächste Mal mit. Außerdem bemerkte sie zu Recht, dass es vielleicht etwas viel wird, wenn wir plötzlich mit vier Personen auftauchen.«

Karla spürte sofort, dass hier irgendetwas faul war, ließ sich jedoch nichts anmerken. Frisch gekochter Pfefferminztee stand auf dem Tisch in der Wohnküche. »Nehmt Platz, und genießt den Tee, der übrigens aus Margas Kräutergarten stammt. Bei der Arbeit werden wir uns der Einfachheit halber duzen – das hat Marga ja wohl besprochen.«

Emilie nickte zustimmend. »Es könnte sein, dass mir anfangs noch das Sie rausrutscht.«

»Keine Sorge, das ist unwesentlich – mit einer Einführung will ich allerdings nicht ein zweites Mal Zeit vergeuden. Ihr werdet Elsa also über alles genauestens informieren.«

Emilie, von dem barschen Ton eingeschüchtert, erwiderte wie ein braves Schulmädchen: »Selbstverständlich, Schwester Karla.«

Und Marga versuchte ebenfalls, die Wogen zu glätten: »Wir berichten Elsa alles ganz haarklein.«

Karla begann etwas besänftigt: »Wir haben einen arbeitsreichen Nachmittag vor uns, aber bevor es losgeht, möchte ich einiges Grundsätzliches erklären. Also, zu meinen Aufgaben gehört es, Hausbesuche zu machen, welche der Pastor anordnet. Diese bedeuten nicht allein die Pflege, sondern Hilfe im gesamten Haushalt des Kranken. Von den Schwestern wird neben dem eigentlichen Pflegedienst jede auch noch so grobe Arbeit geleistet, gleichgültig, ob sie im früheren Leben ein Dienstmädchen war oder aus den vornehmsten Geschlechtern stammt.«

Ihr Blick wanderte zu Emilie, die die Augen niederschlug. Wir sind zwar teilweise aus vornehmer Familie, doch unehelich – aber grobe Hausarbeiten musste ich noch nie verrichten, dachte diese verzagt und fragte sich, auf was sie sich da eingelassen hatte.

Die Diakonisse räusperte sich und fuhr fort: »Eine Schwester sollte zu einem Drittel Arzt, zum zweiten Seelsorgerin und zum dritten Magd sein. Aderlassen, Schröpfen, Blutegel ansetzen, Verbände anlegen, Mediziner bei Operationen unterstützen – das alles gehört zu den Aufgaben. Selbständiges Operieren hingegen ist bei Strafe verboten. Wir überwachen auch die Anwendung der Heilmittel bei den Kranken.«

»Wobei sich Karla bestens auskennt, auch mit Kräutern und Behandlungen nach Pfarrer Kneipp«, warf Marga ein.

»Da weißt du aber gleichermaßen viel«, meinte schüchtern Emilie, »deine Hausapotheke, Marga, ist doch wirklich sehr umfangreich. Deine medizinischen Kenntnisse finde nicht nur ich bewundernswert, das sagt sogar Heinrich.«

»Recht hat der junge von Elßtorff, Marga und ich fachsimpeln da öfter, zumal über die interessanten Pflanzen, die sie von La Palma mitbrachte«, bestätigte Karla. »Man lernt da nie aus.« Nachdem sie einen großen Schluck Tee getrunken hatte, fuhr sie fort: »Kranke werden besucht, gehoben, umgelegt, verbunden, mit Luft- und Wasserkissen, Eisblasen, Bettzeug, wollenen Decken und sonstigen Bequemlichkeiten versorgt, Betten gemacht, Zimmer gereinigt, wo nötig Kinder angezogen und Essen angerichtet. Bei mangelnder Ordnung und Reinlichkeit, was leider häufig vorkommt, wird auch dazu angeleitet. Wir führen Desinfektionen durch, stellen fest, ob Ungeziefer zu bekämpfen ist. Läuse zum Beispiel.« Beim letzten Punkt dachte sie an Kalle und Pauline.

»Nicht zu vergessen die Nachtwachen, die noch zusätzlich geleistet werden«, ergänzte Marga.

»Das bedeutet viel harte Arbeit und große Verantwortung.« Emilie blickte die Diakonisse bewundernd an. »Das kann ganz gewiss nicht jede Frau leisten. Ich weiß nicht, ob ich aus dem Holz geschnitzt wäre, diese Pflichten auszuüben und durchzuhalten.«

»Es muss auch eine Berufung sein, verbunden mit dem festen Willen, zu dienen«, entgegnete Karla. »Unsere Aufgaben fordern von uns einige ganz andere Eigenschaften als von einem Mädchen in seiner Familie. Wir pflegen ja nicht nur die Kranken. Sondern wir müssen mit deutlichen Worten gegenüber den Patienten, ihren Angehörigen, Vorgesetzten, Behörden und Ärzten sowie den Pfarrern Dinge beim Namen nennen, die andere Frauen selbst untereinander nicht ansprechen würden. Wir haben gelernt, dabei dem Mann klar in die Augen zu blicken, wie es sich sonst für eine Frau nicht ziemt.«

Das muss ich unbedingt Elsa erzählen, nahm sich Emilie vor, das wird ihr gefallen. Hoffentlich redet sie heute Abend wieder mit mir!

»So, genug geredet, wir gehen los und werden noch von einer mitleidigen Hausfrau, die uns öfter mit kräftiger Nahrung, besonders Suppen unterstützt, etwas zum Essen abholen. Die Helmckes, die wir jetzt gleich in der Charlottenstraße besuchen, gehören übrigens zur Familie eurer tüchtigen Waschfrau Johanne. Der Mann arbeitet in der Lindener Aktien Brauerei und ist erkrankt. Ansonsten weiß ich noch nicht genau, was uns dort erwartet.« Besorgt blickte Marga zu ihr herüber, und Karla reagierte mit einem winzigen Achselzucken. »Ich hätte auch lieber zu Beginn einen Haushalt gehabt, den ich kenne. Aber hier werden wir jetzt eben dringend gebraucht.«

An der Weberstraße hielt sie vor einem der alten Fachwerkhäuser.

»Die Stiegen sind steil und fallen mir schwer. Geh bitte in den ersten Stock, Emilie, und hol die Suppe ab«, sagte die Diakonisse und wandte sich Marga zu: »Es ging nicht anders, meine Liebe. Kann mir meine Klientel nicht aussuchen. Allzu schlimm wird es schon nicht sein.«

Da kam bereits Emilie mit einem größeren Kochtopf in den Händen. »Den soll ich nachher zurückbringen und herzlichen Gruß.«

Obwohl sie durch Marga vorgewarnt war, dass es sich in der berühmt-berüchtigten Charlottenstraße ähnlich wie in der Viktoriastraße überwiegend um eine Ansammlung armseliger Fabrikarbeiterhäuser handele, war Emilie doch entsetzt. Im Hof befanden sich der Abort und eine Pumpe.

Das rückwärtig gelegene Treppenhaus starrte vor Schmutz, der Putz war an vielen Stellen aufgeplatzt, und die Wände waren schmuddelig. Kein Wunder, dass man in Hannover abfällig davon sprach, dass hier ein verkommenes Schmiervolk wohne. Es roch muffig nach Zwiebeln, Kohl und altem Fett.

Sie erklommen die zweite Etage. Im Dachgeschoss befanden sich vier Wohnungen, was Emilie wunderte. Karla entzifferte ein fleckiges Pappschild mit dem Namen Helmcke, klopfte energisch und drückte die Tür auf.

Die Wohn- und Schlafstube wirkte unsauber. Hier wurde offensichtlich seit vielen Jahren nicht mehr ordentlich tapeziert, stellte Emilie sofort fest, denn die Wände trugen teilweise unterschiedliche Muster, da man mit anderen Tapeten überklebt hatte. Die Farbe des Fußbodens ließ sich ebenso wenig erkennen wie die der mit Dreck verklebten breiten Fugen. Die Einrichtungsgegenstände befanden sich in desolatem Zustand, aus einer alten Chaiselongue, mit Wachstuch bedeckt, drücken sich die Sprungfedern heraus.

In einem Bett lag der kranke Vater. Karla begrüßte den Mann, der apathisch wirkte. »Herr Helmcke, ich habe zwei Helferinnen mitgebracht, sie werden mit anpacken, um aufzuräumen und klar Schiff zu machen. Ihre Frau ist ja als Waschfrau seit fünf Uhr wieder unterwegs und hat ihre älteste Tochter dabei. Ich versorge Sie gleich und richte das Bett. Haben Sie schon die Medikamente für Ihr Herz genommen?« Die Diakonisse drehte den Kopf weg – der Mann stank eindeutig nach Schnaps!

Emilie stutzte. Waschfrau? Handelte es sich da um die Wäscherin, die regelmäßig in die Königstraße kam? Sie fasste Marga am Ellenbogen. »Wäscht die Frau auch bei uns?« Diese nickte nur und hielt den Zeigefinger vor den Mund. Emilie verstand und wandte sich dem größten Mädchen zu. »Wie alt bist du denn?«

»Ich bin zehn. Mein Bruder acht und die Schwester sechs. Meine große Schwester ist vierzehn, die ist mit Mutter schon ab.« Alle sind viel zu mager, stellte Emilie mit einem inneren Seufzer fest. Und die Jüngste hätte ich höchstens für vier gehalten. In dem Raum befanden sich außer einem Herd, einem Tisch, Stühlen, einem Schrank und einem Wandregal noch zwei schmale Betten und einem selbst für die Kleinste viel zu kurzen Kinderbettchen. Emilie stupste Marga an: »In dem Zimmer schlafen sechs Personen!«

Sie begriff nun, wie in das enge Dachgeschoss vier Wohnungen hinein gequetscht waren, und gestand sich beschämt ein, wie wenig sie letztendlich über die Lage der Arbeiterfamilien wusste. Cord versuchte mehrfach, uns darüber mehr zu berichten, aber ich war offenbar nicht aufmerksam genug. Wenn ich mir vorstelle, dass Elsa und ich genauso gut in Linden hätten landen können und schon seit Jahren in der Fabrik oder als Dienstmädchen arbeiten müssten … Es lief ihr kalt den Rücken herunter.

»Marga, hol bitte zwei Eimer Wasser aus der Pumpe. Und Emilie, bring die Sprösslinge in den Hof zum Spielen und komm wieder herauf. Seht mal, Kinder, ich habe euch einen Ball mitgebracht.«

»Dürfen wir den behalten?«, fragte der Junge begierig.

»Wenn ihr sehr brav seid, ja. Und nachher dürft ihr uns helfen.«

Marga kehrte mit den schweren Eimern zurück, mit der ausgeleierten Pumpe hatte sie einige Mühe gehabt. Sie hatte die Gelegenheit genutzt, die Kinderköpfe auf Läuse zu kontrollieren, und erleichtert festgestellt, dass es keine Anzeichen dafür gab. Karla feuerte den Herd an. »Ich werde gleich den Kranken waschen und versorgen, und ihr beginnt, aufzuräumen und abzuwaschen. Ich sage Bescheid, wenn ihr euch umdrehen könnt.

Bald kochte Wasser, zwei Schüsseln wurden damit gefüllt. Marga besah den Haufen schmutziger Teller, Becher und Kummen und stöhnte: »Die ganze Aufwäsche steht noch da. Hier gibt es bestimmt kein sauberes Teil mehr.« Die beiden machten sich ans Werk, Emilie mit spitzen Fingern. Was für ein Dreck! Sie begannen den Stapel Geschirr, von dem Marga vorher einige schimmelige Reste abgekratzt hatte, mit Hilfe von viel Soda abzuwaschen. »Halt«, rief Marga, als Emilie die Bestecke schwungvoll mit in eine Schale befördern wollte. »Die Nahtstelle zwischen Schneide und Griff ist mit Kitt gefüllt, das darf nicht nass werden. Und die Klingen putzt du nach dem Abwasch mit Sand und der platten Seite eines Korkens, die laufen sonst an. Sand nimmst du auch zum Reinigen der Töpfe.« Emilie nickte. »Das kannst du jetzt eigentlich allein«, beschloss Marga und drückte ihr Bürste und Lappen in die Hände. »Ich mache mal die Betten.« Indessen ermahnte die Diakonisse ihren Patienten: »Herr Helmcke, Sie haben eine schwere Bronchitis und Herzprobleme. Da dürfen Sie keinerlei Schnaps trinken!«

»Aber Bier und Korn hab'n doch 'ne heilsame Wirkung, Schwester, nennen wir ja nicht umsonst 'nen Rezept.«

»Kein Alkohol! Das macht Sie außerdem wirr im Kopf.« Nachdem sie den mürrischen Mann versorgt und das Bett frisch bezogen hatte, schrubbte sie sich die Hände, wandte sich der Suppe zu und setzte sie aufs Feuer. Der Duft verbreitete sich in der Wohnküche. Die Kinder erstürmten polternd die Küche.

»Oh, bei uns riecht es gut, ich habe solchen Hunger«, fiepste die Jüngste.

Marga schob ihnen die Waschschüssel zum Säubern der Hände hin und rührte die Suppe um. Inzwischen deckte Emilie den Tisch und verteilte die Suppe, auf die sich die Kinder gierig stürzten. Karla fütterte den Vater, der jedoch wenig Appetit hatte. Nach dem Motto: Das bisschen, was ich esse, kann ich auch trinken, dachte die Diakonisse grimmig.

»So, Kinder, in den zwei Schüsseln befindet sich warmes Wasser, darin spült ihr das Geschirr ab. Die noch vorhandene Suppe ist für eure Mutter und die Schwester, da dürft ihr nicht beigehen! Wenn ich morgen komme, erwarte ich, dass es hier aufgeräumt ist. Dafür seid ihr schon groß genug!«

Bedrückt traten die drei Frauen den Rückweg an. »Kinder sollen ja ein Segen sein«, sinnierte Emilie. »Aber sowie sich niemand vernünftig um sie kümmern kann und sie auch noch unterernährt sind, tut mir das in der Seele weh. Da macht es doch mehr Sinn, wenn die Anzahl der Racker nicht gar so groß wäre.«

»Nun, in einigen von unseren Arbeiterfamilien sieht man das ebenso. Bei den Katholischen allerdings ist Hopfen und Malz verloren.« Karlas Stimme wurde scharf und laut. »Mit Vernunft lässt sich den Katholen nicht beikommen, bei denen ist die Kinderschar oft am allergrößten.«

In diesem Moment begegneten sie einer ärmlich gekleideten Frau, die vier Sprösslinge in einem Wägelchen zog, während drei weitere nebenher liefen. Eine größere Tochter trug ein kleineres Kind auf dem Arm, die Mutter einen Säugling im Tragetuch vor der Brust. Offenbar hatte sie die Bemerkung der Diakonisse genau gehört, denn sie zeterte lauthals: »Ihr Evangelen seid doch alle nicht gottgefällig! Lieber eins auf dem Kissen als auf dem Gewissen!«

Erschrocken blickte Emilie zu Karla hinüber, der die Zornesröte ins Gesicht stieg und die sich verärgert auf die Lippen biss. Dann siegte die Wut über die Selbstbeherrschung, und sie zischte leise: »Dumme katholische Landpomeranze.«

Marga versuchte die Situation zu überspielen und fragte: »Was fehlt eigentlich Herrn Helmcke?«

»Der Mann ist herzkrank und trinkt regelmäßig, geht aber noch arbeiten. Allerdings zieht er auch des Öfteren mit Kumpanen auf Zechtour. Dann bleibt wenig von seinem Lohn über, und es reicht nicht mal für Kartoffeln.«

»Und die Kinder sind alle so spillerig, da ist ja kaum mehr dran als Haut und Knochen. Es jammert mich, dass Menschen so leben müssen.«

Emilie fühlte heiße Wut auf den verantwortungslosen Vater in sich aufsteigen.

»Es ist hier schwer, die hungrigen Mäuler zu stopfen, auch bei denen, wo man das wenige Geld besser zusammenhält als bei Helmckes. Ich habe mal mit einem Akkordarbeiter mit achtzehn Mark Wochenlohn eine Kostenrechnung für seine siebenköpfige Familie gemacht. Selbst bei allersparsamster Haushaltsführung kamen wir auf ein Jahresdefizit von 135 Mark.«

»Aber das geht doch gar nicht«, stotterte Emilie.

»Nein, natürlich nicht! Diese Lücke müssen die Frauen schließen, deshalb arbeiten sie ja so fleißig. Der Anteil an Fleisch beträgt übrigens sechzig Pfennig pro Woche, das kommt nur faserweise in der Sonntagssuppe vor.«

Emilie krauste die Stirn: »Und währenddessen wird bei den wohlhabenden Bürgern und im Adel diniert und geschwelgt. Das grenzt schon oft an Völlerei und führt nicht selten dazu, dass die auf einen 46 Zentimeter Taillenumfang geschnürten Damen die kulinarischen Versuchungen nur dadurch komplett kosten können, dass sie mit Kotz-Tropfen Platz schaffen.«

Karla schüttelte sich vor lauter Abscheu. Emilie und Marga schauten sich an – die Diakonisse hatte ja leider nur allzu recht.

»So manche gnädige Frau der besseren Gesellschaft befindet sich in dem Teufelskreis zwischen Mittelchen, Erbrechen und weiterer Tafelei«, bestätigte Marga. »Und dies geschieht, während ein großer Teil der Arbeiterkinder miserabel ernährt ist.«

Erneut seufzte die Diakonisse auf. »Noch schlimmer ist aber, dass Herr Helmcke zu Gewalttätigkeit neigt, wenn er richtig betrunken ist. Da bleibt nur zu hoffen, dass seine Familie rechtzeitig entwischen kann.«

»Er verprügelt seine Frau?« Emilie fühlte Übelkeit in sich aufsteigen.

»Oder seine Kinder«, ergänzte Karla.

»Der liebe Gott vermag wohl nicht überall zu sein und für Gerechtigkeit zu sorgen, wir auf Erden müssen ihn mit allen uns zur Verfügung stehenden Mitteln unterstützen.« Emilies Stimme bebte.

»Und es ist schön, dass ihr dabei helft. Ich danke euch dafür. Aber manchmal ist es schwer zu ertragen, dann möchte man eingreifen und kann es nur teilweise oder gar nicht.«

Die Diakonisse hatte ausgesprochen, was alle bewegte. Schweigend und nachdenklich setzten sie ihren Weg fort.

Inzwischen waren sie wieder in der Falkenstraße angekommen. »Grüßt bitte Elsa herzlich von mir. Ihr Zwillinge seid gern auf einen abendlichen Tee willkommen, wenn Marga und ich wie so oft über Kräuter und Medikamente fachsimpeln. Die Nachschlagewerke wie ›Die Frau als Hausärztin‹, die neuerdings herauskommen, zeigen, wie wichtig es ist, dass Frauen sich gut auskennen.«

Emilie schwirrte der Kopf von dem, was sie gerade in dem armseligen Arbeiterhaushalt erlebt hatte. Derart sieht also das kaum so zu nennende Heim aus, in das die schwer schuftende Johanne Helmcke zurückkehrt, wenn sie beispielsweise auch bei uns ihren Waschtag abgehalten hat, dachte sie. Die Frau tut mir wirklich leid. Diese Zustände belasten mich mehr als die völlig ungewohnten Arbeiten im Haushalt, die ich in Königsberg bis auf einen gelegentlichen Abwasch, falls das Dienstmädchen sonntags frei hatte, nie habe machen müssen.

Marga beobachtete sie besorgt – offensichtlich ging der jungen Frau bereits diese erste Erfahrung sehr nah. Sie selber hingegen fühlte sich immer noch zerschlagen von dem Bangen um Pauline und Kalle. Aber wie wird Emilie auf solche Fälle wie mit der Trinkerin reagieren, wenn das gestandene Weibsbilder wie Luise Breuer, Karla und mich schon zur Verzweiflung treibt?

Auf dem Heimweg in der Droschke herrschte nachdenkliches Schweigen. Schließlich meinte Emilie: »Stell dir nur vor, der Mann erschlägt im Rausch seine Frau oder eines seiner Kinder. Und vorher pflegte ihn Karla gesund. Bei dem Gedanken könnte ich verrückt werden.«

»Ich auch«, entgegnete Marga.

Albtraum am Nachmittag

Kalle war schnell losgeflitzt, um von der Bäckersfrau Peterkord in der Stärkestraße die abgekratzten Teigreste und Kanten von den Backblechen zu erbetteln. Manchmal vermutete er, dass diese einen extra breiten Streifen Teig stehen ließ, um den Kindern etwas davon zu geben.

Als er die Wohnküche betrat, erstarrte er vor Schreck. Seine Mutter hielt mit einem verwaschenen Lächeln eine Schnapsflasche in der Hand. Die offensichtlich von einem der kürzlich geflohenen Freiern stammte – dem Dicken, den er sofort wiedererkannte. Man kann sie wirklich keine Sekunde allein lassen, durchfuhr es ihn entsetzt, ich war doch gewiss nur kurze Zeit weg.

Indessen fragte der Mann, der Pauline begierig anstarrte: »Was ist denn mit der Kleinen passiert? Wo sind bloß die schönen langen Haare geblieben?« Für einen Moment hoffte Kalle, dass die Haarschneideprozedur der Lehrersfrau den Freier abschrecken würde. Sofort jedoch erwies sich dies als komplettes Wunschdenken. Der Mann nahm einen weiteren kräftigen Zug aus dem schmuddeligen Schnapsstamper und nuschelte: »Mit den kurzen Löckchen sieht sie eigentlich noch niedlicher aus, wie ein unschuldiges Engelchen. Hoffentlich ist sie das auch nach wie vor!« Während er weitertrank, drohte er der Mutter neckisch mit dem ausgestreckten Zeigefinger: »Willst wohl hierdurch die Preise hochtreiben?«

Wie verquer muss der im Kopf sein, fragte sich Kalle entsetzt. Seine Gedanken überschlugen sich. So schnell hatte ich nicht damit gerechnet, dass sie einen erneuten Versuch unternehmen würde. Pauline blickte ihren Bruder voller Angst an, dann guckte sie starr auf den Freier.

Kalle spürte, wie Panik in ihm aufstieg. Wie das Kaninchen vor der Schlange ist sie gelähmt vor Furcht und weiß gewiss nicht mehr, was wir besprochen haben. Er packte sie fest an der Schulter und zog sie hoch. »Na, komm schnell, Paulinchen, bevor es ein Unglück gibt, ich bringe dich zum Abort, du hast sicher Angst vor dem Schweinekoben daneben.« Da endlich kapierte sie, ihre Erstarrung löste sich, sie ließ sich rasch von ihrem Bruder hinausschieben und wisperte kindlich: »Bin gleich wieder da!«

Draußen stank es penetrant. Die Gruben der Latrinen waren so überfüllt, dass die Fußbretter unter Jauche standen. Direkt neben den Klosettgebäuden befanden sich die Wasserpumpen, auf die die Kloake zufloss und dort im Boden versickerte. Kaum dass er die Tür geschlossen hatte, holte Kalle dennoch tief Luft, nahm seine Schwester bei der Hand: »Lauf mit mir, so schnell du kannst, wir flüchten zu den Breuers.«

An den zum Trocknen aufgehängten Wäschestücken, am Schweinekoben vorbei liefen sie Richtung Küchengarten. Als sie noch von Ferne die kreischende Stimme der Mutter vernahmen: »Kommt zurück, ihr verdammten Gören, wo seid ihr …«, wusste Kalle, dass man sie nicht mehr einholen konnte, und verlangsamte das Tempo. Als die beiden bei Breuers klopften, genügte der Lehrersfrau ein Blick, um zu wissen, dass hier etwas nicht stimmte. Sie zog die Kinder in die Diele und meinte. »Na, Pauline, hast du es so eilig, mit dem Flohkamm bearbeitet zu werden?« Diese schüttelte sich, aber länger wirkte das Ablenkungsmanöver nicht – sie klammerte sich weinend und leise Klagelaute ausstoßend an ihren Bruder. Der raunte: »Der eine Kerl war wieder da!«

Luise Breuer zuckte zusammen und überlegte kurz. »Dann will ich mal eine heiße Milch mit Honig machen, und ihr bleibt bis morgen hier bei uns. Kommt Zeit, kommt Rat.« Aufmunternd nickte sie Kalle zu. »Ich zeige euch zuerst mal die Kammer, wo ihr schlafen könnt.«

In dem kleinen Raum hatten gerade zwei Betten Platz, zwischen denen ein Nachtschränkchen stand, ein schmaler Spind und einige Haken in der Wand und ein Stuhl, mehr ließ sich beim besten Willen nicht unterbringen. Auf dem Kopfkissen der einen Schlafstatt lag eine Flickenpuppe, die Pauline staunend betrachtete. »Die ist für dich, sie hat noch keinen Namen, den darfst du dir gleich ausdenken.«

»An was Sie alles denken«, murmelte Kalle, während das Mädchen das Püppchen fest mit beiden Händen an die Brust presste, derweil sie in die Wohnküche zurückgingen.

»Was ist passiert?«, fragte sie ganz leise den Jungen, während die Kleine sich verzückt mit der Puppe beschäftigte.

»Die Alte hing wieder an der Flasche, und einer der Kerle war zum zweiten Mal da. Fand Pauline mit den kurzen Haaren besonders niedlich«, presste Kalle zwischen den Zähnen hervor.

Luise Breuer schüttelte sich und strich ihm beruhigend über die Schulter. »Jetzt seid ihr erst mal hier.«

Sie schickte einen Burschen aus der Nachbarschaft los, um ihren Sohn zu benachrichtigen. Während sie sorgsam darauf achtete, dass ihr die Milch auf dem Kohlenherd weder überschäumte noch anbrannte, fröstelte sie trotz der Wärme. Wir hangeln uns von einem Tag zum nächsten, durchfuhr es sie, jedoch die wirklich rettende Idee finden wir alle nicht. Ihr Sohn Cord hatte inzwischen Heinrich von Elßtorff ins Vertrauen gezogen, aber auch der wusste keinen Ausweg. Wie soll das nur weitergehen? Und wie kann ich meine Ratlosigkeit auf die Dauer vor den Kindern verbergen?

Diese saßen eng aneinander geschmiegt auf der Küchenbank, die Puppe lag unbeachtet in der Ecke.

»Ihr habt doch bestimmt Hunger – was haltet ihr von einer Scheibe Brot mit Butter und Zucker zur Milch?«

»Das kenne ich nicht«, meinte Kalle, »aber was essen wäre prima, ich habe Schmacht bis unter die Arme, wir sind nicht mehr dazu gekommen, die Teigkanten vom Bäcker zu futtern.«

»Gut, nachdem ihr euch gestärkt habt, legt ihr eine Mittagspause ein. Ihr seht beide aus, als ob ihr es nötig hättet.«

Wenigstens aß auch Pauline ein wenig, aber immer wieder lief ein unkontrolliertes Zittern durch ihren Körper, was Luise Breuer mit sorgenvoller Miene wahrnahm.

»Heute Abend bringe ich was Solides zu Essen auf den Tisch, nämlich Calenberger Beutelwurst«, versuchte sie die Kinder aufzuheitern.

In der Tat bekam Kalle glänzende Augen. »Calenbarger Büddelworst? Das ist ein ordentlicher Happenpappen. Gibt es auch Bratkartoffeln dazu?«

»Ja, und greune Salat mit Essig, Zwiebeln und Zucker angerichtet.«

Kalle leckte sich die Lippen.

»Und was ist dein Lieblingsessen, Kalle?«

»Niedersächsische Palme mit Brägenwurst!« Die Antwort kam wie aus der Pistole geschossen. Unwillkürlich musste Luise Breuer lächeln. »Grünkohl hab ich in unserem Schrebergarten auf dem Lindener Berg. Der wird geerntet, wenn es den ersten Frost gegeben hat. Aber ich verspreche dir, im November lade ich euch dazu ein.«

Dankbar sah Kalle sie an, an Pauline jedoch ging das Gerede über Essen völlig vorbei, ihr fielen schon fast die Augen zu. So schickte Luise Breuer die Kinder zum Mittagsschlaf. Als sie nach getaner Aufräumarbeit in der Küche vorsichtig die Kammertür öffnete, lagen die Geschwister tief schlummernd in einem Bett. Pauline klammerte sich selbst im Schlaf fest an ihren Bruder.

Kurz darauf kam Cord. Nachdem seine Mutter ihm von den neuesten Ereignissen berichtet hatte, reagierte auch er besorgt. »Eine Trennung der Kinder im Waisenhaus würde Pauline womöglich einen nicht wiedergutzumachenden Schaden zufügen. Ich hoffe, dass wir die Geschwister erst mal unauffällig hierbehalten können.«

Luise Breuer beschloss insgeheim, bald die Rabenmutter ihrer Schutzbefohlenen aufzusuchen – schließlich wog eigener Augenschein stets mehr als alle Berichte!

In der Möbelfabrik

Indessen verbrachte Elsa höchst anregende Stunden in der Fabrik ihres Großvaters in der Davenstedterstrasse. Dort zu sein gefiel ihr außerordentlich, schon der Geruch nach frisch geschnittenem Holz, Leim und Beize löste ein angenehmes Gefühl von Schaffensdrang in ihr aus. Wilhelm Jacob empfand dies offensichtlich ähnlich, denn nicht umsonst hing gleich im Empfangsbereich des Verwaltungsgebäudes ein aufwendig in Intarsien aus feinsten Furnieren gearbeiteter Spruch von Wilhelm Busch:

Hier herrschen Schönheit und Geschmack,
hier riecht es angenehm nach Lack.

Der repräsentative, in gelbem Backstein ausgeführte Verwaltungsbau lag an der Straße. Elsa gefielen die Gebäude in gelben Ziegeln oft besser als die in roten, die von Baumeister Hase und seinen Schülern für den neogotischen Stil meist bevorzugt wurden. Bei den roten Backsteinen, so hatte ihr Maximilian erklärt, falle die Patina nicht so stark ins Auge, sie alterten problemloser. Das stimmt genau, dachte sie, als sie auf das Gebäude blickte, dem die Industrieluft bereits nach wenigen Jahren einen Grauschleier über die Fassade gezogen hatte.

Das Direktionsbüro vermittelte einen gediegenen, repräsentativen Eindruck. Außer einigen Erzeugnissen aus der Fabrik gab es speziell angefertigte hochwertige Möbel, worauf Jacob als Tischlermeister Wert legte. Die eher großbürgerlich erlesene Prägung entstand außerdem durch Bronzen und exzellente Ölgemälde und Radierungen, welche er als Mitglied des hannoverschen Kunstvereins im Laufe vieler Jahre gesammelt hatte. Neben Bildern von Künstlern aus der Region wie Koken befanden sich sehr moderne Gemälde, denn Wilhelm Jacob hatte sich seinerzeit in Frankreich nicht nur in den dortigen Möbelfabriken umgetan, sondern auch die impressionistischen Maler entdeckt.

Hinter den Büroräumen ragte die langgestreckte hohe Halle hervor, welche die komplette Tiefe des Grundstückes einnahm und in deren Dachkonstruktion noch diverse Werkräume eingebaut waren. An einer Schmalseite befand sich der Eisenbahnanschluss. Die benötigten Rohstoffe, vor allem die verschiedenen Hölzer wurden in

Wagons bis direkt ans Hallentor transportiert. An der anderen Seite wurden die fertigen Möbel sorgfältig verpackt, nach Bestimmungsorten zusammengestellt und verließen dann verkaufsfertig auf dem Eisenbahnanschlussgleis die Fabrik.

In der im ersten Stock gelegenen Künstlerklause mit den Zeichenbrettern, vielen Skizzen an der Wand und einer wohlsortierten kleinen Bibliothek über Architektur und Möbelstile fühlte sich Elsa auf Anhieb heimisch. Ihre kaum stillbare Wissbegierde erhielt hier reichlich Nahrung. Bereits als Vierzehnjährige hatte sie sich für Möbel interessiert und damit endlich Interessen gezeigt, die Tante Sophie für ein junges Mädchen angemessen fand. So war sie zu den schönen Louis-Philipe Möbeln gekommen, die sie in den Sommerferien im Keller des von Elßtorffschen Ritterguts aufgestöbert hatte. Ihre Begeisterung für diese Mahagonimöbel mit den Messingbeschlägen veranlasste nämlich die Mutter von Maximilian von Elßtorff, diese Elsa zur Konfirmation zu schenken.

Sie blätterte in den Musterbüchern, die dem Zeitgeist entsprechend überwiegend stark verschnörkelte Möbel mit einem Gemisch aus unterschiedlichen Stilelementen enthielten. Da hat Tante Sophie, die den überladenen Stil des Historismus nicht mag, doch meinen Geschmack nachdrücklich geprägt, ging es ihr beim Blättern durch den Kopf. Aber es liegt in der Luft, dass eine andere Richtung kommen wird. Nicht so wuchtig und verschnörkelt, sondern leichter und eleganter. Sie fing an, eine Vitrine zu skizzieren. Sehr schlicht, in hellem Eichenholz, das mit den Jahren so einen wunderbar warmen Honigton annahm. Wilhelm Jacob fand seine Enkelin mit vor Begeisterung rosig angehauchten Wangen am Entwurfstisch vor. Erfreut blickte er auf die Zeichnung. »Du hast nicht nur einen guten Blick, mein Kind, sondern ebenfalls Talent für den Entwurf! Offenbar von meiner Frau geerbt. Die hat für so manche Kollektion Ideen und Vorschläge eingebracht. Und rechnen kannst du auch. Ich meinte es kürzlich durchaus ernst, dass du mal die Fabrik übernehmen könntest.«

»Großpapa, setz mir nicht schon wieder Flöhe ins Ohr! Trug da bereits neulich mein Herz völlig unangebracht vor dem Falschen auf der Zunge. Der hielt es für kaum vorstellbar, dass eine Frau eine Möbelfabrik leitet. Lass mich erst mal weiter entwerfen, und bis dahin bleiben diese verführerischen Gedanken besser unter uns!«

Die beiden tauschten ein komplizenhaftes Lächeln.

»Was du da skizzierst, ergibt eine ganz andere Stilrichtung. In Frankreich gibt es ähnliche Modelle. Soll ich mal versuchen, mir Unterlagen schicken zu lassen?«

Neue Erkenntnisse und unangenehme Überraschungen

An diesem Nachmittag beschloss Luise Breuer, sich in die Höhle der Löwin zu begeben. Sie fand die Frau in stark alkoholisiertem Zustand auf der Chaise liegend vor. Die kenne ich doch von früher, ging es ihr durch den Kopf, sind wir nicht zusammen zur Schule gegangen? Aber die sieht ja aus wie eine Sechzigjährige!

Indessen starrte die Trinkerin sie an – Erkennen malte sich auf ihre faltigen Züge. »Ah, die ehrenwerte Luise, die den roten Breuer geehelicht hat, obwohl sie bessere Partien hätte haben können.« Sie schüttete sich mit zitternder Hand einen Schnaps ein, Luise drehte sich der Magen um. »Du brauchst mir keine Moralpredigt halten, du liebe Schulkameradin.« Ihre Stimme troff vor Hohn. »Man hat mir schon alles hinterbracht! Du hast meine Kinder geklaut! Das kommt nicht in die Tüte, da bleiberman von wech! Wenn die morgen früh nicht hier angetanzt sind, werde ich mich herrichten und mich arm, aber reinlich an die Polizei wenden! Und da ordentlich mülmen!«

Dass die verkommene Person auf dem Revier kräftig Staub aufwirbeln würde, konnte sich Luise unschwer vorstellen.

»Den Kindern geht es gut bei mir. Pauline ist ja völlig verängstigt. Mit der Polizei wäre ich an deiner Stelle vorsichtig!«

Listig schaute die Frau sie an. »Mal sachte, Luischen – mir droht man nicht! Soll mir mal einer was beweisen! Und im Waisenhaus geht es den Gören auch nicht besser. Und nun zieh Leine, aber schnell!«

»Wir werden sehen, wer das letzte Wort hat!«, stieß Luise wütend hervor.

Zuhause angelangt, beauftragte sie Cord, Marga und Karla in dringender Angelegenheit abends zu den Breuers zu bitten.

Sophie erwartete indessen ungeduldig die Heimkehr Margas und der Zwillinge. Das Dinner sollte heute erst um acht Uhr stattfinden, da auch der Hausherr noch länger unterwegs war.

Alle trafen sich in Elsas kleinem Salon mit den Louis-Philipe Möbeln. Wie stets musste Marga extra genötigt werden, sich hinzusetzen. Emilie berichtete fast ohne Punkt und Komma über die Erlebnisse bei den Helmckes, wobei ihr offenbar am meisten das Schicksal der Kinder naheging. »Aber in der Wohnküche, in der sich auf engstem Raum alles abspielt, herrschte eine schlimme Wirtschaft. Kein Wunder, denn das muss die Frau noch ganz allein zusätzlich zu ihrer Arbeit als Waschfrau erledigen.«

Da wurde sie von Marga unterbrochen. »Übrigens, wie es der Zufall will, Johanne Helmcke kommt schon seit vielen Jahren ins Haus, um die Wäsche zu machen.«

Während Sophie dies erstaunt zur Kenntnis nahm, fuhr Emilie fort: »Es ist außerdem alles um ein Vielfaches aufwendiger als bei uns! Hier haben wir fließendes Wasser und sogar ein Badezimmer und zwei Toiletten. Dort gibt es nur eine Pumpe im Hof, die kräftige Arme erfordert, und fast nebenan eine stinkende Latrine.«

»Was hast du denn alles gemacht, Emilie?« Sophie fühlte sich nicht zuletzt deshalb verpflichtet, sich ein genaues Bild zu machen, da sie ja auch Ernestine haarklein berichten wollte.

»Mit Marga Wasser von der Pumpe geholt, erhitzt, ausgiebig abgewaschen. Viele Gläser besitzen die nicht, Geschirr, Porzellan schon mal gar nicht, fast alles ist angestoßen, aber es gab kaum noch ein unbenutztes Teil. Töpfe und Pfannen sauber zu bekommen gelang nur nach mehreren Versuchen mit reichlich Scheuersand. Auch die Messer waren angelaufen, die habe ich mit einem Korken und Sand geputzt. Damit war ich schon fast eine Stunde beschäftigt.«

Unwillkürlich musste Sophie daran denken, dass gepflegte, makellose Hände zum Erscheinungsbild einer Frau in großbürgerlichen und adeligen Kreisen gehörten. Dem war der Abwasch gewiss nicht zuträglich! Auch ein Punkt, über den ich mit Ernestine sprechen muss. Laut jedoch meinte sie: »Na, das ist ja praktischer Anschauungsunterricht in den Grundlagen der Haushaltsführung etwas anderer Art, als eure Mutter und ich das im Pensionat hatten.« Marga stellte mal wieder fest, wie sehr sich die Gnädige im letzten Jahr verändert hatte. Früher wäre das kein Anlass zu einer leicht ironischen Anmerkung gewesen!

»Auch der Zustand der Leib- und Bettwäsche lässt zu wünschen übrig, die Kinder laufen in ziemlich zerfetzter Leibwäsche herum. Die Frau kommt offenbar mit dem Flicken nicht nach.«

Elsa indessen lauschte den Berichten über die Verhältnisse in der Familie Helmcke mit gemischten Gefühlen. Sie fragte sich insgeheim, ob sie für solche wohlgefälligen Dienste der Nächstenliebe geeignet war. Und wann konnte sie endlich damit herausrücken, dass sie in der Fabrik ihres Großvaters gewesen war? Zunächst schlug sie vor: »Können wir vielleicht Kleidung für die Kinder spenden? Auf jeden Fall würde ich gern ein Scherflein dazu beisteuern.«

»Sonst hast du ja heute nichts beigesteuert.« Kaum gesagt, bereute Emilie ihre spitze Bemerkung. Elsa zog nur indigniert eine Augenbraue hoch und schaute ihre Schwester an, wie ein lästiges Insekt.

Sophie blickte überrascht von einer zur anderen. Schnell sprang Marga ein. »Wir wollten nicht zu viert in den beengten Verhältnissen auftauchen, Elsa kommt das nächste Mal mit.«

»In der Tat, aber ganz untätig war ich nicht. War bei Großpapa in der Künstlerklause der Fabrik. Er trägt sich mit dem Gedanken einer neuen Möbel-Kollektion und findet, ich habe ein gutes Auge. Wenn die Entwürfe weiter sind, würde ich sie dir gerne zeigen, Tante Sophie.«

»Hat deine Großmutter nicht ebenfalls Möbel entworfen?«, fragte Sophie nachdenklich.

»Ja, Großvater erzählte, sie habe ein untrügliches Gespür für Proportionen gehabt.«

»Offenbar hast du das geerbt, ich erinnere mich an fabelhafte Möbelentwürfe, die du bereits als Backfisch skizziertest.«

Marga, die inzwischen die Botschaft von Cord erhalten hatte und nach Linden wollte, blickte auf die Pendule. »Schon so spät! Höchste Zeit, sich zum Dinner fertigzumachen. Der gnädige Herr hasst Unpünktlichkeit.«

Alle eilten hinaus. Bis auf Marga, die Elsa am Arm zurückhielt. »Auf ein Wort! Wollt ihr euch nicht aussprechen? Und wieder vertragen? Eure Differenzen bedrücken doch offenbar euch beide.«

»So einfach ist das nicht. Außerdem gibt Emilie zu allem Überfluss auch noch die Petze. Aber apropos bedrückt: Du wirkst auf mich schon seit einigen Tagen müde und niedergeschlagen – hast du Kummer?« Liebevoll strich Elsa Marga über den Arm.

Diese seufzte schwer. »Vor deiner Beobachtungsgabe lässt sich kaum etwas verbergen. Was Emilie heute in Linden erlebte, sind die harten Lebensumstände bei den Proletariern. Aber es gibt noch schlimmere Fälle, und die treiben mich um. Wenn Kinder zum Beispiel von den eigenen Eltern bösartig bedroht und ausgebeutet werden. Und die Umstände so sind, dass man dennoch kaum eingreifen kann. Diese Ohnmacht macht mich kirre, und zugleich könnte ich vor Wut platzen.«

Nachdenklich sah Elsa ihre mütterliche Freundin an. »So kenne ich dich gar nicht, Marga. Du weißt eigentlich immer Rat. Nutzt es, wenn du mir erzählst, um was es geht?«

»Nein, mein Kind, hier handelt es sich nicht um einen Detektiv-Fall für deinen analytischen Verstand. Und es ist für die Ohren eines jungen Fräuleins ungeeignet. Aber denke noch mal drüber nach, wie ihr Schwestern Frieden schließen könnt. Denn Emilie kann keineswegs etwas dazu, dass dieser Rehnhoff schon seit letztem Sommer mit dir Katz und Maus spielt. Da steckt außerdem auch seine erzkonservative Mutter dahinter.«

»Meine liebe Marga: Erstens, der Mann ist erwachsen. Zweitens, du hast die hingerissene Schafsmiene von Emilie nicht gesehen. Und drittens, das Spiel heißt offenbar nicht Katz und Maus, sondern Bäumchen wechsel dich! Und nun entschuldige mich, sonst komme ich zu spät.«

Doch dieses Mal ließ ihr Marga nicht das letzte Wort. »Wir besprechen morgen, wann du mitkommst. Außerdem werde ich dir die verpasste Einführung von Karla über die Aufgaben der Diakonissen erklären. Also, bis bald!«

Beim Dinner verhielten sich die Zwillinge so wortkarg, dass es selbst Maximilian auffiel. Vor dem Zubettgehen fragte er seine Frau: »Wie war denn der erste wohltätige Einsatz der Mädchen in Linden? Die beiden erschienen mir heute Abend ungewöhnlich einsilbig.«

»Ja, ich bin mir nicht sicher, was ich davon halten soll. Elsa war gar nicht dabei, die besuchte den Großvater und skizzierte neue Möbelentwürfe – angeblich wollte man nicht zu viert Hausbesuche machen. Ich glaube, die Mädchen befinden sich in einem Streit. Emilie jedenfalls wirkt auf mich sehr mitgenommen, aber wild entschlossen, weiter zu machen. Was Elsa betrifft, so müssen wir abwarten. Ich vermute, dass sie sich für die guten Werke nicht so enthusiasmiert wie ihre Schwester.«

»Wenn du den Eindruck hast, dass gerade die behütete Emilie mit den Lindener Verhältnissen überfordert ist, sollten wir dann nicht das Ganze abbrechen?«, fragte Maximilian besorgt.

»Dafür ist es nach meiner Einschätzung zu früh. Aber ich möchte mich darüber immer unverzüglich mit Ernestine abstimmen. Darum bitte ich dich, dass du möglichst umgehend noch hier oben ein zweites Telefon mit einer eigenen Nummer installieren lässt. Wilhelm Jacob besitzt inzwischen auch einen Anschluss in seiner Villa.«

Maximilian, dem mittlerweile schwante, dass das selbstbewusstere Auftreten seiner Frau in irgendeinem Zusammenhang mit seinem Seitensprung im letzten Jahr stehen musste, atmete tief durch. Früher hätte sie mich um meine Meinung gefragt, statt mich mit einer Bitte garniert zum sofortigen Handeln aufzufordern. Aber sei es drum. Ich bin heilfroh, dass unsere Ehe wieder in jeder Hinsicht harmonisch verläuft. Außerdem sind glücklicherweise weder Ernestine noch Sophie Klatschweiber, die wie die Quasselstrippen am Hörrohr hängen werden.

So lächelte er nur, zog seine Frau in die Arme, küsste sie innig und entgegnete dann: »Das wird morgen früh gleich auf den Weg gebracht, meine liebe Gemahlin! Und nun könnten wir uns angenehmeren Dingen widmen.« Was Sophie gerne tat.

Gegen acht Uhr war Marga nach Linden geeilt.

Luise berichtete mit wenigen Sätzen von ihrer Begegnung mit der ehemaligen Schulkameradin.

»Das war ja ein besonders bösartiger Schwabenstreich des Zufalls«, unterbrach Hannes Breuer das entsetzte Schweigen.

»Wir liefern die Kinder auf keinen Fall aus! Kannst du vorsorglich zum Polizeirevier gehen?«

»Das würde ich machen, die rechtliche Situation jedoch könnte sich als schwierig erweisen. Außerdem – auch wenn ich mit meinem guten Namen einstehe – wer weiß, ob nicht der eine oder andere mit dem roten Breuer noch ein Hühnchen rupfen möchte. Aber ich hole mir Rat.«

»Ich bezweifele, ob die Frau es überhaupt schafft, halbwegs nüchtern auf der Wache zu erscheinen.« Marga versuchte, die allgemeine Niedergeschlagenheit zu bekämpfen.

Cord, der das erahnte, sagte: »Das hoffe ich auch. Es bleibt uns nichts anderes übrig, als abzuwarten. Morgen früh sehen wir weiter.«

Hannes Breuer stand auf. »Ich suche einen befreundeten Genossen auf, der Anwalt ist. Die Polizei läuft uns nicht weg, besser, wir machen erst mal nicht die Pferde scheu. Es kann spät werden. Ich informiere Luise und Cord, die dann morgen früh alles weitergeben.«

Damit war der allgemeine Aufbruch beschlossen.

Marga und Karla gingen bedrückt die Straße hinunter. »Manchmal ist es schwer, an Gottes Gerechtigkeit zu glauben«, meinte Marga.

Die Diakonisse nickte. »Ich könnte vor Wut die Wände hochgehen!«

Sie umarmten sich zum Abschied – beiden standen Tränen in den Augen.

Eine Fügung des Schicksals

Marga plagten während der Nacht schreckliche Albträume. Abscheuliche Dinge geschahen mit Pauline – schweißgebadet wachte sie auf. An Schlaf war nicht mehr zu denken. Draußen zwitscherten im rückwärtigen Stadtgarten der Familie bereits die Vögel. Deren Gesang konnte sie an diesem Morgen nicht aufheitern. So quälte sie sich um halb sechs aus dem Bett. Sich Wasser heißzumachen erschien ihr zu langwierig, sie goss schnell kaltes in die Waschschüssel und wusch sich bibbernd ab. »Jetzt bin ich wenigstens richtig wach«, murmelte sie. Mit einem Emaille-Becher Bohnenkaffee saß sie an ihrem Küchentisch. »So geht es nicht weiter«, sprach sie halblaut vor sich hin. »Der Zorn der Gerechten muss diese Frau treffen und Schlimmeres verhindern. Ich nehme die Straßenbahn nach Linden und rede ihr ordentlich ins Gewissen. Drohe mit der Polizei und allem, was mir sonst noch einfällt. Diese Untätigkeit und das ohnmächtige Warten machen mich verrückt.«

Rasch gab sie der Köchin, die in der im Hochparterre liegenden Küche längst das Herdfeuer angefacht hatte, eine Reihe von Instruktionen für den Tag und eilte zur Straßenbahn. Bereits in der Frühe war diese voll mit Menschen, die zur Arbeit fuhren. Da in Linden große Wohnungsnot herrschte, wohnten auch etliche Arbeiter im ältesten Teil Hannovers um die Marktkirche, wo die Wohnverhältnisse jedoch ebenfalls katastrophal waren. Froh, einen Sitzplatz ergattert zu haben, bekam Marga von der Fahrt wenig mit. Sie eilte die Limmer Straße entlang. Sie meinte, von weitem Luise Breuer in eine Seitenstraße abbiegen zu sehen – da macht sich bemerkbar, wie überreizt meine Nerven sind, schüttelte sie über sich selbst den Kopf.

Dank Karlas guter Beschreibung – und ansonsten immer der Nase nach – fand sie die Behausung in der Viktoriastraße schnell. Es stank unbeschreiblich nach Latrine und Schweinekoben. Sie trat durch den seitlich gelegenen Eingang in einen dunklen Flur – eine Tür war nur angelehnt. Da auf ihr zaghaftes Klopfen keinerlei Reaktion erfolgte, ging sie schließlich hinein.

Mangels eines Vorplatzes stand sie direkt in der Wohnküche. »Guten Morgen«, rief sie zögerlich. Keine Antwort.

Etwas ratlos öffnete sie die nächste Tür und fand die Frau blass und flach atmend auf einem völlig schmuddeligen Bett liegend. Es roch sauer nach Erbrochenem. Sie scheint kaum noch Luft zu bekommen, bemerkte Marga im ersten Moment erschrocken. Merkwürdig, wie ruhig ich bleibe – wahrscheinlich, weil ich besonderes Mitleid für diese Person nicht aufbringen kann –, bin ja auch keine Diakonisse und zur Barmherzigkeit verpflichtet. Mal sehen, ob ich in der Küche Wasser finde.

Im Hinausgehen stieß sie fast mit Karla zusammen, die sie mit verblüfftem Gesicht anstarrte. »Was machst du denn schon hier um diese Zeit?«

Marga entgegnete leise: »Ich habe mir die ganze Nacht so schreckliche Sorgen gemacht, dass dem Mädchen etwas geschehen könnte. Und ich träumte derart Grauenvolles, dass ich voller Zorn beschloss, herzukommen und der verkommenen Person ins Gewissen zu reden.« Sie stutzte einen Moment, da ihr das blasse Gesicht und die roten Augen der Diakonisse auffielen. »Du siehst übrigens ebenfalls zum Umfallen müde aus.«

»Das bin ich auch. Denn mir ging es nicht anders als dir.«

»Du kommst genau richtig, Karla, mit der Frau stimmt was nicht. Ich wollte gerade Wasser holen, sie ist ganz besudelt von Erbrochenem.«

»Ich gehe rein, besorge bitte Wasser von der Pumpe und warte, bis ich dich rufe.«

Kopfschüttelnd suchte Marga in der verkommenen Wohnküche nach einem Eimer und ekelte sich vor dem unbeschreiblichen Dreck. Als sie schließlich mit dem Wassereimer zurückkam und vergeblich nach Feuerholz für den Herd ausschaute, kam Karla hinzu. Sie ließ sich schwer auf einen schmierigen, bedrohlich wackelnden Stuhl fallen und legte die Stirn in die Hände.

»Nun, was ist?«

»Mit dieser Frau brauchen wir alle nicht mehr Tacheles reden – die muss sich vor dem himmlischen Richter verantworten.«

Für einen Moment stand Marga wie erstarrt. Dann stammelte sie: »Sie ist tot?«

»Ja, so habe ich sie soeben vorgefunden. Vermutlich ist sie an ihrem eigenem Erbrochenen erstickt, das kommt bei Säufern öfter vor.«

Schweigend sahen sich die beiden Freundinnen an. Dann meinte Marga schließlich: »Dir kann ich es ja sagen, ich bin unendlich erleichtert.«

Karla trat auf sie zu und zog sie an sich – einander haltend standen sie eine Weile da.

Dann löste sich die Diakonisse aus der Umarmung und gestand: »Ich auch.« Entschlossen richtete sie ihre Mütze. »Und nun lasse ich den Arzt rufen. Ich schicke einen von den Butjern los zur Polizeistation.« Sie rannte förmlich hinaus.

Als sie wieder eintrat, erklärte Marga: »Da wird Dr. Petzold mit Heinrich kommen.«

Erstaunt blickte die Diakonisse sie an. »Wieso das denn?«

»Der Doktor vertritt einen Kollegen. Und der junge von Elßtorff begleitet ihn – er soll bei der praktischen Arbeit lernen.«

»Richtig, Dr. Krugmann ist ja zur Kur gefahren.« Nachdenklich rieb sich Karla mit den Händen die schmerzende Stirn. »Was wird nun mit den armen Kindern?«

»Auf der einen Seite ist Pauline gerettet. Aber wenn man die beiden jetzt doch trennt und ins Waisenhaus steckt, fürchte ich um ihren Verstand – das ist keine gute Lösung.«

Karla wurde noch blasser und setzte sich. »Daran habe ich vor lauter Aufregung gar nicht mehr gedacht.«

»Derzeit sind sie ja zum Glück bei Luise. Denen kann ich nachher Bescheid geben. Das Beste für Kalle und Pauline wäre, wenn sie dort als Pflegekinder aufgenommen würden. Aber ich vermute, dass Breuers allein nicht zwei zusätzliche Mäuler durchfüttern können.«

Hoffnungsvoll blickte Karla die Freundin an. »Deine Gnädige besitzt doch ein gutes Herz. Magst du sie fragen? Und vielleicht die Zwillinge ihren Großvater? Der ist ja hier in Linden als stiller Wohltäter bekannt.«

»Tatsächlich? Das wusste ich gar nicht. Dieser Wilhelm Jacob gefällt mir immer besser. Ich kümmere mich darum. Wie ich Luise Breuer kenne, wird sie die Kinder die nächsten Tage bestimmt noch bei sich behalten. Zumindest bis zur Beerdigung. Dann sehen wir weiter.«

Marga zückte ihre Taschenuhr, ein Geschenk ihrer Herrschaft zum zwanzigjährigen Dienstjubiläum, auf das sie mächtig stolz war. »Du liebe Gute, ich müsste eigentlich zurück in die Königstraße. Aber vorher schaue ich bei Breuers vorbei. Die gnädige Frau wird mir kaum den Kopf abreißen, wenn sie erfährt, um was es geht.«

»Geh nur, meine Freundin, du kannst hier doch nichts tun. Ich werde die Wartezeit nutzen, um etwas Ordnung zu schaffen.«

Die beiden Frauen schüttelten sich die Hände. Der Anblick der bleichen Karla machte Marga Sorgen. »Klapp mir bloß nicht zusammen! Kopf hoch, es wird sich alles zum Guten wenden. Der liebe Gott hat ein Einsehen gehabt und Pauline Schreckliches erspart. Nun mag er auch noch weitere Wege für die Kinder finden.«

»Das hoffe ich ebenfalls. Aber wir beide wissen leider, dass er nicht immer und überall eingreifen kann. Später werde ich diesen Saustall ausmisten!« Sie sank erneut auf den wackeligen Stuhl und machte nicht den Eindruck, als sei sie momentan in der Lage, die vollkommen verwahrloste Wohnküche auf Vordermann zu bringen.

Marga verstand das völlig richtig als Hinweis, dass die Diakonisse allein sein wollte, und begab sich auf den Weg zu den Breuers.

Als Dr. Petzold und Heinrich bald darauf eintrafen, um den Totenschein auszustellen, sah es immer noch schlimm aus. »Was für ein Dreck und für eine Unordnung«, bemerkte Heinrich entsetzt.

»Die Kinder Pauline und Kalle sind zum Glück beim Lehrer Breuer und seiner Frau«, hörte er gerade die Schwester erklären.

Heinrich stutzte. Dann handelte es sich ja um dieses schreckliche Weib, von dem Cord ihm unter dem Siegel strikter Verschwiegenheit erzählt hatte! In diesem Fall, so schien es ihm, hatte die himmlische Gerechtigkeit endlich eingegriffen.

Inzwischen ließ sich der Arzt in die Schlafkammer führen und winkte Heinrich zu sich. Auf der schmuddeligen Bettstatt lag die Tote mit bleichem und eingefallenem Gesicht. Ein winziges Fenster, das geöffnet war, tauchte den Raum in diffuses Licht. »Ich habe mir erlaubt, sie zu waschen und ein halbwegs sauberes Laken einzuwechseln, Herr Doktor. Es stank schrecklich nach Erbrochenem und allem, was sie unter sich gelassen hatte. Weiteres reinliches Bettzeug konnte ich nicht finden.« Sie nahm Dr. Petzold etwas beiseite und fügte leise hinzu: »Der Anblick schockierte selbst mich, das wollte ich dem jungen Studenten ersparen. Ich hoffe, ich handelte in Ihrem Sinne.«

Der Doktor deutete eine Verbeugung an. »Ja, ist zwar nicht ganz nach Vorschrift, aber in diesem Fall …«

Heinrich lief es kalt den Rücken hinunter – das war die erste Leiche, die er außerhalb der Anatomie zu Gesicht bekam.

Der Arzt nickte ihm mutmachend zu und lüftete die Zudecke. »Sieh hin, die Frau besteht ja fast nur noch aus Haut und Knochen und hat einen aufgedunsenen Bauch.«

Er fühlte nach dem Puls, horchte nach dem Herzschlag. »Wahrscheinlich nahm sie so gut wie keine feste Nahrung mehr zu sich.«

»Hier lagen einige Kanten von Plattenkuchen, davon scheint sie etwas abgebissen zu haben.«

»Und ist möglicherweise daran erstickt.«

»Ja, Herr Doktor, das vermutete ich ebenfalls. Vielleicht auch die Wucherungen um die Luftröhre. Das kommt ja bei Alkoholikern öfter vor, dass dies zum Erstickungstod führt.«

Aufmerksam sah der Arzt Karla an. »Wie lange arbeiten Sie schon in der Krankenpflege?«

»Fast zwanzig Jahre, Herr Doktor.«

»Ja, wenn wir unsere tüchtigen, gut ausgebildeten Diakonissen nicht hätten, läge vieles noch mehr im Argen!« Dr. Petzold deutete eine weitere hochachtungsvolle Verbeugung an. »Könnten Sie mir bitte den Tisch in der Küche so abräumen, dass ich den Totenschein ausstellen kann? Die Todesursache steht eindeutig fest, da bedarf es keinerlei weiterer Untersuchungen.«

Heinrich bemerkte etwas verwundert, dass er sich die Begutachtungen umfangreicher vorgestellt hatte. Aber wahrscheinlich machte so ein alter Hase wie Dr. Petzold nicht viel unverhältnismäßigen Aufwand, wenn der Fall für ihn klar war. Letztlich kann ich froh sein, dass mein erster Todesfall recht glimpflich abgelaufen ist.

Während der Arzt schrieb, wanderten Heinrichs Gedanken zu Cord, der ihn ja zu absolutem Stillschweigen, vor allem gegenüber den Zwillingen, verpflichtet hatte. Zwischen den jungen Männern herrschte völlige Einigkeit darüber, dass die Probleme um Pauline nicht für deren Gemüter geeignet waren.

Durch die Reise zu den Kanarischen Inseln und die gemeinsam bestandenen Abenteuer entwickelte sich eine Freundschaft, die ich hochschätze, dachte Heinrich. Mit Cord fand ich einen Freund, mit dem ich über alles reden kann. Und der durch seine Kindheit in Linden und das Vorbild seiner Eltern älter und reifer wirkt. Der Lehrer Breuer hat seinem einzigen Sohn eine Menge beigebracht. Kaum zu glauben, dass der lange Kerl etwas jünger als Elsa ist.

Da unterbrach Dr. Petzold seine Gedanken: »So, Junior, hast du schon mal einen Totenschein gesehen?« Heinrich schüttelte den Kopf. »Dachte ich mir, dann schau mal her.« Und Punkt für Punkt erläuterte der Arzt das Formular.

Marga lag es auf der Seele, das Schicksal der verwaisten Kinder schnellstmöglich zu klären. Als sie die Todesnachricht überbrachte, erklärten sich Breuers ohne Wenn und Aber bereit, diese bei sich zu behalten. »Die beiden Mäuler bekommen wir auch noch durchgefüttert. Wir bringen ihnen jetzt erst Mal die Todesnachricht so schonend wie möglich bei.«

Nach ihrer Rückkehr in die Königstraße zog Marga Sophie ins Vertrauen. »Wie entsetzlich, was für schreckliche Erlebnisse für die armen Kinder! Ich übernehme eine persönliche Patenschaft für Pauline. Und ich telefoniere gleich mit Ernestine. Der werde ich aber die Einzelheiten ersparen, dafür ist ihr Nervenkostüm noch zu schwach. Apropos Nerven: Die Mädchen dürfen sich nur in Familien nützlich machen, wo es einigermaßen zugeht. Emilie kam mir nach der ersten Hilfsaktion in Linden ziemlich deprimiert vor – meinst du nicht, es reicht, wenn die Zwillinge vorläufig zweimal die Woche helfen?«

»Ja, das halte ich für eine gute Idee.«

»Dann lass dir von der Köchin einen kräftigen Kakao kochen, du siehst zum Umfallen blass aus. Ich gebe Bescheid, wenn ich alles geklärt habe.«

Eine halbe Stunde später verkündete Sophie stolz: »Wilhelm Jacob übernimmt das Kostgeld für Kalle. Er schlug vor, dass der Junge nach der Schule Botengänge für ihn machen kann, damit er etwas eigenes Geld verdient. Außerdem kleiden wir die Geschwister ein und übernehmen in Zukunft die Ausgaben für die Kleidung, Bücher und was sonst so anfällt. Wir sind uns einig, dass das Ehepaar Breuer aller Ehren wert ist, die Kinder aufzunehmen, aber nicht auch noch Kosten tragen soll. Denn es wird nicht einfach sein, diese wieder in ein geregeltes und normales Leben zu führen.«

Marga strahlte. »Gnädige Frau, das ist wunderbar, vielen, vielen Dank!«

»Schon recht, meine Liebe. Du kannst nachher rüberfahren und die guten Neuigkeiten überbringen.«

So begab sich Marga noch am Nachmittag mit der Straßenbahn zum Schwarzen Bären und besuchte Breuers in der Falkenstraße, wo sie bereits Karla vorfand.

»Die Schwester residiert ja nur einige Häuser weiter«, meinte Luise Breuer lächelnd, »da kann sie bei mir eine wohlverdiente Pause machen.« Den Bohnenkaffee allerdings werden wir uns künftig kaum noch leisten können, aber dann trinken wir eben Muckefuck, ging es ihr durch den Kopf.

Marga drückte jedem Kind einen Bonbon in die Hand.

»Dunnerlitjen, große Himbeer-Boltjen, die mag ich am liebsten.« Ein schwaches Lächeln zog über Paulines Gesicht.

»Es gibt einiges zu besprechen«, wandte sich Marga an Luise Breuer, »können die beiden auf dem Hof spielen?« Kaum waren die Geschwister zur Tür hinaus, platzte Luise strahlend heraus: »Ich habe gute Nachrichten, mein Mann sprach schon mit Bürgermeister Lichtenberg. Der kennt uns gut und hat versprochen, alles ohne großen bürokratischen Aufwand zu regeln.«

»Das ist ja wunderbar.« Schwester Klara lächelte. »Mir fällt ein Stein vom Herzen. Es war mir ein schrecklicher Gedanke, dass die beiden getrennt werden könnten und im Waisenhaus landen.«

Schnell berichtete Marga, was sie erreicht hatte, und legte drei Briefumschläge auf den Tisch. Luise Breuer zauderte. »Wir schaffen das auch so!«

»Ja, aber es dient dem Wohl der Geschwister. Die müssen wir erst mal hochpäppeln, und Kalle kann ordentlich was verputzen. Wir werden sehen, wie sie sich entwickeln. Ihr Gatte meinte ja, sie seien beide nicht dumm. Und für die Beerdigung brauchen sie auf jeden Fall etwas zum Anziehen.«

»Gut, das klingt vernünftig, ich möchte das aber noch mit meinem Mann besprechen. Es ist jedenfalls wunderbar, dass sich so schnell Unterstützung für diese armen Wesen gefunden hat. Bitte richten Sie meinen Dank aus, Marga. Kalle sprach mich übrigens bereits auf das Begräbnis an. Es ist absolut kein Geld da, die Mutter hat alles, was irgendwie von Wert war, für Schnaps versetzt.« Luise Breuer schüttelte sich.

»Die Backbeeren, die ich in diesem Loch gesehen habe, nimmt gerade noch der Lumpensammler. Damit bekommen wir immerhin die Wohnung leer«, meinte die praktische Marga. »Darum kann ich mich kümmern.«

»Dann schlage ich vor, es gibt ein Armenbegräbnis.« Alle nickten.

Luise hob ihre Kaffeetasse. »Ich möchte das Du anbieten – schließlich sind wir so etwas wie die guten Feen für die Geschwister.«

Auch Karla und Marga hoben die Tassen. »Und ich wollte euch bitten, mit zur Beerdigung zu kommen.«

Karla setzte hart ihre Tasse ab. »Ich kann nicht an jeder Beisetzung aus dem Kreis meiner Anbefohlenen teilnehmen. Dafür habe ich keine Zeit!«

Nachdenklich betrachtete Marga das bleiche, abgespannte Gesicht der Diakonisse. Begütigend strich sie über deren raue Hand. »Ja, es ist momentan alles zu viel, und du brauchst dringend mehr Schlaf. Ich gehe mit Luise hin, wenn ich in der Königstraße entbehrlich bin.«

In diesem Moment kamen die Kinder gemeinsam mit Cord herein. Luise erklärte ihnen die Neuigkeiten. Kalle setzte sich mit seiner Schwester im Schlepptau erst mal hin. »Ich kann es noch gar nicht fassen! Und die Botengänge für Herrn Jacob möchte ich sehr gern machen, da bringe ich doch wenigstens etwas Geld ins Haus.« Stolz reckte er die Schultern, und Pauline blickte bewundernd zu ihm hoch.

Marga und Karla verabschiedeten sich sichtlich zufrieden. Als sie sich trennten, nahm Marga die Diakonisse in den Arm. »Heute Nacht werden wir besser schlafen, meine Gute, Gott hat es doch gerichtet.« Diese schluchzte kräftig, was ihr offensichtlich peinlich war.

»Bin etwas übernächtigt«, seufzte sie, »bis bald, liebe Freundin, und vielen Dank!«

Friedensgespräche und Rachepläne

Marga merkte, wie die buchstäbliche Last von ihren Schultern abgefallen war, sie fühlte sich außerordentlich erleichtert und gestand sich ein, dass der Tod der Trinkerin sie wenig berührte. Auch die Geschwister kamen ihr eher erlöst, als traurig vor. Welche Schicksalsschläge möglicherweise auch die Frau so tief hatten sinken lassen – deren Tun fand sie unverzeihlich. Nach einer Nacht mit erholsamem Schlaf nahm sie sich vor, nun den Zwillingen gründlich den Kopf zu waschen. Und dann konnte endlich wieder Ruhe und Normalität einkehren. So bestellte sie die zwei nach dem Frühstück in ihre Lieblingsecke im Garten, die sie in der Nähe des Kutscherhauses angelegt hatte. Die Herrschaft hingegen verbrachte Sommerabende gern auf der an die Büroräume angrenzenden Terrasse. Diese verbreitete ein mediterranes Flair, da Maximilian sie mit einem Glasdach auf einer Tragekonstruktion in Eisenarchitektur und einem kleinen plätschernden Brunnen versehen hatte. Nachdenklich zupfte Marga einige Grashalme aus dem Kräuterbeet, da hörte sie auch schon die Mädchen auf dem Plattenweg kommen. Sie bedeutete den beiden, in den Korbstühlen Platz zu nehmen, und schenkte selbstgemachte Zitronenlimonade ein – es versprach, erneut ein heißer Sommertag zu werden. Vom Bahnhof war der Pfiff einer Dampflok zu hören, was auf Westwind schließen ließ. Dann schickte auch Linden zum Leidwesen der Hannoveraner seine Grüße aus den Schloten der Fabriken herüber, was dereinst schon den letzten hannoverschen König erbost hatte.

Marga blickte streng von einem Zwilling zum anderen und legte los: »Ich bin zutiefst enttäuscht von euch beiden. Nie hätte ich gedacht, nach allem, was wir auf der Reise zur Insel La Palma erlebt haben, dass es zu solchen Verstimmungen kommen könnte. Welche Ängste haben wir damals nach den Mordanschlägen auf euch ausgestanden! Ich dachte, wir seien zu einer eingeschworenen Gemeinschaft geworden, in der wir offen und vertrauensvoll bereden können, was auch immer es sei. Und jetzt? Ihr sprecht kaum miteinander, seid feindselig – und warum? Ich vermute, es geht um einen Mann, und zu allem Überfluss noch um einen, der es offenbar gar nicht wert ist!«

Während Elsa mit verbiesterter Miene vor sich hinstarrte, stiegen Emilie Tränen in die Augen.

Margas Zeigefinger schoss auf sie zu. »Fang nicht an zu heulen, sondern erzähl. Was ist los?«

Stockend begann Emilie von ihrer zufälligen Begegnung im Café Kröpcke zu berichten, während Elsa sie finster anfunkelte.

»Mir ist ja ganz schnell klargeworden, dass ich mich nicht richtig verhalten habe. Ich hätte ihn eiskalt abblitzen lassen müssen. Aber ich gebe zu, ich war geschmeichelt durch seine Aufmerksamkeiten. Und ich verhielt mich so, wie es mir meine Mama in Königsberg beigebracht hatte. Ich hörte mit schräg geneigtem Kopf zu, stellte Fragen, da es Männer ja lieben, über sich zu parlieren, und lächelte interessiert.«

»Die Vorstellung gelang dir perfekt, das kann ich bezeugen«, knurrte Elsa.

»Bitte verzeih mir, ich verhielt mich wirklich dämlich! Sei doch wieder gut mit mir. Es ist schrecklich, wenn wir uns nicht vertragen.« Nun brach Emilie in einen wahren Tränenstrom aus.

Elsa sprang auf, zog ihre Schwester aus dem Sessel und nahm sie fest in die Arme. »Marga hat völlig recht, wir dürfen uns nicht entzweien! Es tut mir ebenfalls leid, dass ich so stur war.« Nun traten auch ihr Tränen in die Augen.

Langsam beruhigte sich Emilie und sank zurück in ihren Korbsessel. Spontan beugte sich Elsa zu der zufrieden lächelnden Marga und gab ihr einen Kuss auf die Wange. »Danke dir, das hast du mal wieder gut gemacht.«

Hilfeflehend sah Emilie zu Marga. »Ich habe einen Verdacht, der das Ganze in einem noch schlimmeren Licht erscheinen lässt. Ihr wisst ja, dass sich Heinrich seinem alten Freund Viktor gegenüber verplappert hat wegen einer möglichen Mitgift von der Großmama – vielleicht hat er es darauf abgesehen.«

»Dann hat er mit Zitronen gehandelt, da dies keineswegs sicher ist. Denn ob unsere hochadelige Großmutter ihre unehelichen Enkelinnen wirklich mit einem nennenswerten Heiratsgut ausstatten wird, erscheint völlig ungewiss. Aber die Frau Mama des Herrn Rechtsanwalts ist ja bekanntermaßen außerordentlich erpicht darauf, dass ihr einziger Goldjunge auch eine goldig reiche Erbin heiratet. Das Schauspiel durften wir ja letzten Sommer auf Norderney beobachten.«

»Das wirft ja kein gutes Licht auf den Charakter von Dr. Rehnhoff«, stellte Marga fest. »Außerdem – wer möchte schon einen Ehegemahl, der so wankelmütig ist, sich ausgerechnet zwischen zwei Schwestern nicht entscheiden kann und derartig von seiner Mutter beeinflusst wird?«

Elsas Augen begannen zu funkeln. »Er hat mir und uns übel mitgespielt. Dafür muss er büßen. In mir keimt eine wunderbare Idee zu einer kleinen Scharade.« Sie stärkte sich mit einem großen Schluck Limonade. »Brr, ist die sauer. Das soll ja lustig machen …« Sie lächelte maliziös. »Also, was haltet ihr von folgendem Einfall …« Noch eine ganze Weile steckten die drei ihre Köpfe zusammen, und es war einiges an Gekicher zu hören. Sophie sah aus dem Fenster und stellte beruhigt fest, dass es Marga offenbar gelungen war, den Unmut zwischen den Zwillingen zu beseitigen.

Besichtigung einer Gummifabrik

»Es bleibt nicht bei den Totenscheinen, der junge Kollege scheint mit den vielen Aufgaben hoffnungslos überfordert. Nun gilt es eine der beiden Gummifabriken, die in Linden an der Stärkestraße liegen, zu besichtigen. Hast du Lust, mich zu begleiten?«, fragte Dr. Petzold Heinrich.

»Ja, sehr gern. Das ist doch etwas anderes als die Totenscheine.«

»Bei der Hannoverschen Gummikammfabrik habe ich einige Male mit meinem Kollegen aus Linden, Dr. Krugmann, Besichtigungen der Vulkanisierräume mitgemacht. Das ist auch für dich interessant, gerade wenn du überlegst, dich später in dieser Fachrichtung zu betätigen.«

»Ja, da würde ich gern mitgehen. Zwar erzählt mir Cord einiges, aber es ist doch etwas ganz anderes, es selbst zu sehen und zu erleben. Außerdem soll es ja in der Continental-Caoutchuc Fabrik eher vorbildlich zugehen.«

»Wie es in dem Betrieb in der Stärkestraße abläuft, weiß ich auch nicht vorherzusagen. Sie wurde 1884 gebaut und hat ungefähr 650 Beschäftigte.«

»Was ist denn nun am Vulkanisieren so riskant? Cord wird demnächst bei der Continentalen in der Vulkanisierabteilung hospitieren.«

»Das Vulkanisieren bei der Verarbeitung des Gummis birgt die größten Gefahren für die Gesundheit der Arbeiter, vor allem wenn mit Chlorschwefel und Schwefelkohlenstoff vulkanisiert wird. Dieses Gift verursacht sowohl körperliche Störungen als auch Psychosen, die selbst in Fachkreisen wenig bekannt sind. Von manchen Seiten wird der ursächliche Zusammenhang der Erkrankungen der Gummiarbeiter immer noch geleugnet.«

»In Berlin beginnt man gerade erst, sich mit dieser Frage zu beschäftigen. Was weiß man denn überhaupt über diese Vergiftung?«

»Die Forschung darüber steckt noch in den Kinderschuhen. Ich korrespondiere hierzu mit dem Kollegen Laudenheimer in Leipzig, der dort in der psychiatrischen Klinik arbeitet und die Fälle verfolgt. Daher weiß ich einiges mehr. Den meisten deutschen Ärzten ist die Krankheit bis heute nicht mal dem Namen nach geläufig.«

»Und welche Symptome gibt es?«

»Als regelmäßige Vorläufer einer Schwefelkohlenstoffvergiftung gelten Schläfenkopfweh, Appetitlosigkeit, Übelkeit, Schwindel und eine allgemeine Mattigkeit. Das ist aber in der Ärzteschaft nicht durchgängig bekannt. Umgangssprachlich nennt man den Stoff auch Schwefelalkohol, weil einige Symptome durchaus denen eines alkoholisierten Zustandes ähnlich sind.«

Heinrich beschloss, sich nach der Besichtigung schnellstmöglich mit Cord zu treffen.

»Das klingt für mich sehr beunruhigend und gefährlich für die Gesundheit der Menschen, die dort arbeiten. Was ist dieser Schwefelkohlenstoff überhaupt?«

»Es handelt sich um eine leicht bewegliche, farblose und unschwer entzündliche Flüssigkeit von eigentümlich süßlich-aromatischem Geruch. In der Gummifabrik wird es als Lösungsmittel für Kautschuk verwendet, löst sonst schwer trennbare Stoffe wie Schwefel, Phosphor, Öle, Fette und Harze.«

Indessen fuhr die Droschke in flottem Tempo die Glockseestraße entlang und überquerte die Ihmebrücke. Schon befanden sie sich, auf der Spinnereistraße angelangt, in einer anderen Welt. Links lag die Mechanische Weberei, in der der berühmte Lindener Samt hergestellt wurde, rechts die Baumwollspinnerei und Weberei. Sie bogen Richtung Norden ab und passierten die Asphaltfabrik, dann die Ultramarinfabrik. »Nach den Gummifabriken kommen noch die Chemie- und die Bettfedernfabrik«, erklärte Dr. Petzold, »sie reihen sich der Ihme entlang auf wie Perlen an einer Kette. Allerdings eher schwarze Perlen, wenn man den Dreck bedenkt, den die hohen Schlote in die Luft und die Abwässer in den Fluss schicken.«

»Cord erzählte mir, dass der Aufschwung der Fabriken bei den Anwohnern weniger Begeisterung erweckt.«

Dies ließ sich unmittelbar nachvollziehen, denn es begann, deutlich nach Gummi zu riechen.

Nachdem sie das Werkstor des imponierend großen, im hannoverschen Stil in roten Ziegeln errichteten Werkskomplexes passiert hatten, wurden sie vom Werksleiter zu den Vulkanisiersalen geführt.

»Hier geht es um die sogenannte Kaltvulkanisation«, erklärte dieser. »Schwefelkohlenstoff verdampft bereits bei Zimmertemperatur unter starker Abkühlung. Die Dämpfe, die etwas schwerer sind als Luft, sammeln sich deshalb über dem Fußboden.« Dr. Petzold spähte schon zu den Arbeitern und versuchte sich ein eigenes Bild zu machen. Der Werksleiter, bemüht dem Doktor und seinem jungen Hospitanten alles deutlich zu machen und vor allem einen guten Eindruck zu vermitteln, fuhr fort: »Daher müssen Fenster ins Freie gehen und geöffnet werden können, um ausreichende Erneuerung der Luft zu gewährleisten. Ventilatoren und Absaugvorrichtungen sollen möglichst bodentief montiert sein. Längerer Aufenthalt in Vulkanisierräumen ist untersagt. Diese Räumlichkeiten dürfen weder als Schlaf-, Koch- noch als Lager- oder Trockenräume benutzt werden.«

Inzwischen hatten sie sich den Beschäftigten, bei denen es sich zu Heinrichs Erstaunen überwiegend um Frauen handelte, genähert. Allerdings hatte ja auch Cord von den zahlreichen Arbeiterinnen berichtet. Aber in einem so gesundheitsgefährlichen Bereich?

Eine Arbeiterin setzte Gummisauger auf Gestelle und reichte sie der Vulkaniseurin zu.

Die Flüssigkeit befand sich in großen, flachen unbedeckten Schalen. Dadurch konnte sie ohne weiteres verdampfen. Heinrich beobachtete, dass sich die Arbeiterin beim Vulkanisieren direkt über die Gefäße beugte, so dass sie die Dämpfe gewiss in besonders starker Konzentration einatmete.

»Fertig zusammengesetzte Fabrikate werden kurz, meist etwa eine Minute, in eine mit Vulkanisiergemisch gefüllte Schüssel getaucht«, erklärte indessen der Werksleiter.

Dr. Petzold warf ihm einen entnervten Blick zu und flüsterte Heinrich zu: »Auch die vulkanisierten mit Schwefelkohlenstoff benetzten Gegenstände liegen offen für längere Zeit in demselben Raum und geben den giftigen Stoff ab, denn man lässt die Gummiteile langsam mithilfe der Verdunstung bei Zimmertemperatur trocknen. Das belastet zusätzlich die Atemluft.«

Hohle Produkte, also Schläuche, aber auch Ballons und Handschuhe wurden außerdem noch durch Einfüllen oder Durchgießen vulkanisiert.

Eine Arbeiterin goss den Schwefelalkohol mittels Trichter in die Schläuche, wobei sie sich sehr nah über den Trichter beugte. Wahrscheinlich kurzsichtig, vermutete Heinrich. Eine andere fing am Ende des Schlauches die durchlaufende Flüssigkeit auf.

»Wie lange arbeiten die Leute mit dem Schwefelkohlenstoff?«

Der Werkleiter zögerte fast unmerklich. »Das hängt auch von der Auftragslage ab. Man lässt die Leute meist vormittags und nachmittags je drei bis vier Stunden vulkanisieren und macht dazwischen eine Pause.«

Dr. Petzold monierte, dass die Fenster nicht durchgehend weit geöffnet waren und nicht alle Absaugvorrichtungen auf vollen Touren liefen.

»Unsere Vulkanisiermädel mögen keine Zugluft«, meinte der Werkleiter.

»Gegen Zugluft kann man sich schützen, gegen Vergiftungserscheinungen nicht! Ich werde meinem Kollegen ebenso Bericht erstatten wie dem zuständigen königlich preußischen Gewerberat. Und kommen Sie mir nicht mit dem Leichtsinn der Arbeiter – Sie sind für die Sicherheit verantwortlich!«

Selbst der Werksleiter merkte, dass mit dem Mediziner nicht gut Kirschen essen war. Er ließ die Fenster weit aufreißen und notierte, welche Abzugsanlagen nicht optimal liefen.

Nach drei Stunden war die Besichtigung abgeschlossen.

»Wie oft wechselt bei Ihnen das Personal?«, fragte der Arzt abschließend den Werksleiter.

»Ziemlich häufig, die Leute sind heute unzuverlässiger denn je!«

»Ich befürchte, dass es an den Auswirkungen der Dämpfe auf die Gesundheit liegt! Lassen Sie die Beschäftigten nicht länger als zwei Stunden ohne Pause vulkanisieren, und trocknen Sie die Produkte in extra Räumen.«

»Das ist doch viel zu aufwendig. Das rechnet sich nicht.«

»Nun, wenn Sie gute Arbeiter hätten, die bleiben, und nicht beständig Neue anlernen müssten, wäre das auch ein Kostenfaktor.«

Der Werksleiter grummelte etwas von Theorie und Praxis, schien jedoch nachdenklich geworden zu sein.

»Wir gehen ein wenig zu Fuß«, schlug Dr. Petzold vor. »Von frischer Luft kann zwar hier in Linden keine Rede sein, aber ich mag jetzt nicht gleich in eine Droschke steigen.«

»Diesem Werksleiter scheinen die Kosten wichtiger zu sein als die Gesundheit der Menschen, die da schuften«, bemerkte Heinrich grimmig.

»Genau deshalb habe ich mit den Unkosten argumentiert«, entgegnete der Doktor, »ich kenne meine Pappenheimer. Wenn du überzeugen willst, ist es immer gut, deinem Gegenüber Vorteile aufzuzeigen. Moralische Appelle helfen oft wenig.«

Hier lerne ich nicht nur medizinisch dazu, erkannte Heinrich nachdenklich. Während sie die Stärkestraße entlang gingen, fragte ihn der Arzt: »Na, wie fühlst du dich so?«

»Außer dem unangenehmen Geruch störte mich schon nach kurzer Zeit ein ziemlich lästiger Druck im Kopf. Nach zwei Stunden in diesen Räumen verschwanden diese Beschwerden allmählich. Jetzt habe ich einen ekelhaften Geschmack im Mund und widerwärtige Geruchsempfindungen in der Nase.«

Dr. Petzold konnte ein heftiges Aufstoßen nicht unterdrücken, welches hartnäckig anhielt. »Bei mir scheinen die Nachwirkungen eher gastrischer Natur zu sein. Mir ist übel, was mir nicht nur den Appetit auf ein ordentliches Mittagsmahl verdirbt, sondern auch einen Widerwillen gegen meine gewohnte Zigarre einträgt.«

An der Kreuzung zur Elisenstraße vermeldete Heinrich etwas zaghaft: »Als der weit Jüngere schäme ich mich, aber meine Beine fühlen sich beim Gehen auffallend müde an – können wir doch eine Droschke nehmen?«

»Das werden wir tun – die schlappen Beine merke ich auch, die gehören übrigens zu den Symptomen. Solche Nachwirkungen halten manchmal den ganzen Tag an. In dieser Fabrik vulkanisiert man eindeutig zu lange und vernachlässigt die Sicherheit.«

Auf dem Rückweg in der Pferdedroschke hingen beide Männer ihren Gedanken nach. Schließlich meinte Heinrich: »In Berlin forscht man ja intensiv, da wird es noch so manchen Nobelpreis geben. Da winken Ruhm und Renommee, eventuell auch Geld. Aber ich überlege, ob es mich nicht mehr befriedigen würde, etwas voranzubringen, was der Gesundheit der Leute in den Fabriken nutzt.«

»Das wäre eine sehr nützliche Aufgabe – und aller Ehren wert, mein junger Freund. Allerdings weder ein leichter noch ein finanziell lohnender Weg. Momentan halte ich es für verfrüht, eine Spezialisierung anzustreben. Wenn du möchtest, könnte ich dir jedoch eine Hospitation bei einer Visite im Henriettenstift verschaffen, wo du wahrscheinlich auch an Schwefelkohlenstoff-Vergiftung erkrankte Patienten beobachten kannst. Je mehr du siehst und lernst, desto besser triffst du später Entscheidungen.«

»Das würde ich sehr gern tun, vielen Dank, Dr. Petzold.«

Bei Familie Stambrowsky

Einige Tage später trafen Marga und die Zwillinge Karla in Linden, um ihr wieder zur Hand zu gehen.

Die Diakonisse erwartete sie bereits. »Bei Familie Stambrowsky ist die Mutter, eine Heimarbeiterin, erkrankt. Ein Lungenleiden und Unterleibsbeschwerden. Eine ältere Tochter von zwölf Jahren, vier kleinere Schwestern. Der Mann Vorarbeiter bei der Conti. Der Pastor warnte mich vor, es soll alles drunter und drüber gehen. Heute scheint es angebracht, zu viert dort anzurücken.« Sie deutete auf große, vollgepackte Taschen. »Frische Wäsche und etwas zu essen. Dieses Mal werden wir eine Suppe kochen, ich habe schon eingekauft. Ein Eintopf für sechs Personen aus einer handtellergroßen Beinscheibe, mehreren Knochen und einigen Schinkenschwarten, an denen immerhin noch viel Fett sitzt. Die Schwarten gab mir die Lindener Schlachtersfrau mit einem gutmütigen Lächeln dazu. Sie weiß genau, dass in den Arbeiterhaushalten meist Schmalhans als Küchenmeister regiert – und das erst recht, wenn eine der hier diensttuenden Diakonissen sich um eine Familie kümmern muss.«

»Davon sollen sieben Personen satt werden?«, vergewisserte sich Elsa.

»Das wird für sie schon ein Festessen. Nicht umsonst heißt es:

Kartoffeln in der Früh,
zu mittags in der Brüh,
des Abends samt dem Kleid,
Kartoffeln in Ewigkeit!

Und nun lasst uns gehen, jede trägt einen Beutel.«

In der Viktoriastraße standen meist zweigeschossige Putzbauten, dahinter ein Hof mit Abort und Kleintierställen. Nur wenige Grundstücke waren noch nicht bebaut. Nebengebäude und Hinterhäuser drängten sich teils dicht an dicht.

»Die Bauplätze sind teuer und müssen voll ausgenutzt werden, es gibt nach wie vor großen Bedarf an Wohnraum für die ständig zuströmenden Arbeitskräfte, die in den expandierenden Fabriken Lohn und Brot finden. Viele Gebäude hier sind bereits vor dreißig Jahren, oft als Doppelhäuser gebaut worden«, erklärte Marga. »Jetzt bemüht man sich darum, Toiletten auf halber Treppe und einen Wasserhahn, der von mehreren Mietern benutzt wird, im Flur einzubauen, das ist schon ein Fortschritt. Stambrowskys wohnen im besseren Teil der Straße.«

»So ähnlich war es auch vor einigen Tagen«, flüsterte Emilie. »Aber da war es weitaus schlimmer – es gab noch nicht mal einen Wasserhahn, sondern nur eine Pumpe.«

»Da hinten in der Nummer 18 wohnt übrigens die Großmutter von Cord, die Witwe Struss, die dort einen kleinen Zigarrenladen betreibt. Nun sind wir da. Stambrowskys wohnen im Parterre.«

Die Mutter der vielköpfigen Kinderschar lag krank auf dem Sofa in der engen Wohnküche, während es rund um sie herum schrie, sang, spielte und die älteste Tochter bereits an der Nähmaschine saß. Die blasse Frau sagte erfreut: »Sie sind gewiss die Schwester, der Herr Pastor hat Sie schon angekündigt.«

Karla ergriff die Hand der Patientin, die sich heiß anfühlte, überblickte die Lage wie ein Feldherr und begann Anweisungen zu geben: »Kinder, ihr geht jetzt erst mal alle in den Hof und spielt dort. Käte, nimm die Puppenflicken mit. Wie holen euch, wenn es etwas zu essen gibt.«

Das zweitälteste Mädchen knickste prompt und schubste die drei kleineren Schwestern zur Tür. Emilie riss sich mühsam zusammen. Der Anblick der Zweijährigen mit den dünnen Beinchen, die von ihren Geschwistern getragen werden musste, ging ihr besonders nah. So eine piepsige Brut aufwachsen zu sehen, stelle ich mir schrecklich für eine Mutter vor, dachte sie.

»Ach, Schwester Karla, wie gut, dass Sie da sind. Und wen haben Sie mitgebracht?«

»Das ist Marga Lheiss, die Haushälterin der von Elßtorffs, die uns schon einige Male Kleidung überließen. Und das sind Fräulein Emilie und Elsa, sie helfen uns auch.«

Frau Stambrowsky staunte: »Leibhaftige Zwillinge – ich glaube kaum, dass ich die auseinanderhalten kann!«

»Das macht nichts«, beruhigte sie die Diakonisse, »Sie wissen, unsere zweite Gemeindediakonisse ist erkrankt, und wir brauchen jede Hand, es gibt genug zu tun in Linden.«

Die blasse Frau nickte. »Es tut mir leid, Fräuleins, gegen die Unruhe und die Unordnung hier komme ich einfach nicht mehr an. Dagegen war früher sogar die Arbeit in der Gummifabrik und in der Spinnerei die reinste Erholung. Aber oft mochte ich von der Fabrik gar nicht heimkommen, denn der Säugling wurde von den Geschwistern häufig überfüttert und kränkelte immer öfter. Die Kinder nicht richtig verwahren zu können und zu sehen, wie sie stets elender werden, ist schrecklich. Aber sie zum Waisenhause zu bringen, das bekomme ich nicht fertig. Schließlich musste ich die Fabrik aufgeben, und nun nähe ich Blusen, maloche viel länger und verdiene weniger. Und mein Alter kümmert sich hier kein Stück mehr – nur meckern, das kann er.« Sie hustete zum Gotterbarmen. »Hab es auf der Lunge, holte ich mir wohl in der Spinnerei. Die blasen immer Dampf in die Säle, damit die Fäden elastisch bleiben. Luken auf, Luken zu und die Arbeiterinnen stehen im Zug.«

Fragend blickten Marga und Emilie zu der Diakonisse. Die hatte sich inzwischen ein erstes Bild gemacht. »Hoffentlich keine Tuberkulose, die Proletarierkrankheit«, flüsterte sie ihren Begleiterinnen zu, wandte sich dann laut an die Patientin: »Frau Stambrowsky, Sie tun gewiss Ihr Bestes. Haben Sie und die Kinder heute schon etwas Warmes gegessen?«

Die schüttelte nur den Kopf.

»Emilie, bitte wasch dir die Hände und nimm die Lebensmittel raus, damit wir nachher das Abendbrot vorbereiten können. Wann kommt Ihr Mann nach Hause?«

»Gegen sieben Uhr trudelt er hier ein, er hatte heute eine frühe Schicht – es sei denn, er hebt noch einen, dann wird es später …«

Marga schaltete sich ein. »Wie viele Kammern gehören zur Wohnung?«

»Wir haben eine Schlafkammer für die fünf Mädchen und für uns.«

Emilie zuckte innerlich zusammen. Sieben Personen in einem Raum. Die Erwachsenen mit den Kindern?

»Dann will ich mal die Betten richten«, erklärte Marga und krempelte die Ärmel hoch. »Ich habe einige Laken mitgebracht, die schon geflickt sind, aber sauber.« Sie schnappte sich einen Beutel, über dessen Inhalt Emilie bereits die ganze Zeit gerätselt hatte, und entschwand in den Hausflur.

Verständnislos blickte Elsa ihr hinterher.

»In diesen Häusern gibt es häufig keinen eigenen Vorplatz, die Quadratmeter werden gespart. Die einzelnen Räume sind nur vom allgemeinen Flur zu betreten. Das ist auch praktisch, um Schlafgänger aufzunehmen. Denn es kommen ja viele Männer und Frauen zum Arbeiten nach Linden, und die brauchen eine Schlafstätte.«

Frau Stambrowsky nickte zu den Erklärungen der Diakonisse. »Unsere Kammer ist links«, rief sie Marga hinterher. »Rechts war mal ’ne gute Stube, aber die können wir uns schon lange nicht mehr leisten, da haben wir an vier Arbeiterinnen vermietet, die lösen sich jeweils zu zweit ab. Sauber machen tun die selber.«

Während Emilie anfing, das ungespülte Geschirr zu stapeln, drückte sie Elsa zwei Eimer in die Hand. »Im Flur muss sich ein Hahn befinden. Bitte hol uns erst mal Wasser. Die Tochter kann noch einiges nähen, bevor wir mit dem Essen so weit sind.«

Die Kranke schloss erschöpft die Augen. Von draußen drang das Geschrei der Kinder herein.

»Ich werde Sie jetzt waschen und betten, Frau Stambrowsky.« Karla erspähte eine Waschschüssel und mischte heißes mit kaltem Wasser.

»Ach, Schwester, vielen Dank! Wissen Sie, was mich am meisten zerreißt, ist, dass ich doch sehe, was die Kinder eigentlich bräuchten. Und ich es ihnen nicht ausreichend geben kann, weil jede Unterbrechung der Arbeit uns dem Hunger näher treibt. Die Zweijährige ist sehr weit zurück, schwächlich und kann noch nicht laufen. Es ist so aufreibend, dass ich manchmal im Sommer nicht früh hochkomme, um die Helligkeit ab vier Uhr zu nutzen, um einige Stunden ungestört nähen zu können.«

Heftig schrubbte Elsa an einem tiefen Teller, auf dem sich Essensreste stark verkrustet hatten. Um vier Uhr – wann sollte diese arme Frau überhaupt schlafen?

»Kaum geht mein Mann los zur Arbeit in aller Frühe, werden die Kinder wach. Anziehen, Frühstück machen. Im Haushalt erledige ich das Wichtigste, besorge etwas für das Mittagsbrot. Dann setze ich mich schleunigst hin und nähe, denn es ist eilig abzuliefern. Zwischendurch muss ich die Gören waschen und vor allem sticheln, das dringend benötigte Geld verdienen. Blitzschnell ist es elf Uhr, es muss Essen zubereitet werden, was wenig Arbeit machen darf, ich brauche ja die Zeit zum Nähen. Immer wieder bin ich gezwungen, zu unterbrechen, aufzustehen. Weil die Kinder schreien oder Unfug machen. Oft macht mich das nervös, und ich schimpfe auf die Bälger, die sich selber überlassen sind. Aber sind sie schuld?«

Inzwischen kam Marga wieder herein. »Alles Bettzeug hängt zum Lüften im Fenster. Dann will ich hier mal die ganzen Plünnen sortieren. Die Kinder haben beim Spielen Papier zerrissen, herumgekramt, es herrscht ein heilloses Durcheinander.« Ihr Blick blieb an einem Eimer hängen, der in einer Nische hinter dem Herd stand. Im Nähertreten bemerkte Marga, dass der Deckel verrutscht war und sich einige fette, schwarzgrün schimmernde Brummer magisch angezogen fühlten. Der Gestank stieg ihr unangenehm in die Nase – ihr schwante Schreckliches. »Was ist in dem Eimer mit dem Deckel, Frau Stambrowsky?«

Die erblasste. »Ach du liebe Güte, das habe ich ganz vergessen. Meine große Tochter kriegt ja nu auch schon von Tante Rosa Besuch, die Dinger gehörten längst ausgekocht.«

Margas Stirn wurde ebenso kraus wie ihre Nase. »Seit wann steht das bereits so?«

Die Frau, die gerade nach dem gründlichen Waschen von Karla mit Franzbranntwein abgerieben wurde, wand sich vor Unbehagen. »Einige Tage wohl schon«, murmelte sie.

Marga winkte die Tochter heran. »Du bringst das jetzt runter und schüttest die Lumpendinger in die Latrine. Den Eimer spülst du unter der Pumpe aus, aber lange und penibel. Nimm eine Bürste und Scheuersand mit. Ihr bekommt einige von meinen selbstgenähten Binden, denn die sind hygienischer als diese zusammengedrehten Lumpenreste.« Sie holte tief Luft.

»Was ist mit den praktischen Mulpa Wegwerfbinden der Firma Hartmann, die wir benutzen?«, fragte Elsa leise.

»Die sind viel zu teuer«, entgegnete Marga knapp und wandte sich wieder der Tochter zu. »Ab sofort gehört es zu deinen Aufgaben, das Auskochen und Waschen der Binden zu besorgen. Deine Mutter kann sich nicht um alles kümmern.«

Das Mädchen zog einen Flunsch. Da stemmte Marga die Hände in die Hüften – in Linden aufgewachsen, konnte sie durchaus jemandem die Leviten lesen. Wobei sich einige der hiesigen Redensarten hineinmischten, wie die Zwillinge schon staunend bemerkt hatten. »Wenn in diesen Hittchen wieder Sauberkeit und Hygiene einkehren sollen, dann müssen alle mit anpacken. Die beiden ungeleerten Nachttöpfe in der Kammer kannst du auch gleich mitnehmen. Ab sofort übernimmt das deine nächstälteste Schwester. Das werde ich ihr umgehend vertellen, ich hole vom Flur noch mal Wasser.«

»Hörerman von auf«, maulte das Mädchen.

Da griff die Mutter ein: »Muss man dich erst anbölken? Was Frau Lheiss sagt, das stimmt! Allein kann ich nicht alles schaffen, und jetzt, wo ich so schwer krank bin, schon mal gar nicht. Wer weiß, ob ich überhaupt wieder gesund werde.«

»Sie werden gewiss nicht übern Deister gehen«, meinte Marga beruhigend.

Emilie stutzte. »Über den Deister gehen?«

»Der Deister liegt rund zwanzig Kilometer südwestlich von Hannover. Die Redensart meint, dass jemand verschwindet oder etwas kaputt geht.« Bewusst sprach Marga nicht darüber, dass auch Sterben gemeint sein konnte. Sie wandte sich wieder an die Kranke: »Also, bis Sie vollständig gesund sind, bis dahin helfen wir gern und bringen hier erst mal Grund rein. Aber ohne Ordnung und Aufgabenverteilung wird es nicht gehen. Was Sie an Zeit zum Nähen zu gewinnen scheinen, rächt sich hinterher mit umso höherem Aufwand.«

Auf dem Herd köchelten die Beinscheibe, die Knochen und die Schinkenschwarten. Elsa hatte bereits die Kartoffeln geschält, deren Form von rund weit entfernt war. Karla griente sie an und meinte: »Die Kartoffeln sehen einen aus vielen Augen an – die kannst du noch rausschneiden, bevor du sie klein schnippelst.«

Sie griff nach ihrem stets wohlgefüllten Gewürzbeutel, den sie immer in ihrer großen Tasche mit sich trug. Ein Lorbeerblatt, eine ordentliche Prise Majoran und Liebstöckel kamen hinzu, eine Handvoll getrocknetes Suppengemüse rundete das Ganze ab. Bereits kurz nach dem Umrühren begannen sich die Aromen zu entfalten. »Das stammt alles aus dem Kräutergarten, den eure Marga vor vielen Jahren hinter dem Haus der von Elßtorffs in der Königstraße angelegt hat«, erklärte sie der staunenden Emilie.

Zwei Stunden später blitzte es in der Wohnküche, der Fußboden war dort, in der Kammer und im Flur gründlich gewischt. »So picobello war es hier lange nicht«, murmelte Frau Stambrowsky, »ich bin Ihnen ja sowas von dankbar …«

Marga trat ein: »So, die Betten sind gemacht und frisch bezogen. Die dreckigen Laken und alles Bettzeug nehme ich mit, wir haben bald Waschtag, dann bekommen Sie es sauber ausgekocht wieder. Und einige Vorlagen bringe ich auch mit.«

Da tauchte hinter ihr Paul Stambrowsky auf, der eine deutliche Bierfahne verströmte.

»Die Betten werden oft erst abends kurz vor dem Schlafengehen gemacht, obwohl ich ärgerlich darüber geschimpft und unzählige Male angeordnet habe, dass die gleich früh morgens zu richten sind.«

»Völlig richtig, Herr Stambrowsky«, bewusst überhörte Karla seinen stänkernden Ton, »wir sprachen schon gerade darüber, dass jeder hier mehr mit anpacken muss. Ihre Frau ist ja nicht umsonst krank geworden. Alles kann sie allein nicht schaffen.«

Dem Mann lag offensichtlich eine geharnischte Entgegnung auf der Zunge. »Ich arbeite ja wohl genug, Haushalt ist Weibersache …«, da blieb ihm der Mund offen stehen. »Donnerlittchen, hier sieht es ja richtig gut aus. Und der Tisch ist schon gedeckt.« Er schnupperte. »Gibt es heut mal Futter, was nich angebrannt is?« Mittlerweile hatte er auch Marga und die Zwillinge bemerkt, welche er sofort mit einigen Blicken von oben nach unten und einem schmierigen Lächeln taxierte. Die Mädchen spürten es nicht, Marga dafür sehr wohl. Den Kerl kann man mit keiner jungen Frau allein lassen, schoss es ihr durch den Kopf.

»Rufen Sie die Kinder zum Essen hoch, Herr Stambrowsky. Und nehmen Sie bitte die schweren Eimer mit dem dreckigen Wasser mit zum Ausguss. Die sind für einen kräftigen Mann wie Sie leichter zu handhaben als für mich.« Karla sah Stambrowsky direkt in die Augen. Tatsächlich begab dieser sich samt den Kübeln hinaus.

»Ausnahmsweise«, brummte er. »Unsere Weiber können wir nicht mit Samthandschuhen anpacken, wie das in feinen Kreisen üblich ist«, wobei er noch einen Blick zu den Zwillingen warf.

Marga band die mitgebrachte Kittelschürze ab und bedeutete Emilie und Elsa, es ihr gleichzutun. Karla packte ebenfalls ihre Siebensachen zusammen. »Ich sehe morgen früh kurz nach Ihnen, Frau Stambrowsky. Dann bekommen Sie auch wieder Ihre Medizin.«

Unten trafen sie auf das mit zwei gefüllten Wassereimern bepackte Familienoberhaupt. »Nichts für ungut, Schwester«, knurrte er. »Es ist hier immer die gleiche Leier. Mein Weib wird über meine Vorhaltungen gereizt. Zum Beispiel wegen der Betten oder wenn die Kinder zerrissene Unterkleider tragen. Und dann lässt sie ihren Missmut und ihre Wut die Bälger spüren, worüber wir in Streit geraten.«

Beschwichtigend nickte Karla ihm zu. »Es ist für alle nicht einfach. Momentan jedoch ist das Wichtigste, dass Ihre Frau überhaupt wieder gesund wird! Denn ohne sie droht den Kindern ja wohl das Waisenhaus. Und genügend Geld muss ins Haus kommen, damit ausreichend zum Essen da ist. Ihre Kinder sind unternährt.« Der Mann zuckte sichtlich zusammen. »Daher geht es nicht anders, nur Sie können die schweren Arbeiten übernehmen wie Wasser, Holz und Kohlen holen. Die Gören brauchen es auch als Vorbild, dass alle mit anpacken.« Karla vermied es bewusst, ihn auf seine Fahne anzusprechen – immerhin wirkte er halbwegs nüchtern.

Der Mann brummte nur vor sich hin, maulte etwas von Weiberkram, guckte dann aber kurz zu den vier Frauen. »Danke, dass Sie uns geholfen haben.«

»Da nich für«, entgegnete Marga knapp.

»Wir nehmen auch die Bett- und Leibwäsche zum Waschen mit. Der Kranken-Wäsche-Verein, der an arme Kranke jeder Konfession reine Leib- und Bettwäsche verleiht, kämpft derzeit mit zu vielen Anfragen, wie mir die Vorsteherin, Frau Geheimer Kriegsrath Niemeyer, gerade gestern erzählte.« Karla deutete auf ein großes Wäschebündel.

»Bei uns ist Montag Waschtag«, ergänzte Marga.

Alle vier legten den Rückweg bis zur Falkenstraße in bedrücktem Schweigen zurück. Schließlich fragte Elsa: »Meint ihr, die Frau wird wieder gesund? Sie sieht schrecklich aus. Und dabei ist sie früher bestimmt sehr hübsch gewesen. Überlegt mal, sie ist jünger als Tante Sophie und wirkt wesentlich älter.«

»Wir tun unser Bestes«, entgegnete Karla. »Die Frau ist infolge der vielen Geburten und der Arbeit in unterschiedlichen Fabriken ebenso ausgelaugt wie durch die Heimarbeit. Möchte mal wissen, ob der Mann wirklich seinen ganzen Lohn abgibt. Werde mal erkunden, was der bei der Conti macht.«

»Das kann bestimmt Cord in seinem Praktikum dort herausbekommen«, schlug Elsa vor. »Es ist schon erstaunlich, wie sich die Wege von Cord, Heinrich und uns zurzeit kreuzen.«

In der Königstraße erwarteten Sophie und Ernestine die drei bereits ungeduldig.

»Was fehlt denn der Frau überhaupt?«, fragte Sophie, nachdem die Zwillinge etwas unzusammenhängend berichtet hatten.

»Frau Stambrowsky arbeitete in unterschiedlichen Fabriken, es besteht Verdacht auf Tuberkulose. Da sie die fünf Töchter nicht unbeaufsichtigt lassen konnte, begann sie zu nähen. Wie viele Heimarbeiterinnen leidet sie durch die Anstrengung des fortwährenden Maschinennähens zusätzlich an Unterleibsbeschwerden«, erklärte Marga. »Die Frauen, die oft auf kleinstem Raum zu Hause schuften, sind unterm Strich häufig schlechter dran als in der Fabrik. In gebückter Stellung sitzen die Bedauernswerten an ihrer klappernden Tyrannin, rasch bewegen sich die Beine auf und nieder. Ob jung oder alt, krank oder gesund – viele meinen, sie könnten diese mörderische Arbeit bewältigen, dabei untergräbt sie selbst die stärkste Konstitution.«

Sophie, die mittlerweile durch ihre Entwürfe für Reformkleider und Margas Erklärungen einiges vom Nähen verstand, zeigte sich völlig schockiert. »Mir war nicht klar, dass das Arbeiten an der Maschine so auf die Gesundheit geht. Was ist mit den Frauen, die unsere Bekleidung fertigen, Marga?«

»Keine Sorge, die schaffen weder im Stücklohn noch bis zu sechzehn Stunden am Tag. Die Reformkleidung nähen meist die Ehefrauen von kleinen Beamten. Die sind froh, dass sie sich unauffällig etwas dazu verdienen können. Denn es wäre ja nicht standesgemäß, dass sie arbeiten. Und die werden anständig bezahlt, da passe ich schon auf. Bei den Arbeiterinnen jedoch besitzt Näharbeit noch ein gewisses Maß an sozialem Ansehen, derweil ja Fabrikarbeit als nicht gesellschaftsfähig gilt. Und für die verheirateten Frauen bietet sich die Heimarbeit an, um Geld zu verdienen und gleichzeitig Haushalt und Kinder zu versorgen. Am Beispiel von Frau Stambrowsky zeigt sich jedoch, wie schwer das ist. Aber der Verdienst des Mannes allein genügt meist nicht, um alle satt zu bekommen.«

»Immerhin habe ich ja gelernt, Marga, wie viel Zeit sich durch eine Nähmaschine sparen lässt. Diese ist mindestens zehnmal so schnell wie die geübteste Handnäherin. Die kann etwa fünfzig bis sechzig Stiche in einer Minute arbeiten, während die Maschine sechshundert bis tausend schafft.«

»Zweifellos. Das Ungesunde besteht in der überlangen Arbeitszeit, mit der die Frauen sich zugrunde richten. Außerdem müssen sie die Nähmaschine selber kaufen, was eine weitere Hürde bildet.«

»Das ist doch kaum möglich – wie sollen sie von dem wenigen Verdienst noch Geld für eine neue Maschine abzwacken?« Sophie schüttelte den Kopf.

»Das ist nicht zu schaffen! Gnädige Frau, die Diakonisse bat mich, Ihnen diesen Brief zu übergeben. Soweit ich weiß, handelt es sich um eine Bitte nach Unterstützung an den Frauen-Hilfsverein. Und es geht in der Tat um eine Nähmaschine.«

Sophie zog aus dem Couvert einen engbeschriebenen Bogen, dem offenbar einige Zeilen von Karla beigefügt waren.

»Bitte lies vor«, bat Emilie.

Die zögerte nicht lange und begann:

Gesuch um Hilfe:

Mein Name ist Anna Mühlenbrink, seit sechs Jahren verwitwet, ernähre ich mich und meinen Sohn durch Näharbeiten und unterstütze meine kranke, arbeitsunfähige Mutter.

Die Nähmaschine, auf der fast fünf Jahre ohne Unterlass genäht worden war, ist nahezu funktionsunfähig.

Mit Angst und Schrecken sehe ich dem nicht mehr fernen Augenblick entgegen, wo dieselbe caput und gänzlich unbrauchbar sein wird. Ich bin dann nicht weiterhin in der Lage, für mich und meine Angehörigen zu sorgen, da ich nicht im Stande bin, mir eine neue Nahmaschine anzuschaffen. Meine Mittel reichen dazu nicht aus, und ich stehe alsdann brodlos dar. Auch auf dem Wege der Abzahlung kann ich mir eine solche nicht beschaffen, da ich in den stillen Sommermonaten so bescheiden verdiene, dass ich gezwungen bin, kleine Schulden zu machen. Die dann, wenn der Verdienst ein wenig anhebt, nach und nach abgestottert werden müssen. Durch die Anstrengung des fortwährenden Maschinennähens habe ich auch schon seit langer Zeit mit einem Unterleibsleiden zu kämpfen, und die Medicamente hierfür zehren an meinem geringen Verdienst.

»Die arme Frau«, Elsa saß auf der Vorderkante des Stuhls, »meinst du, der Verein wird einspringen, Tante Sophie? Auf jeden Fall würde ich gern ein Scherflein dazu beisteuern.«

»Ich auch«, schloss sich Emilie sofort an.

»Das ehrt euch, meine Lieben, wir warten erst mal ab, was die anderen Damen im Komitee sagen. Helfen werden wir, das verspreche ich. Und nun beratschlagen wir über unseren nächsten Ausflug mit Ernestine.«

Ein lebhaftes Dinner

Im Gegensatz zu den größeren Gesellschaften, die Sophie von Elßtorff mindestens viermal im Jahr aus Repräsentationsgründen für jeweils mehr als zwanzig Personen ausrichten musste, liebte sie es, kleinere Einladungen zu geben. Bei denen entwickelte sich eher eine wirkliche Unterhaltung, was sie der steifen Konversation aufwendiger Festlichkeiten vorzog. Diese waren oft einfach nur zum Gähnen stumpfsinnig – nicht umsonst wurde in Anstandsbüchern diese Unschicklichkeit, die potenzierte Langeweile ausdrückte, als Beleidigung der Gesellschaft abgestraft.

Sophie genoss es von jeher, die Tafel als exzeptionellen Mittelpunkt des Speisezimmers mit ihren reichlich vorhandenen Schätzen herauszuputzen. Denn von Elßtorffs besaßen nicht nur einen wunderbaren englischen Esstisch – der Hausherr hatte ein Faible für das Britische –, der sich vermittels Steckplatten problemlos für vierundzwanzig Gäste ausstreckte. Die Hausherrin verfügte außerdem über ausreichend gediegenes Porzellan, sowohl Fürstenberg Weinlaub aus der heimischen Industrie als auch die blaue Blume aus der Manufaktur königlich Kopenhagen, welches sie besonders mochte. Edle Damast-Tücher mit passenden Servietten, die sie stets von der Weberei Seegers aus Steinhude bezog, stapelten sich in allen Größen im Schrank. An silbernen Bestecken, Aufsätzen, Kerzenleuchtern und Etageren herrschte ebenso wenig Mangel wie an feinsten französischen Kristallgläsern. Darum wurde Sophie durchaus von vielen Gastgeberinnen beneidet, die sich diese Pracht für die unvermeidlichen, da zum guten Ton gehörenden Einladungen, oft bei Freunden und Verwandten borgen oder gar bei einem Verleihgeschäft mieten mussten. Ansonsten ging es bei von Elßtorffs verglichen mit zahlreichen anderen Haushalten geradezu schlicht zu. Denn das Ehepaar schätzte den überladenen historisierenden Stil überhaupt nicht, bei dem reichstes Schnitzwerk an den Möbeln, üppige Stoffdekorationen, Kissen, Deckchen, Troddeln, Fransen, Überwürfe und jede Menge Nippes zur Schau gestellt wurden. »Alles überflüssige Staubfänger«, pflegte Maximilian von Elßtorff zu sagen, dem die ewige Putzerei und Abstauberei sowieso auf die Nerven ging. Als er eines Morgens den Salon betreten hatte und dort das Dienstmädchen vermittels ausgestreutem Sauerkraut mit der Reinigung des riesigen Perserteppichs beschäftigt war, bekam er ob der Gerüche einen Wutanfall. Bevor er in seine Bureauräume im Parterre verschwand, sprach er ein absolutes Sauerkrautverbot aus. Ab sofort hatte Marga nur noch gebrühte Teeblätter oder feuchten Kaffeesatz aufstreuen und mit dem Strohbesen abkehren zu lassen. Mittlerweile verfügte der Haushalt dank dem allen technischen Neuerungen gegenüber aufgeschlossenem Hausherrn über einen überaus praktischen und bequemen Teppichreiniger nach dem neuesten amerikanischen System.

Das traditionelle Dinner im kleinen Kreis stellte sowohl für die Hausherrin als auch für die Haushälterin und die Köchin längst keine besondere Herausforderung mehr dar. Während für die offiziellen größeren Einladungen alle Speisefolgen, sprich Menus der vergangenen Gesellschaften aufgehoben wurden – »es sollte ja schließlich eine Abwechslung sein« –, nutzte Sophie solche Dinner, um mal andere Gerichte ausprobieren zu lassen. Heute Abend war das jedoch mit einiger Aufregung verbunden, denn es gab als absolute Premiere ein palmerisches Abendessen. Die Auswahl der Speisen war von Elsa, Emilie und Marga übernommen worden – Isidora hatte sich entschuldigt, sie schrieb gerade an einem schwierigen Kapitel.

Die Bestimmung der einzelnen Gänge erwies sich zunächst auch als schwierig. Cabrito frito, gebratenes Ziegenfleisch scheiterte nicht nur an der Klippe, das Fleisch zu beschaffen. »Es ist wie beim Kaninchen«, hatte Marga erklärt, »es wird alles mit einem großen Hackmesser samt Knochen in Stücke gehauen. Und es hatte niemandem von uns gefallen, sich beim Essen der Knochensplitter dezent entledigen zu müssen.« Emilie stimmte ihr sofort zu. »Außerdem wurde das mit reichlich Öl zubereitet, das trifft den hiesigen Geschmack nicht.«

»Dann lassen wir auch den Gofio weg«, meinte Elsa, »denn so gesund die Paste aus gemahlenem und geröstetem Getreide oder Hülsenfrüchten und Wasser auch ist, das schien ja auch uns sehr gewöhnungsbedürftig.« Alle nickten. »Wir nehmen einfach unsere Lieblingsgerichte«, schlug Elsa vor, und damit waren alle einverstanden gewesen.

Das Abschmecken, welches Sophie von ihrer Mutter als eine der zahllosen Pflichten der perfekten Gastgeberin einst strikt anbefohlen worden war, übertrug sie auf Marga. Diese tummelte sich seit zwei Tagen mit in der Küche. Denn sie hatte bei dem Aufenthalt auf La Palma viel über die Verwendung von Kräutern für die Hausapotheke, aber auch über die dortigen Speisen und Gewürze gelernt. Ohne Anleihen aus ihrem umfangreichen mitgebrachten Vorrat und den genau aufgeschriebenen Rezepten wäre es kaum möglich gewesen, das Menü halbwegs authentisch zu kochen.

Ernestine bekam einen der Ehrenplätze an der Mitte der Tafel, ihr gegenüber hatte man ihren Vater platziert. Für beide war es ja die erste Einladung zum Dinner im kleinen Kreis; Wilhelm Jacob war bisher lediglich bei einigen der begehrten Herrenessen von Maximilian eingeladen worden. Die Männer, die sich im Laufe der Zeit immer mehr schätzen gelernt hatten, unterstützten sich auch durch das Knüpfen beruflicher Kontakte.

Dieser Platz hätte eigentlich mir gebührt, dachte Edelgarde erbost, schließlich bin ich die einzige Gräfin hier! Immerhin hat man nicht den Fauxpas begangen, ihn zu meinem Tischherrn zu machen. Gleichwohl sieht er für einen Möbelfabrikanten doch recht distinguiert aus, musste sie, wenn auch ungern, innerlich zugeben. Und äußerst teuer gekleidet kommt er daher, wie sie mit kundigem Blick feststellte. Der steht Maximilian von Elßtorff, der auf gute Stoffe, einen exzellenten Schneider und dezente englische Eleganz größten Wert legte, keinesfalls nach, bemerkte sie erstaunt.

Hausherrin und Hausherr saßen an den Kopfenden, dazwischen Elsa, Emilie, Isidora, Heinrich und Cord. Für diesen war es ebenfalls die erste Einladung zum Dinner im kleinen Kreis, eine Ehre, die er durchaus zu schätzen wusste. Schließlich hatte er noch vor einem Jahr nebenbei für den Hausherrn Botengänge erledigt und im Büro ausgeholfen.

Zum Glück können mich mittlerweile vier Gläser, fünf Bestecke und der ganze Silberkram nicht mehr schrecken, dachte Cord. Gut, dass mir mein Vetter Johann den letzten Schliff in puncto Tischmanieren verpasste, bevor wir auf die Schiffreise nach La Palma gingen. Kurz wanderten seine Gedanken zu dem Vetter, den er vermisste, seitdem dieser von Kastens Hotel nach Baden-Baden gewechselt war, um dort in Brenners Parkhotel als Oberkellner seiner erfolgreichen beruflichen Laufbahn einen weiteren Schritt hinzuzufügen. Für den ehrgeizigen Johann habe ich ja auch gemeinsam mit Marga auf der Insel Rezepte gesammelt, erinnerte er sich schmunzelnd. Der wird bestimmt mal zum Patron aufsteigen. Französisch beherrscht er schon gut, braucht er ja fur die vermaledeiten Speisekarten mit den ganzen französischen Namen für die Gerichte, Englisch kann er ebenfalls.

Elsa, die ihn in seinem vom Großvater für die Schiffsreise spendierten Frack wohlgefällig betrachtete, riss ihn aus seinen Gedanken.

»Na, freust du dich auch auf den palmerischen Abend? Ist das nicht eine zauberhafte Idee?«

»Ja, ich bin bereits sehr gespannt, welche Gerichte es geben wird.«

»Das geht mir ebenso! Edelgarde, Herrn Jacob und mich erwarten ganz neue Genüsse«, erklärte die aufgeregte Gastgeberin. »Allerdings bedurfte es längerer Vorbereitungen als üblich, ich hätte euch gern schon viel früher hier zu Gast gehabt.«

Misstrauisch beäugte Tante Edelgarde indessen die wie stets von Hand geschriebene Speisekarte, die ihr heute Abend einige Schwierigkeiten bereitete. Sowohl bei den Menükarten als auch bei den Namensschildern bevorzugte Sophie schlichte Eleganz. Weißes, gehämmertes Büttenpapier, schwarze Tinte von Günther Wagner, dazu die klare und ansprechende Schrift der Hausherrin. Bereits vor Jahren hatte sie Elsa erklärt: »Viele Damen betreiben enormes Brimborium, indem sie die Karten in Form von Musikinstrumenten oder Früchten verzieren. Einige malen aufwendige, in Aquarell ausgeführte Figürchen auf, das machen wir nicht mit. In der Zeit können wir lieber lesen oder uns mit anderen interessanten Dingen beschäftigen.«

Nachdenklich spielte Elsa mit einem der silbernen Messerbänkchen. Bisher hatte sie Sophies Vorliebe und Talent für das Dekorum vor allem als Ausdruck eines ästhetischen Genusses geteilt. Nach den ersten Besuchen in Linden jedoch erschien die Kluft zwischen dem noblen Leben in der Königstraße und dem in den Arbeiterfamilien besonders groß. Die näselnde Stimme von Tante Edelgarde holte sie abrupt ins Hier und Jetzt zurück.

»Du meine Güte, die Speisenfolge kann noch nicht mal ich übersetzen, das kommt mir spanisch vor.« Als niemand eine Miene ob dieses schwachen Wortspiels verzog, meinte sie: »Das war gewiss wieder eine der ausgefallenen Ideen unserer lieben Elsa!« Mit einem aufgesetzten Lächeln blickte sie in die Runde.

»In der Tat«, entgegnete Sophie, »mir gefiel der Einfall, denn wir feiern ja heute dankbar Ereignisse, bei denen diese Insel eine wichtige Rolle gespielt hat. Sowohl als Refugium für meine liebe Pensionatsfreundin Ernestine als auch als Geburtsort der Zwillinge.«

»Sogar einen spanischen Cava hat unser findiger Herr Jacob auftreiben lassen – und damit stoßen wir jetzt stilecht noch mal an.« Der Hausherr hob sein Glas und prostete in die Runde.

Das ließ sich Elsa nicht zweimal sagen: »Salud, amor y pesetas!«

»Was heißt das denn nun wieder?«, fragte Edelgarde konsterniert.

»Gesundheit, Liebe und Geld«, übersetzte prompt Isidora.

Der Trinkspruch veranlasste die Gräfin zu einem indignierten Stirnrunzeln.

Sophie wandte sich an Isidora, die ja der von Elßtorffschen Reisegesellschaft vor der Fahrt nach La Palma Spanischunterricht gegeben hatte. »Würdest du bitte für uns die Speisefolge vorlesen und zugleich übersetzen?«

Diese nickte und begann: »Pimientos de Padrón – das sind spezielle kleine grüne Paprika. Marga hat übrigens Samen mitgebracht, nächstes Jahr will sie die echten Bratpaprika ziehen.«

»Das war schwierig zu besorgen«, platzte Elsa dazwischen, »da waren die alten Beziehungen von Cords Vetter Johann zu Kastens Hotel nützlich. In deren Gewächshaus in Herrenhausen züchtet man tatsächlich diese kleinen, grünen Paprika. Ursprünglich stammen diese Pimientos aus dem Ort Padrón in Galicien, wohin Franziskanermönche den Samen im 16. Jahrhundert aus Mexiko mitgebracht hatten. Und der Mann von Mutters Patentante Hanna, ein Agrarökonom, baute sie auf dem großen Gründstück in Los Llanos an. Einige sind übrigens scharf, andere nicht. So lautet denn auch das galicische Sprichwort: Os pementos de Padrón, unos pican e outros non.« Gespannt beobachtete Emilie während dieser Erklärungen das Gesicht ihrer Mutter. Aber deren Miene zeigte nur den leeren Ausdruck des sich nicht erinnern könnens, den sie alle inzwischen nur allzugut kannten.

Isidora fuhr fort: »Tapa de queso de cabra, aceitunas y jamón ibérico. Eine Tapa ist eine Vorspeise, diese besteht aus Ziegenfrischkäse, Oliven und spanischem Schinken. Geräucherter Ziegenkäse, wie auf La Palma, ließ sich hier natürlich nicht besorgen. Danach kommt sopa de picadillo, eine Brühe mit Einlagen, dann pescado a la plancha con papas arrugadas y mojo verde, also gebratener Fisch mit kleinen, in Wasser mit viel Meersalz gegarten Pellkartoffeln, deren Schale man mitisst, und einer kalten aromatischen grünen Sauce, die mit Koriander, Knoblauch und Kreuzkümmel gewürzt wird.«

Wilhelm Jacob, Sophie und Tante Edelgarde wechselten erstaunte Blicke.

Heinrich fühlte sich bemüßigt, zu sagen: »Ihr werdet sehen, es schmeckt gut und ist zudem noch gesund!«

»Jetzt kommt mein Lieblingsgericht«, sprang ihm Elsa bei, »carne de res en salsa, Rindfleisch in Sauce – da gibt es ebenso viele Varianten wie bei uns beim Gulasch. Wir bekommen die Variation mit Möhrchen und Zimt.«

»Was das Ganze auch besonders gut verträglich macht«, ergänzte Emilie.

»Und zu guter Letzt mein Lieblingsnachtisch, bienmesabe! Übersetzt: Das schmeckt mir gut, da werden reichlich Mandeln verarbeitet, mehr verrate ich nicht.« Isidora legte die Menükarte wieder aus der Hand.

»Vielen Dank für die Übersetzungen und Erklärungen, ich bin ganz erwartungsvoll! Denn schließlich ist es für Herrn Jacob, für Edelgarde und mich eine Premiere und für alle anderen, die ja schon mal auf der Insel weilten, eine kulinarische Reminiszenz.« Sophie hob ihr Glas: »Auf La Palma!«

Irritiert betrachtete Ernestine die Freundin – einen solchen Gesichtsausdruck hatte die doch früher, wenn sie einen der kleinen Pensionatsstreiche ausheckte! Dann wanderte ihr Blick wieder zu der Menükarte – nichts, rein gar nichts tat sich in ihrer Erinnerung. Und sie fragte sich wie so oft, ob diese jemals vollständig zurückkehren würde.

Die Gräfin von Potocki genoss einen tüchtigen Schluck von dem spanischen trockenen Sekt, rümpfte die Nase und sagte: »Nun, die Gerichte scheinen sehr gewöhnlich zu sein, es klingt ja insgesamt recht schlicht. Gibt es denn gar keine Paella? Das wäre doch wirklich etwas Superbes gewesen, die habe ich mit dem Grafen mal in Valencia genossen.«

»Die palmerische Küche ist ziemlich einfach. Man verwertet, was dort gedeiht und die Natur hergibt – importiert wird kaum etwas. Wo es genug Wasser gibt, können drei- bis viermal im Jahr Kartoffeln geerntet werden. In den zahlreichen Klimazonen der Insel gedeihen auch Pflanzen, die die wohlhabenden Besitzer der Haciendas einführen ließen oder die Migranten aus Kuba oder Venezuela mit zurückbrachten. Denn das Leben auf der Insel ist für die einfachen Leute so hart, dass viele Bewohner auswandern mussten und müssen, um nicht zu verhungern. Und wie bescheiden das Dasein auch hier bei uns sein kann, nicht nur in Linden, das weiß mein Freund Cord Breuer, und das lernen die Zwillinge und ich gerade im realen Leben.« Heinrich hob sein Glas und prostete allen zu.

»Sie sind der Sohn vom roten Breuer, diesem stadtbekannten Sozialisten? Das habe ich vorhin gar nicht mitbekommen! Dass der hier eingeladen wurde, erstaunt mich, dass du, Heinrich, ihn mit vollem Ernst an diesem Tisch deinen Freund, nennst, dafür fehlen mir die Worte!« Edelgarde schnaufte vor Empörung.

Maximilian trommelte mit dem linken Zeigefinger auf die Tischplatte, ein untrügliches Zeichen, dass er wütend war. »Meine liebe Edelgarde, was auch immer dir fehlen könnte: Worte sind das noch nie gewesen. Leider handelt es sich keineswegs stets um die passenden.«

Die so Gescholtene merkte in diesem Moment, dass ihr mal wieder die Zunge vorschnell durchgegangen war, und schnappte nach Luft wie ein Karpfen an Land. Mit einer ungeschickten Geste stieß sie nun auch noch ihr Sektglas um. Sie musste den Spitzenhandschuh, der völlig durchnässt war, ausziehen. Hastig kramte sie in ihrem unsäglichen Pompadour nach Ersatz. Nur Elsa bemerkte erstaunt ihre zerstochenen Fingerspitzen – so viel Handarbeiten für wohltätige Zwecke hatte sie der Gräfin gar nicht zugetraut.

»Cord Breuer ist ein junger Mann, der zu großen Hoffnungen berechtigt«, warf Wilhelm Jacob mit fester Stimme ein. »Ich unterstütze ihn gern, und ich denke, dass der Hausherr ebenfalls einiges von ihm hält.«

»Völlig richtig! Er hat ja nicht nur nebenbei in meinem Architekturbüro gearbeitet, sondern auch letztes Jahr Elsa bei der Aufklärung des mysteriösen Todesfalles im königlichen Schauspielhaus unterstützt.«

»Und ich habe ihn bei der Reise nach La Palma besser kennen- und sehr schätzen gelernt«, fügte Heinrich hinzu, der nun allerdings fand, dass es der Rechtfertigungen auf die ungehörige Attacke von Edelgarde genug sei. »Aber unser Ausgangspunkt war das schlichte Leben. Und was Cord in Linden erlebt und bei der Fabrikarbeit, und was ich mitbekomme, indem ich Dr. Petzold bei seiner Vertretung begleite, das ist kein schlichtes, sondern oft ein schlechtes Leben. Die Technik schreitet in den Fabriken voran, aber die Arbeitsbedingungen sind hart und gefährden oft die Gesundheit. Ob in den Gummifabriken oder bei der Mechanischen Weberei, die den berühmten Lindener-Samt produziert, die Gewerbeinspection hinkt den Entwicklungen oft hinterher. Es muss mehr für Leute in den Produktionsstätten getan werden!«

Maximilian nickte seinem Sohn zu. »Ja, das sehe ich auch so. Wir leben, ohne dass die Mehrheit der Menschen sich das bewusst macht, mitten in einer gewaltigen Revolution. Das Ungesunde unserer Verhältnisse liegt in dem schroffen Gegensatz zwischen Reich und Arm. Die Technik wird vieles noch stärker verändern, das betrifft alle Lebenskreise und alle Stände, auch den Adel. Der Zufall der Geburt ist nichts, worauf man stolz sein darf. Was jemand dem Leben abringt, darauf kommt es an. Mir ist jedenfalls ein Arbeiter, der fleißig und strebsam ist und sich bemüht, die Seinen mit seiner Hände Broterwerb durchzubringen, mehr wert als ein fauler Aristokrat, wie hochgeboren er auch sein mag.«

Bestürzt starrte Edelgarde ihn an. »Aber Maximilian, das kann doch wohl nicht dein Ernst sein. Du klingst ja wie diese schrecklichen Sozialdemokraten!« Völlig entsetzt trank sie ein Glas Wein in einem Zuge.

Heinrich, der die Ansichten seines Vaters ganz und gar teilte, pflichtete ihm bei: »Es erben sich Gesetz und Rechte, wie eine ewige Krankheit fort!«

Sofort ergänzte Cord:

»*Sie schleppen von Geschlecht sich zu Geschlechte*
und rücken sacht von Ort zu Ort.
Vernunft wird Unsinn, Wohltat Plage:
Weh dir, dass du ein Enkel bist!
Vom Rechte, das mit uns geboren ist,
von dem ist leider nie die Frage.«

Und Isidora fügte an: »Mephistopheles, Faust 1, Studierzimmer.«

Erfreut prostete Maximilian den dreien zu: »Chapeau! Der Adel ist ja inzwischen in nicht wenigen Teilen eine bettelstolze Gesellschaft. Und deren Dienstboten führen sich häufig als getreuer Abklatsch der Herrschaft auf – mit einer Vornehmtuerei, die ich besonders unerträglich finde!«

Nun verschlug es selbst Edelgarde, die just diesem verarmten Adel angehörte, aber voller Standesdünkel gern auf neureiche Fabrikanten herabblickte, die Sprache. Ob etwa jemand hier ahnte, wie bettelarm sie inzwischen wirklich war? Und was sie alles unternehmen musste, um einigermaßen den Schein eines standesgemäßen Lebens zu wahren? Und wie oft sie nachts nicht in den Schlaf fand vor Sorge, wie es weitergehen sollte? Nicht nur Heimarbeiterinnen standen Sommers früh um fünf Uhr auf, um das erste Tageslicht zu nutzen … Sie schlug die Augen nieder und schwieg mit bedrückter Miene.

Das bemerkte Elsa mit gewisser Genugtuung, da dies selten genug geschah.

Wilhelm Jacob nutzte die Gunst des Augenblicks, um das Thema zu wechseln, und kam auf den Suez-Kanal zu sprechen. »Wir überlegen, ob sich der wesentlich schnellere Transport der Möbel in den Nahen und Fernen Osten lohnt, oder der teure Kanalzoll doch den alten Weg um das Kap der Guten Hoffnung wirtschaftlicher macht.«

Sophie zeigte sich erstaunt. »Sie haben Aufträge aus Übersee?«

Jacob wehrte bescheiden ab – er wollte sich hier bei seinem ersten Besuch keineswegs hervortun, zumal er durchaus bemerkte, mit welch kritischen Blicken die Gräfin von Potocki ihn einer Musterung unterzogen hatte.

So entgegnete er nur: »Ja, einige Schränke finden im Nahen Osten besonderen Gefallen. Wichtig jedoch ist, dass der Schiffsverkehr kräftig zugenommen hat, seit der Kanal im Oktober 1888 durch die Konvention von Konstantinopel zu einer neutralen Zone erklärt, die freie Durchfahrt für Handels- und Kriegsschiffe proklamiert und die Schutzherrschaft Großbritannien übertragen wurde.«

»Eine technische Meisterleistung, die Lesseps da erbracht hat. Das stupende Werk wird bahnbrechend wichtig für Jahrhunderte sein«, erklärte Maximilian, dem besonders die Ingenieurleistungen imponierten, nachdrücklich.

Sein Sohn stimmte ihm zu. »Allerdings«, gab er zu bedenken, »sind bei der zehnjährigen Bauzeit ja mehr als hunderttausend Arbeiter gestorben, Hitze, Durst und die Cholera forderten einen hohen Tribut.«

Seinen Vater indessen ergriff die Reiselust. »Ja, mein Sohn, du tust auch als künftiger Mediziner sicherlich recht daran, uns an diese Opfer zu erinnern. Aber überlegt mal: von Hamburg nach Bombay in ungefähr fünfundzwanzig Tagen – das ist die halbe Zeit, die früher benötigt wurde.«

Elsa, die die Fahrt zu den Kanarischen Inseln als großes Abenteuer empfunden hatte, bekam glänzende Augen. »Eine Reise nach Bombay, stellt euch das nur vor!«

»Nun ja«, Edelgarde hatte sich inzwischen wieder einigermaßen gefangen und näselte herablassend, »Männer begeistern sich eben für ägyptische Kanäle und rote Meere, für weite Fahrten in fernste Länder – das ist für uns Frauen unbegreiflich.«

»Die Zeiten sollten langsam vorbei sein, wo das schöne Geschlecht, vor allem wenn es katholisch ist, in der Kirche schweigt, nur den heimischen Herd hütet und mit seiner Unwissenheit kokettiert«, zischte Elsa ihrer Schwester und Isidora zu und meinte laut: »Immerhin bereisen schon einige Frauen entlegene Gegenden, liebe Tante, deine Ansichten befinden sich da nicht mehr ganz auf dem heutigen Stand der Dinge.«

Edelgarde fühlte sich getroffen, sie hatte die halblaute Bemerkung sehr wohl verstanden. Als alleinige Katholikin in der Runde erlebte sie sich im liberalen und protestantischen Haus von Elßtorff oft fehl am Platze, denn Sophie entstammte ja aus der einzigen lutherischen Linie des Geschlechts. Schon häufiger hatte sie darüber nachgedacht, wie es Maximilian und der Adoptivvater von Emilie geschafft hatten, die Papiere der Kinder, in denen ja wohl ein katholischer Vater auftauchen musste, auf den evangelischen Glauben einzutragen.

»Wir Frauen, die wir dem wahren Glauben in unserer Heiligen katholischen Kirche mit ganzer Seele anhängen, wir spüren, dass unser Heil in der tiefen, demütigen Gottgläubigkeit liegt und nicht im beständigen Analysieren und in Frage stellen. Wie wohl ist es mir, wenn ich in der St. Clemenskirche weile und der Organist Dünnebacke so erhebend spielt. Das würde auch den Zwillingen guttun! Aber obwohl ja deren leiblicher Papa evangelisch war, kamen sie mit Papieren von der Insel La Palma, in denen ja ein katholischer Vater stand. Nun, das war zwar eh alles Lug und Trug, um die Mädchen vor dem Makel der Unehelichkeit zu bewahren! Aber wer weiß, ob es da mit rechten Dingen zuging, dass Elsa so ohne Weiteres evangelisch erzogen wurde. Ein bisschen mehr weibliche Demut im Sinne der katholischen Kirche hätte ihr gewiss nicht geschadet.«

Elsa starrte sie an und fühlte Wut in sich aufsteigen. Musste diese Edelgarde immer wieder ihre Giftpfeile abschießen? Und Salz in Wunden streuen? Wilhelm Jacob griff nach Ernestines Hand und drückte diese beruhigend. Solche Spitzen konnten der Gesundheit seiner Tochter schaden. Was bildete sich diese impertinente Gräfin ein?

Maximilian, der sich vorgenommen hatte, die Seitenhiebe Edelgardes völlig zu ignorieren, fiel die Selbstbeherrschung schwer. In der Tat hatte er damals den Papieren von der Insel La Palma eine großzügige Spende an seine Kirchengemeinde, der Dreifaltigkeitskirche, angefügt. Scheinbar gleichmütig erwiderte er: »Nun, ich hatte die schriftliche Versicherung der offiziellen Mutter der Zwillinge, dass ihr Gatte mit einer evangelischen Erziehung etwaiger Kinder einverstanden wäre. Gemäß einer königlichen Verordnung aus dem Jahr 1826 steht dem Vater die Entscheidung über die religiöse Edukation zu. Sie selber war ja aus gutem Grunde nicht zum Katholizismus übergetreten.«

»Und ich kann mir kaum vorstellen, dass Ernestine die eheliche Geburt der Mädchen um den Preis des Verrates ihrer protestantischen Überzeugung erkauft hätte«, fügte Sophie erregt hinzu.

Elsa sah befremdet in die Runde. Eine solche Debatte hatte es beim Dinner noch nie gegeben! So aufgeschlossen der Hausherr in vielem war: Das Thema Religion war ebenso tabu wie parteipolitische Sujets.

Indessen versuchte Maximilian, die Thematik mit einer grundsätzlichen Erklärung zu beenden. »Es war einer der geschickten Schachzüge Bismarcks, mit dem Ultramontanismus.« Er stockte, denn er sah an Emilies Gesichtsausdruck, dass diese mit dem Begriff nichts anfangen konnte. »Ultra montes bedeutet jenseits der Berge. Damit war unter anderem die starke Ausrichtung auf den Papst gemeint, der 1870 für unfehlbar erklärt worden war. Im Zuge dessen wurde der Vorrang des Papstes gegenüber den Bischöfen und den nationalkirchlichen Organisationen festgelegt.«

Konzentriert hatte Emilie ihm zugehört, und auch Edelgarde schienen diese Zusammenhänge nicht wirklich präsent zu sein.

»Also, wo war ich stehen geblieben? Richtig, ein Schachzug von Bismarck, der sich für das junge Deutsche Kaiserreich gegen eine solche Einmischung wehrte. Die Reichsregierung verbot zum Beispiel die Niederlassung der Jesuiten, setzte Bischöfe ab und ordnete die staatliche Schulaufsicht an. Und das war zu jener Zeit gut so!«

Sein Sohn, mit dem er unter vier Augen schon manch ähnlichen Meinungsaustausch geführt hatte, sprang ihm bei. »Damals verbündete sich im frischgegründeten Reich die katholische Partei mit den Reichsfeinden, den Welfen und den Polen. Deshalb eröffnete Bismarck den Kulturkampf, um diese unerwünschten Gruppierungen zu schwächen. Und zur Ausbreitung des Diakonissenwesens, welches zuvor noch häufig als etwas Überstiegenes und Unevangelisches erachtet wurde, trug der Kulturkampf auch bei. Denn die Magistrate der Städte baten nun dringend um die Entsendung von evangelischen Schwestern, da in einem überwiegend lutherischen Land die katholischen Kongregationen nicht eine Art Monopol für die karitative Arbeit behalten sollten.«

Da bei diesem Dinner alle sonst geltenden Regeln außer Kraft gesetzt schienen, wagte die stets gut informierte Isidora als Frau einen Beitrag zum politischen Thema: »Inzwischen gewinnt die katholische Kirche als Ordnungsfaktor aber wieder an Boden, gerade nachdem die Sozialdemokraten letztes Jahr nach der Aufhebung des Sozialistengesetzes so großen Zulauf erhielten.«

»Das hat auch gute Seiten«, meldete sich nun Wilhelm Jacob zu Wort. »Denn eine nennenswerte katholische Gemeinde haben wir ja mit der St. Godehardi-Kirche in der Lindener Posthornstraße. Und mit den katholischen Vereinen, von denen immer mehr gegründet werden, organisiert sich die Arbeiterschaft mit einer durchaus antisozialistischen Stoßrichtung, was nicht schaden kann.«

»Verehrter Herr Jacob, das ist nur ein Teil des Ganzen. Denn die katholische Geistlichkeit verdummt die Menschen. Sie versucht, das Leben ihrer Gemeindemitglieder weitgehend zu bestimmen und zu organisieren. Sie entscheidet, was gut und richtig ist, und schreibt den Leuten sogar ihre Lektüre vor.« Nun hatte Cord nicht mehr an sich halten können und gewagt, seinem väterlichen Freund einen anderen Aspekt darzulegen.

»Gehorsam und Unterordnung, Selbstgenügsamkeit und Zufriedenheit sind als gesellschaftliche Tugenden der Arbeiterschaft doch eher wünschenswert«, konterte Edelgarde.

Maximilian bedachte sie mit einem giftigen Blick. Bevor er etwas erwidern konnte, schaltete sich Ernestine ein: »Die Wunder und die himmlischen Visionen, die übersinnlichen Botschaften sowie Wallfahrten, die Verbreitung von Heiligenlegenden, die Verehrung von Reliquien, Prozessionen, das passt kaum in die klare Richtung der protestantischen Denkungsweise. Dennoch habe ich auf La Palma eine tiefe, volkstümliche Gläubigkeit erlebt, die mich berührte. Bei den einfachen Menschen befinden sich die evangelischen und katholischen Glaubens wohl gar nicht so weit auseinander. Schließlich sind wir alle Christen.«

»Völlig richtig, Ernestine.« Der Hausherr hob anerkennend sein Glas. »Als Freimaurer meide ich kleinliche Animositäten. Für mich gibt es den großen Baumeister aller Welten, der über uns steht, ganz gleich, welcher Konfession wir angehören. Dessen ungeachtet empört mich das starre unhaltbare Dogmenwerk, das die katholische Kirche vertritt, weil es bis in den finstersten Aberglauben reicht und vor allem die Menschen dumm, unmündig und in Angst halten soll.«

An dieser Stelle hätte Cord am liebsten laut Bravo gerufen, nahm sich aber stattdessen vor, bei passender Gelegenheit darüber mit dem Hausherrn zu sprechen.

»Es kann gar nicht genug Engel, Heilige und finstere Dämonen geben. Die Existenz des Teufels, die wahnwitzigste Vermessenheit des Menschengehirns, die der alte Mann in Rom verkündet, das alles gehört doch nicht in unser aufgeklärtes Jahrhundert. Das ist für mich ein riesiges rotes Tuch!« Maximilian schlug zur Bekräftigung mit der flachen Hand auf den Tisch.

Edelgarde sog scharf die Luft ein, hielt aber den Mund. Keinesfalls wollte sie sich die weitere Teilnahme an der von Elßtorffschen Tafel verderben.

»Ich bin froh, dass ich in weiser Voraussicht Elsa religiöse Zweifel erspart habe, und dass mein Freund Sartorius ebenso mit Emilie vorging. Die freie protestantische Geistesrichtung will wohl kaum ein klar denkender Mensch freiwillig eintauschen.«

Sophie, Heinrich und die Zwillinge starrten Maximilian überrascht an. So aufgebracht und emotional hatten sie ihn bis dato noch nie erlebt.

Cord hingegen blickte den Hausherrn dankbar an. »Mir ist nie so klar gewesen, dass die Animositäten zwischen den Evangelischen und den Katholischen in Linden auch auf dem Kulturkampf beruhen. Das gilt ebenso für das Ringen um Einfluss unter den Kirchengemeinden. Da wird die andere Religion gern mal abfällig beurteilt.«

Erstaunlicherweise meldete sich Emilie zu Wort. »Ja, das passt ebenfalls auf unsere tüchtige Diakonisse, für die die Katholiken durchaus ein rotes Tuch sind. Davon abgesehen gibt sich der Papst als Nachfolger Christi gegenüber der leidenden Menschheit recht tyrannisch. Gerade bei den katholischen Frauen, deren größerer Kinderreichtum im Vergleich zu den evangelischen Frauen nicht zuletzt auf Gewissensnöten beruhen dürfte. So habe ich es jedenfalls in Linden erlebt.«

Es ist typisch, dass meine Schwester vor allem an die Schwachen denkt, ging es Elsa durch den Kopf, und sie warf ihr einen liebevollen Blick zu, den diese dankbar erwiderte. Zugleich wurde ihr zum ersten Mal bewusst, dass sie sich mit Emilie bisher nie tiefer über Fragen der Religion ausgetauscht hatte.

»Na ja, der Papst, Bismarck und der Kaiser, Unfehlbarkeit und Nationalkirche, das sind Themen, die die Herren nachher bei einer Zigarre noch vertiefen können«, versuchte Sophie wie so oft die Wogen zu glätten.

Maximilian bereute, dass er sich von seinen Emotionen hatte hinreißen lassen, und bemerkte dankbar, dass ihm seine Frau eine Brücke bauen wollte.

»Letztendlich steckt dahinter mal wieder eine Machtfrage. Bismarck strebte danach, den Einfluss der Protestanten auf das Kaiserreich abzusichern. Aber ich finde es perfide, wenn die Kirche Angst verbreitet, um Druck auf die Menschen auszuüben. Glaube sollte Geborgenheit und Trost geben und ein Zufluchtsort sein. Und damit wollen wir dieses Thema beenden. Es tut mir leid, dass mein Temperament ausgerechnet heute Abend mit mir durchging, wo wir erstmalig hochgeschätzte Gäste bei Tisch haben.«

»Man kann wichtige Themen nicht immer ausklammern.« Wilhelm Jacob als der Älteste in der Runde nahm sich die Freiheit, die Gemüter weiter zu beruhigen. »Außerdem befinden wir uns ja in einem freundschaftlich-familiären Kreis, in dem schon mal offene Worte fallen dürfen. Wo, wenn nicht hier? Aber wir sind vorhin ganz vom Thema Reisen abgekommen.«

Sofort strahlte Elsa. »Reisen erweitert den Horizont – ich habe eine Menge Dinge gelernt, die neu für mich waren – nicht zuletzt auch uber mich selbst.«

Gedankenvoll blickte Wilhelm Jacob seine Enkelin an. »Ja, man kommt den Veränderungen kaum noch hinterher. Und gerade momentan verändert sich vieles in rasanter Geschwindigkeit.«

Nun begannen Cords Augen zu blitzen. »1893 zur Weltausstellung nach Chicago! Das wäre doch was!«

»Dort werden jede Menge technische Innovationen und wichtige neue Ansätze vorgestellt«, meinte Maximilian nachdenklich.

»Und was in Zukunft von Belang sein wird«, sekundierte Wilhelm Jacob.

Die Männer sahen sich an. »Da müssen wir hin!«

»Aber nicht ohne uns!« Sophie mischte sich energisch ein. Für den Rest des Abends blieb die Gesellschaft von Edelgardes scharfzüngigen Sentenzen und abwertenden Bemerkungen verschont. So konnten alle den unterschiedlichen Gängen zusprechen und in Erinnerungen schwelgen. Besonders Ernestine bemerkte, wie Sehnsucht nach der Insel in ihr aufstieg. Und plötzlich gab ihr Gedächtnis weitere Bruchstücke frei. »Ihr werdet es nicht glauben«, verkündete sie nach dem Genuss einer Kartoffel mit viel Mojo, »was mir schlagartig von La Palma wieder einfällt! Der Garten hinter dem Haus in der Calle Fernández Taño mit den Bananenstauden, dem Kaffeebaum und den wunderbaren Apfelsinen! Die weinbewachsene Pergola, unter der wir so gern saßen. Der Blick auf die Caldera!« Ihre Augen glänzten verdächtig. »Hoffentlich schreibt mir meine Freundin Josefina bald zurück.«

Irritiert bemerkte sie, wie sich die Zwillinge triumphierend anstießen und dabei Heinrich anstrahlten.

»Heureka«, rief dieser spontan aus, »es hat geklappt! Elsa kam auf die Idee, dass der Geschmack der palmerischen Speisen womöglich Ernestines Gedächtnis auf die Sprünge helfen könnte!«

»Ihr seid schon ein verrücktes Gespann.« Vergeblich versuchte Wilhelm Jacob seine Rührung zu verbergen.

»Was tut man nicht alles für die Familie«, erklärte Elsa strahlend. Die Freude über Ernestines Fortschritte belebte die Stimmung, und Reisepläne boten genügend harmlosen Gesprächsstoff. So endete das Dinner in geordneten Bahnen und allgemeiner Zufriedenheit.

Sommer in Hannover

Wie stets in der Ferienzeit schienen die Uhren in der Stadt etwas langsamer zu gehen. Elsa, die zunächst insgeheim der Sommerfrische auf Norderney nachgetrauert hatte, begann die guten Seiten der warmen Jahreszeit in der Provinzhauptstadt zu genießen. Denn es galt ja auch, vor allem Ernestine, aber ebenso Emilie die Schönheiten Hannovers näherzubringen. Und davon gab es mehr als genug! Der große Stadtwald, die Eilenriede, bot bei Hitze angenehmen Aufenthalt. Der ließ sich besonders in den zahlreichen Waldwirtschaften auskosten, sei es im Tiergarten, in Bischhofshol, am Döhrener und Lister Turm. Spaziergänge in Herrenhausen, an den Maschwiesen und an der Ihme entlang gehörten ebenfalls zum Programm. Ernestine, in Zeven aufgewachsen, kannte Hannover ja noch gar nicht und zeigte sich entzückt. Und Emilie wurde die Stadt, in der sie ja auch erst seit einem Jahr lebte, vertrauter.

Es bildeten sich Gewohnheiten heraus, die alle genossen. Die Pensionatsfreundinnen trafen sich mindestens zweimal in der Woche, schwelgten in Erinnerungen und füllten die lange Zeit ihrer Trennung mit Erzählungen auf. Die Zwillinge bekundeten dafür umso mehr Verständnis, als es ihnen vor einem Jahr genauso ergangen war und es immer noch viele Details gab, die sie nicht voneinander wussten. Danach gab es meist gemeinsame Unternehmungen mit den Mädchen, denen sich ab und zu Heinrich, Maximilian und Wilhelm Jacob anschlossen.

Letzterer telefonierte des Öfteren mit der Gräfin in München, die sich seinem Rat folgend ein Telefon angeschafft hatte. Die strukturierte Denkweise, die gründliche Überlegung und den Weitblick des Möbelfabrikanten hatte sie bei der ersten Begegnung kennengelernt. Ihre Angelegenheiten zu regeln stellte eine schwierige Aufgabe dar. Es galt, den verbrecherischen Neffen, der nach Amerika expediert worden war, vom Erbe auszuschließen und den Zwillingen etwas zukommen zu lassen. Jacob hatte sie anvertraut, dass von dem dereinst riesigen Vermögen wenig übrig geblieben war. Schlechte Berater, die Krise in den siebziger Jahren und der Leichtsinn des Neffen hatten die Witwe viel Hab und Gut gekostet. Umso mehr wusste sie den uneigennützigen Rat von Wilhelm Jacob zu schätzen. Ihren Besuch hatte sie für Oktober avisiert. Ernestine sah dem mit etwas gemischten Gefühlen entgegen, hoffte jedoch, bis dahin gesundheitlich stabiler zu sein.

Die Zwillinge indessen hatten sich gründlich ausgesprochen und waren wieder ein Herz und eine Seele, was alle, die sie liebten, mit großer Erleichterung und Genugtuung erfüllte.

»Was für eine Freude, eine Familie zu haben.« Elsa und Emilie jauchzten es spontan im Duett und sahen in ihren weißen Mousselinkleidern entzückend aus.

Meist zweimal in der Woche fuhren die Zwillinge mit der Tram nach Linden, es sei denn, dass sie mit guten Gaben so bepackt waren, dass sie eine Droschke nahmen. Die Einblicke in die oft armseligen Lebensverhältnisse vieler Lindener Arbeiterfamilien veränderten die Mädchen auf unterschiedliche Weise. Emilie schlug Ungerechtigkeit besonders aufs Gemüt, vor allem, wenn Angehörige Mitglieder der eigenen Familie drangsalierten. Das kam zum Beispiel häufiger durch übermäßigen Alkoholkonsum vor. Sie wäre gern öfter Karla zur Hand gegangen, was aber in geheimer Beratschlagung von Ernestine, Sophie und Marga strikt abgelehnt worden war. Elsa hingegen machte sich eher darüber Gedanken, wie man die Lage der Arbeiterfamilien grundsätzlich verbessern könnte. Ihr Skizzenblock, der nun beständig auf dem Nachtschrank lag, füllte sich mit Entwürfen für praktisches Mobiliar. Die Schwestern beeindruckte besonders, mit wie viel unermüdlichem Fleiß die Arbeiterfrauen sich abmühten, um trotz der Arbeit Haushalt und Familie einigermaßen unter einen Hut zu bekommen. Denn nicht überall wirkten die Verhältnisse so heruntergekommen, wie es bei den ersten Einblicken bei Helmckes und Stambrowskys gewesen war.

Heinrich und Cord trafen sich des Öfteren zu einem kurzen Austausch. Beide bewegte, was sie einerseits in der Fabrik, andererseits in der ärztlichen Praxis erlebten. Schließlich schlug Heinrich vor, sich endlich mal wieder gemeinsam zu treffen, um von den gemachten Erfahrungen zu berichten. Dieser Vorschlag fand begeisterte Zustimmung. Vor allem Elsa vermisste ihren Freund Cord. Sie empfahl, das Nützliche mit dem Angenehmen zu verbinden und sich im Café Kröpcke zu verabreden.

Dort waren die Zwillinge wohlbekannt und wohlgelitten. So gab es keine Missverständnisse, wenn man bei Treffen aufeinander warten musste. Es konnte ihnen nicht passieren, dass sie hinauskomplimentiert wurden, weil man sie für eine lockere Weibsperson auf Kundenfang hielt. Und die Schwestern nutzten diesen kleinen Freiheitsspielraum durchaus.

Bereits von fern sah Victor Rehnhoff eine weibliche Gestalt im Garten des Cafés sitzen. Sein Herz schlug höher – endlich ging sein Kalkül auf, so oft als irgend möglich vorbeizuschlendern und Emilie zu treffen. Aber war sie es auch? »Gnädiges Fräulein, Sie sehen entzückend aus.« Innerlich fluchend stand er da und wusste es wieder nicht, welche da vor ihm saß. Fehlte nur noch, dass sie danach fragte – Elsa würde das glatt fertigbringen – und dann: quelle blamage!

»Wie nett, dass wir uns nach so kurzer Zeit hier zufällig wiedertreffen.«

Emilie! Sie war es! Eine Zentnerlast fiel von seiner Seele.

»Die Freude befindet sich ganz auf meiner Seite! Darf ich mich für einen Moment zu Ihnen gesellen?«

»Gern, ich kam etwas zu früh, ich erwarte meine Schwester und einige Freunde.«

»Welch glückliche Fügung.« Er lächelte strahlend und erntete einen langen, tiefen Blick, der ihn schwindelig machte. Bewundernd und selbstvergessen sah er die junge Dame an. Sie strahlt mit dem schräg geneigten Köpfchen doch eine andere Bescheidenheit, ja fast Demut aus und ist so ganz Weib, was mir bei Elsa oft fehlte. Meine Mutter hat schon Recht, die Frau sei dem Manne Untertan, nach diesem bewährten Gesetz funktionieren nach wie vor die besten Ehebeziehungen. Momentan jedoch scheint mir Emilie eine spezielle Freude auszustrahlen.

»Es kommt mir so vor, als ob Sie heute eine besondere Beglückung erfüllt.« Victor erschrak ein wenig vor seiner eigenen Courage.

»Herr von Rehnhoff, dass Sie das bemerkt haben, macht mich noch glücklicher. Es gibt gute Nachrichten«, sie schlug sich auf den Mund, »aber darüber darf ich ja bislang gar nicht sprechen!«

In diesem Moment eilte der Kellner heran. »Gnädiges Fräulein, Ihr Veilcheneis! Der Herr wünschen?«

»Einen Kaffee, bitte!«

»Geteilte Freude ist doppelte Freude! Außerdem bin ich als Anwalt ja zu Verschwiegenheit verpflichtet. Aber ich möchte Sie keinesfalls bedrängen.«

Mit welchem Genuss sie das Eis kostet. Sie sieht aus wie die Katze vor dem Sahnetopf, schoss es Victor durch den Kopf.

»Ich weiß nicht so recht. Meine Schwester würde gewiss mit mir schelten – und es ist ja sozusagen auch noch nicht amtlich …«

Nun kam der Kaffee.

Sie gab sich einen Ruck. »Aber ich möchte die Freude wirklich mit Ihnen teilen. Stellen Sie sich vor, unsere Großmutter, die Gräfin von und zu Hohenstein, will uns mit einer recht beträchtlichen Mitgift ausstatten. Das ist doch wunderbar, dem künftigen Gatten nicht mit leeren Händen gegenübertreten zu müssen, nicht wahr?«

Victor verbrannte sich den Mund an dem kochend heißen Kaffee – er hatte vergessen, Milch hineinzutun. Plötzlich sah er seine Zukunft in leuchtenden Farben und ganz klar vor sich: eine Ehefrau wie Emilie, deren Mitgift investiert in seine Kanzlei, dazu zahlreiche Söhne und dabei alle Freiheiten eines verheirateten Mannes. Gut, es gab das Risiko der Syphilis, das ließ sich jedoch umschiffen, zum Beispiel mit einem Gspusi mit einer kleinen Näherin. Ansonsten gehörte einem Mann dann die Welt – man musste nur die Gelegenheit beim Schopfe packen. Was zählte da eine uneheliche Geburt? Zwar hatte die Detektei noch keinerlei konkrete Hinweise über die Mitgift ermitteln können, aber was galt es – recht beträchtlich dürfte ja kein Pappenstiel sein!

»Gnädiges Fräulein, ich hoffte seit Tagen, Sie hier anzutreffen. Es ist vielleicht etwas verfrüht und auch eventualiter ein wenig delikat wegen Ihrer Schwester. Gleichwohl – könnten Sie sich vorstellen … mit mir …?«

»Sie meinen …? Ich müsste darüber nachdenken, das kommt viel zu plötzlich.«

»Aber wären Sie denn möglicherweise geneigt …«

»Gemach, gemach …«

»Ja, ich bedränge Sie zu sehr – wem das Herz voll ist! Wenn ich ein nur ein wenig hoffen könnte …«

»Nun, hoffen dürfen Sie vielleicht … jedoch – strengstes Stillschweigen ist geboten.«

»Sie machen mich zum glücklichsten Menschen der Welt!«

»Es wäre im Bereich des Vorstellbaren, aber, wie gesagt, ich brauche Zeit – meine Schwester, wie soll ich ihr … Oh, da hinten kommt sie schon.«

»Dann verabschiede ich mich schnell. Gnädiges Fräulein, ich trage Hoffnung im Herzen – und werde Sie hier wieder zu treffen wissen.« Und damit eilte er davon.

Heinrich hatte Victor sehr wohl erkannt. Auf dessen Freundschaft legte er keinerlei Wert mehr – der Kerl wusste offenbar nicht, ob und welchem Zwilling er nun den Hof machen sollte. So einen hätte man früher zum Duell gefordert! Aber die Schwestern schienen sich ausgesprochen zu haben, jedenfalls verzog keine von ihnen auch nur eine Miene.

Als alle bestellt hatten, sagte Emilie: »Allein, dass wir hier bestens gekleidet sitzen, uns etwas bestellen, ohne über den Preis nachzudenken und den Nachmittag genießen können, das ist schon Luxus. Die Kontraste zu dem Leben der Arbeiter in Linden sind wirklich hart. Vor allem die beengten Wohnverhältnisse finde ich schier unerträglich.«

»Da wird, was eigentlich ein Heim sein sollte, zur Hölle, während Kneipe und Etablissements als Himmel erscheinen«, bekräftigte Cord.

»Man kann einen Menschen mit einer Wohnung ebenso gut wie mit einer Axt erschlagen, hat schon mein Namensvetter Heinrich Zille gesagt«, warf der junge Elßtorff zustimmend ein. »Mein Vater meint, dass es eine Wohnungsreform braucht, um die Arbeiterschaft zu beruhigen. Ein gutes Daheim mache konservativ. Man müsse dem Lohnabhängigen eine freundliche Wohnung, einen Garten und Stück Feld Land geben. Der gesunde Sinn des norddeutschen Arbeiters, der meist noch vom Lande stammt, werde sich dann von den Notstanderörterungen am Biertisch in der Kneipe ab und der Häuslichkeit seiner Gartenanlage zuwenden.«

Cord grinste breit. »Zumindest die Gaststätten bewirken in Linden auch ihr Gutes. Nicht umsonst hat Karl Kautzky gesagt: ›Das Wirtshaus ist das einzige Bollwerk der politischen Freiheit des Proletariats.‹ Denn in den angegliederten Versammlungslokalen treffen sich Vereine und Verbände, Informationen werden ausgetauscht, politisiert, Arbeit vermittelt. Aber wir haben Emilie unterbrochen …«

Nun schilderten die Schwestern abwechselnd ihre Eindrücke, wobei sie ihre Bewunderung für die Diakonisse beredt zum Ausdruck brachten. »Sie ist offenbar eine wunderbare Krankenschwester und scheut zugleich vor keiner Arbeit, und sei sie noch so niedrig, zurück.« Emilie zeigte offen ihre Hochachtung.

»Die Diakonissen genießen den allerbesten Ruf. Bald darf ich im Henriettenstift eine Visite begleiten. Dr. Petzold lässt da seine Beziehungen spielen«, berichtete Heinrich.

Elsa fand, dass ihr Freund nun endlich auch zu Wort kommen sollte.

»Jetzt haben wir genug über die Diakonissen und Lebensverhältnisse von Arbeiterfamilien in Linden gesprochen. Nun kommt die andere Seite, nämlich wie es in einer Fabrik zugeht. Was hast du bisher in der Continentalen gesehen und erlebt, Cord?«

Dieser lächelte ihr kurz zu. »Danke, dass mir auch das Wort erteilt wird. Schon mal vorab: Hannover gilt inzwischen als bedeutendste Heimstätte der Gummiindustrie im Kaiserreich. Davon abgesehen habe ich für die Damen einige besonders passende Themen: Felle, Puppen und den Gebrauch eines speziellen Fleischwolfs.«

Alle sahen sich äußerst verblüfft an.

»Willst du uns auf den Arm nehmen? Du scheinst doch sauer zu sein, weil wir so lange erzählt haben, und für dich, der du ja die Lindener Verhältnisse kennst, war das gewiss ermüdend. Ich leiste Abbitte.« Elsa klopfte ihrem Freund auf die Schulter.

»Schon in Ordnung, ich bin sicher, dass es für dich, Heinrich, als angehenden Mediziner und für euch wichtig ist, sich die Eindrücke von der Seele zu reden. Aber seid gewarnt, mir geht es genauso!«

»Dann leg mal los!« Emilie schenkte Tee nach und setzte sich bequem zurecht.

Cord räusperte sich. »Der Rohstoff Caoutchouc ist der Milchsaft des Caoutchoucbaums oder poetischer, die ›Träne des Baumes‹. Der Naturstoff kommt gepresst in Barren oder Klumpen meist aus Südamerika, ansonsten auch aus Ost-Indien, den Sunda-Inseln und Afrika. Der Para-Caoutchouc, benannt nach einem nordbrasilianischen Hafenort, gilt als die wertvollste Sorte. Die Farbe ist übrigens ein heller Cremeton, manchmal auch etwas gelblich.«

»Und wie entsteht daraus Gummi? Der ist doch schwarz«, wunderte sich Emilie.

»Es wird unter anderem Ruß hinzugesetzt, vor allem für Reifen. Die Mischungen für die unterschiedlichen Gummiverbindungen werden in der ›Hexenküche‹ angemischt – das ist eine Wissenschaft für sich.«

»Und wieso Felle?«, kam Elsa auf den furiosen Einstieg zurück.

»Weil der Caoutchouc zunächst zwischen kräftigen Walzen zu ziemlich dünnen elastischen Platten gepresst wird. Das so entstehende Produkt mit den unregelmäßigen Rändern ähnelt einem Tierfell.«

»Und wieso Puppen?«, fragte Emilie weiter.

»Die sogenannten Felle werden aufgerollt, bilden eine Wulst oder schräge Rollen. Ich vermute, das sieht verpuppten Raupen etwas ähnlich. Und davon schneidet man wieder Streifen ab. Dieses Material kommt nun in einen Extruder, der aussieht wie ein Fleischwolf ...«

»Und je nachdem, welche Vorlegescheibe man davor setzt, kommen unterschiedliche Formen raus!«, unterbrach ihn Emilie triumphierend, die die Köchin zu Weihnachten bei der Keksbäckerei unterstützt hatte. »Ganz genau, denn solange nicht vulkanisiert wird, ist die Masse beliebig formbar. Ich konnte beobachten, wie man einzelne Artikel warm vulkanisiert – das geht ähnlich wie beim Waffeleisen, die Gummiteile werden unter einer heißen Druckpresse regelrecht gebacken, Teile, die überstehen, abgeschnitten. Es riecht nach verbranntem Gummi und nach Schwefel und anderen Chemikalien.«

»Es arbeiten doch auch viele Frauen dort, hast du davon bereits etwas mitbekommen?«, fragte Elsa.

»Bisher nur bei der Ballproduktion.«

»Das finde ich interessant«, erklärte Emilie sofort, »ich kann mir gar nicht vorstellen, wie Bälle hergestellt werden.«

»Dafür gibt es eine extra Werkhalle. Dort fügt man aus vier Plattenschichten, an denen innen ein Pfropfen angeklebt ist, die Rohlinge für Gummibälle zusammen. Diese werden mit einer bestimmten Menge kohlensaurem Ammoniak gefüllt und in Formkästen aus Metall gepackt. Auf kleinen, schienengeführten Wagen gelangen sie in den großen Vulkanisierkessel, wo das Ammoniak durch die Hitze gasförmig wird und den Ball gegen die Formwand presst. Dadurch bekommt er nun seine Kugelform und wird gleichzeitig vulkanisiert. Mit einer hohlen Nadel durchsticht man die vom Abkühlen wieder schlaff gewordene Kugel an der gepfropften Stelle und pumpt sie mit Luft auf. Jetzt werden sie luftdicht verschlossen. Danach beginnen die Ballmalerinnen ihr Werk, welche die Bälle mit dem Pinsel recht aufwendig verzieren. Einige von ihnen sind wahre Künstlerinnen, andere verschönern die Bälle mit chromolithographischen Abziehbildern. In Kartons verpackt, kommen sie dann zum Versand.«

»Wie viele werden denn dort produziert?«

»In der Saison gegen dreitausend Dutzend Gummibälle täglich.«

»Es gibt eine Saison?«

»Ja, vor allem in den Monaten Dezember bis April, während dieser Hauptarbeitsmonate wird die Arbeitszeit häufig von zehn auf elf Stunden verlängert, namentlich bei den Ballmalerinnen.«

»Und was verdienen diese Arbeiterinnen?«

»Auf jeden Fall viel weniger als die Männer. Es kommt natürlich auf die Art der Tätigkeit an, aber generell werden die Frauen auch für schwere Arbeit geringer bezahlt. Eine Arbeiterin bekommt etwa 1,70 Mark, der Arbeiter 3,25 Mark Tageslohn, wobei die Löhne in der Gummi-Industrie mit zu den höchsten gehören. Um eine fünfköpfige Familie mit Lebensmitteln zu versorgen, benötigt man pro Tag etwa 2,50 Mark.«

»Du liebe Güte – ungefähr vierzig Mark im Monat für eine Arbeiterin«, Elsa rechnete gedanklich auf Hochtouren, »davon müssen doch noch die nicht unerhebliche Miete, und sei es nur eine Schlafstätte, Kleidung und Essen gezahlt werden. Vierzig Mark bezahlen von Elßtorffs schon mal für ein luxuriöses Souper mit Champagner in Kastens Hotel! Was habe ich das für selbstverständlich genommen, wenn wir nach einer Premiere dort dinierten. Klar, bei dem geringen Verdienst kann es in Linden nur so ärmlich zugehen.«

Cord nickte. »Neben karger Kost bleibt da wenig über – außer dem sprichwörtlichen Sonntagskleid besitzt eine Arbeiterin kaum weitere Kleidungsstücke.«

»Da haben es die meist ihre schwarze Arbeitskleidung tragenden Dienstboten noch besser, denen von der abgelegten Garderobe ihrer Herrschaft häufig etwas für die seltene Freizeit überlassen wird.« Nach Elsas Äußerung entstand ein nachdenkliches Schweigen.

»Wie umfangreich ist die Belegschaft der Conti überhaupt?«, riss Emilies Frage sie aus ihren Gedanken.

»Die Continentale beschäftigt derzeit ungefähr sechshundert Arbeiter und verfügt über zwei große Dampfmotoren von zusammen zweihundertachtzig Pferdekräften und in acht verschiedenen Räumen verteilte, kleine Dampfmaschinen mit einer Antriebskraft von zehn bis zu dreißig Pferden. Einige Arbeitssäle sind durch die Kessel besonders warm, und es stinkt nach gebackenem Gummi, Chemikalien und Schwefel. Überall hängen Feuermelder, die Verarbeitungsanlagen sind modern, stammen überwiegend aus England. Die Conti ist die erste Fabrik in Deutschland, die damit Gummiplatten von fast unbegrenzter Länge herstellt und diese zu ihrer weiteren Verarbeitung und Gestaltung an andere Fabrikstätten versendet. Die Arbeitssäle sind taghell und werden umfassend belüftet.«

»Wieso ist das nötig?«, fragte Elsa.

»Bei der Reifenherstellung wird es sehr heiß, jetzt im Sommer steigt die Temperatur schon mal auf vierzig Grad. Das ist harte Knochenarbeit, es stinkt überall nach verbranntem Gummi. Die Schläuche werden übrigens gepudert, die Arbeiter sehen aus wie die Bäcker.«

»Und was stellt man alles her?«, wollte Heinrich wissen.

»Die umfangreiche Produktpalette der Conti imponiert mir besonders«, erklärte Cord. »Chirurgische Apparate, Gummischnüre und Schläuche verschiedener Kaliber, Treibriemen mit Baumwolleinlage zur Einschränkung der Elastizität des Gummis, das ist noch längst nicht alles. Ich bin im Lager gewesen, das hat mich ziemlich überwältigt. Die Produkte sind ungeheuer vielfältig. Das kann ich gar nicht auf Anhieb aufzählen.« Er überlegte kurz und ging dann im Geiste die riesigen Lagergestelle durch. »Dampferklappen, Hutformer und Velozipedartikel, Bremsklötze, Matten und Läufer in unterschiedlichen Dessins, Kegelkugeln und Billardbande, Hospitaltücher. Außerdem Säure-, Dampf-, Brauer-, Wein-, Wasser-, Hochdruck- und Gasschläuche. Diese Schläuche werden übrigens von Hand mit Schwefelkohlenstoff bei Zimmertemperatur vulkanisiert, das ist die sogenannte Kaltvulkanisation. Auch dort arbeiten viele junge Frauen. Und es gilt besonders Obacht zu geben, da die entstehenden Dämpfe gesundheitsschädliche Auswirkungen haben können.«

»In der Tat, das habe ich ansatzweise schon nach der Besichtigung einer schlecht geführten Gummi-Fabrik am eigenen Leib erfahren!«, sagte Heinrich.

Cord wurde hellhörig. »Was kann passieren?«

Ausführlich berichtete Heinrich von den Erkenntnissen über den Schwefelalkohol und von den Symptomen, die Dr. Petzold und er nach der Besichtigung verspürt hatten.

Elsa schüttelte sich. »Pass bloß gut auf dich auf, Cord!«

»Das werde ich gewiss, aber bei uns in der Conti wird auf die Sicherheit sehr geachtet.«

Heinrich schmunzelte insgeheim – sein Freund schien sich ja mit der Firma schon regelrecht zu identifizieren – und meinte: »Bei unserem nächsten Gedankenaustausch können sowohl Cord als auch ich darüber bestimmt mehr berichten.«

Elsa fand, dass es für einen Themenwechsel Zeit wurde: »Mir geht etwas durch den Kopf, was ich beim Dinner beobachtete.«

Da fiel ihr Heinrich ins Wort: »Wegen dieses denkwürdigen Dinners, bei dem die Konversation so aus den Fugen geriet, wollte ich mich entschuldigen.« Er wandte sich speziell an Cord. »Mein Vater schätzt ja Gespräche über technische Entwicklungen und alles, was es Neues gibt, wohingegen Politik und Religion tabu sind. Dass solche Entgleisungen ausgerechnet passierten, als du und Ernestine und Wilhelm Jacob das erste Mal zu Gast waren, tut mir sehr leid.«

Während Cord abwinkte, nahm Elsa ungeduldig einen zweiten Anlauf: »Also, meine Beobachtung: Denn ich weiß nicht so recht, was ich davon halten soll.«

»Was ja selten passiert – nun rede schon«, entgegnete Emilie in schwesterlicher Einfachheit.

»Tante Edelgarde trägt ja grundsätzlich Spitzenhandschuhe, was ich immer für eine Marotte hielt. Als ihr der Sekt über die Hand lief, musste sie das pitschnasse Ding auswechseln, was sie in Windeseile tat. Trotzdem sah ich, dass ihre Fingerspitzen übelst zerstochen sind.

Würde sie das wirklich für wohltätige Zwecke auf sich nehmen? Wir haben uns so oft wegen ihres sprichwörtlichen Geizes mokiert – ob sie möglicherweise noch ärmer dran ist, als Tante Sophie sowieso vermutet?«

»Du meinst, sie handarbeitet heimlich für Geld?« Emilie, die nach wie vor dem Gräfinnentitel eine gewisse Ehrfurcht zollte, erschien dieser Gedanke unglaublich.

»Da wäre sie bestimmt nicht die Einzige«, erklärte Cord. »Nicht nur die Heimarbeiterinnen in Linden nähen. Auch viele Frauen aus dem Bürgertum fertigen klammheimlich kunstvolle Stickereien an, häkeln Spitzen, bemalen kunsthandwerkliche Gegenstände.«

»Das würde übrigens zumindest teilweise erklären, warum sie des Öfteren so ekelig ist und so gemein«, meinte Elsa nachdenklich. Sie warf Cord einen auffordernden Blick zu: »Das würde ich zu gern genauer wissen – wer weiß, wozu das früher oder später nützlich sein könnte.«

Cord grinste. »Ich werde mich darum kümmern.«

»Wunderbar! Dann müssen wir jetzt noch besprechen, was wir unseren Neuhannoveranern am Wochenende zeigen wollen. Wie wäre es mit einer Fahrt zum Steinhuder Meer und einer Bootspartie zur Festung Wilhelmstein?«

»Festung Wilhelmstein?«, echote Emilie und guckte verblüfft.

»Ja, eine Befestigung im Meer, die von Graf Wilhelm von Schaumburg-Lippe auf einer künstlichen Insel zwischen 1761 und 1767 als Musterfestung mit Militärschule und gräflichen Appartements erbaut wurde. Die Inselfestung sollte ein zum damaligen Zeitpunkt uneinnehmbarer Zufluchtsort im eigenen Land werden.«

Cord fügte mit glänzenden Augen hinzu: »Der Graf besaß ein Unterseeboot, das ›Steinhuder Hecht‹ hieß und im Steinhuder Meer sehr erfolgreich operiert haben soll.«

Elsa, die wusste, dass ihr Freund noch nie dort gewesen war, erklärte: »Da müssen wir alle gemeinsam hin.«

Cord strahlte in Vorfreude – und fortan drehte sich das Gespräch um Ausflugsziele in der Umgebung Hannovers.

Ein unverhoffter Besuch

Ernestine, Sophie, Isidora und die Zwillinge saßen in trauter Runde beim Tee. Es hatte sich gezeigt, dass es für Ernestine erholsamer war, öfter in kleinerem Kreis zu plauschen, um nicht neben den oft unerwartet zurückkehrenden Erinnerungen auch noch beständig unbekannte Eindrücke verarbeiten zu müssen. Emilie schenkte Tee nach, während Stoffproben für ein neues sommerliches Reformkleid für Ernestine begutachtet wurden.

»Dieser leichte Stoff mit einer Seidenbeimischung in dem Aquamarinblau deiner Augen, dazu weiße Paspelierungen und etwas Spitze – das würde dir superb stehen und trägt sich an heißen Tagen wunderbar!« Sophie sah ihre Freundin schon in dem Gewand vor sich.

Diese jedoch, noch wenig erfahren mit Reformkleidern, zögerte. »Und der Schnitt?«

Mit geübter Hand fertigte Sophie schnell eine Skizze an. »Sieh: die Ärmel mäßig weit, das Oberteil unter dem Busen gerafft, darunter ein glatter Stoffeinsatz und etwas unterhalb des Magens schwingt der Stoff sanft nach unten aus.«

»Das würde mir auch gefallen«, meinte Isidora. »Aber ich weiß nicht so recht, ob es Theobald genehm wäre.«

Prüfend sah Elsa die Freundin an, deren offizielle Verlobung mit dem Chemiefabrikanten Theobald von Lensing an dessen Geburtstag Ende Oktober bekanntgegeben werden sollte. Die Eltern Kaulbach wollten ihren künftigen Schwiegersohn noch ein wenig kennenlernen. Eine strahlende Braut sieht anders aus, ging es Elsa durch den Kopf. Abgesehen davon vermisse ich unsere Gespräche.

Indessen redete Emilie ihrer Mutter gut zu: »Das wird hervorragend aussehen, Maman! Und so bequem zu tragen. Für mich war es auch eine große Umstellung. Aber gerade in der heißen Jahreszeit ist es, zusammen mit einem leichten Reformleibchen, ein vollig neues und äußerst angenehmes Lebensgefühl!«

»So ist es«, stimmte Sophie zu, »wenn ich bedenke, wie ich im letzten Sommer, Taille eng geschnürt und angetan mit hautengen Knöpfstiefelchen, nach wenigen Stufen hinauf zum königlichen Schauspielhaus einer Ohnmacht nahe war.«

»Und inzwischen, nach deiner Kur in Salzuflen, mit Reformkleidung und vielen Spaziergängen in der Eilenriede, erfreust du dich bester Gesundheit.« Elsa, die sich damals große Sorgen gemacht hatte, blickte froh in die Runde.

»Genau – und das wünschen wir uns auch für dich, liebe Maman«, ergänzte ihre Schwester.

In diesem Moment klopfte das Mädchen an die Tür des Salons und übergab der Hausherrin eine Visitenkarte. Diese las, konnte mit dem Namen nichts anfangen und blickte das Dienstmädchen fragend an.

»Ein gut gekleideter Herr, ein Ausländer, bepackt mit allen möglichen Aufmerksamkeiten.«

Die Zwillinge sahen sich an: »Wie ist der Name, Tante Sophie?«

»Ein Pedro …!«

»Das kann doch nur unser Pedro von La Palma sein, herein mit ihm!« Aufgeregt sprangen die Schwestern aus den Sesseln.

Da trat er auch schon ein, im eleganten hellen Reiseanzug machte er eine gute Figur. Mit strahlendem Lächeln umschmeichelte sein Blick die Zwillinge, erfasste Sophie – doch dann stockte er. Er drückte dem verdutzten Dienstmädchen die Päckchen in die Hand, setzte ein weißes Fellbündel, welches protestierend quietschte, auf dem Fußboden ab und warf sich Ernestine zu Füßen. Er küsste abwechselnd ihre Hände und gab mit Tränen in den Augen in rasend schnellem Spanisch offensichtlich freudige Bekundungen von sich. Ernestine betrachtete ihn vom Donner gerührt, dann erschienen die charakteristischen Falten auf ihrer Stirn, die anzeigten, dass sie sich an etwas zu erinnern versuchte. Diesen leeren Blick fürchteten inzwischen alle, denn er zeigte an, dass ihre Erinnerung sie im Stich ließ. Schließlich beruhigte Pedro sich so weit, dass er auf Deutsch hervorstoßen konnte: »Doña Ernestine, Sie leben … un milagro, ein Wunder! Ach, diese Freude, diese große Freude!« Er wischte sich die Tränen ab.

»Das ist Pedro, Mama. Er kennt dich aus seinen Kindertagen und war uns auf der Insel ein treuer Begleiter.«

Einen Moment herrschte Schweigen – auch Pedro bemerkte, dass mit der Doña etwas nicht stimmte. Aber plötzlich schaltete sich die Erinnerung ein, worüber niemand mehr erleichtert war als Ernestine.

»Pedro, der kleine Pedro … so schnell konnte ich dich doch nicht erkennen, du warst ja noch ein Junge, als ich dich das letzte Mal sah!«

»Welche Freude – und wie wird sich Josefina erst freuen, wenn sie davon erfährt.« Sofort erkannte Ernestine, dass sich ihr Brief und der Besuch gekreuzt haben mussten. Herzlich drückte sie dem Palmero die Hände und bedeutete ihm aufzustehen. »Es ist auch ein kleines

Wunder, un milagro, dass ich mich erinnern kann, Pedro, denn ich hatte für über fünfzehn Jahre mein Gedächtnis verloren.«

Der schlug sich vor Entsetzen die Hand vor den Mund.

»Tante Sophie, darf ich dich mit Pedro Álvarez Martín bekannt machen, der gemeinsam mit uns und einer Maultierkarawane La Palma von Ost nach West überquerte«, übernahm Elsa die Vorstellung.

»Und ein Schüler der Lehrerin Josefina war, Ernestine verehrte und zutiefst betrübt war, als sie spurlos verschwand.« Pedro hatte sich so weit gefangen, dass er wieder in der Lage war, erste Erklärungen abzugeben. Elsa fügte hinzu: »Übrigens, Ernestine wohnt zunächst bei unserem Großvater.« Sie konnte sich nicht verkneifen, eine Wirkungspause einzulegen: »Sie ist unsere wirkliche Mutter.«

Der wirkte wenig überrascht. »Das vermutete ich damals schon – und man sieht es doch.« Er holte tief Luft. »Es freut mich sehr, dass die Suche nach den Wurzeln eurer Familie so erfolgreich war.«

Glücklich betrachtete Sophie die Freundin – wieder war ein Bruchstück der Erinnerung zurückgekehrt. Indessen beschnüffelte das weiße Fellbündel, nachdem es sich kräftig geschüttelt hatte, eifrig mit dem Schwänzchen wedelnd, neugierig die hier versammelten Menschen.

»Für die nötigen Erklärungen nehmen wir uns gleich Zeit, Pedro«, meinte Emilie, die in das vertraute Palmerische Du fiel. »Aber sag, was hast du uns da mitgebracht?«

»Mit cordiales saludos, den herzlichsten Grüßen von Josefina, die ja noch gar nicht weiß, dass Ernestine lebt und wohlbehalten hier ist. Jedenfalls, sie vermisst die Zwillinge und Marga sehr. Und sie hat mir etwas Lebendiges von der Insel für euch mitgegeben, diesen hübschen kleinen Vierbeiner! Sie ist außergewöhnlich klug, anhänglich und lernt gerne dazu. Diese Hunde, die von Jack-Russell-Terriern abstammen, die die Engländer mit nach La Palma brachten, sind richtige ratonéros.«

Empört betrachtet Sophie, die das Hündchen inzwischen auf dem Schoß hatte, den jungen Mann. »Aber Señor Álvarez, wie können Sie dieses überaus niedliche Hundemädchen mit einer Ratte vergleichen?«

»No, no, ratón ist im Spanischen eine Maus und ratonéra besagt, dass die Perrita eine ausgezeichnete Mäusefängerin sein wird!«

»Perrita bedeutet kleiner weiblicher Hund«, erklärte Isidora, und Elsa bemerkte, dass Pedro diese mit einem kurzen feurigen Blick bedachte. Der Palmero schien sie mit Ende zwanzig keineswegs für eine alte Jungfer zu halten!

»Wie alt ist die Perrita, und wie groß wird sie denn?«, fragte Isidora, die den Blick ebenfalls und durchaus mit Wohlwollen aufgefangen hatte.

»Sie dürfte ungefähr zehn Wochen sein – ein ausgesetztes Findelkind. Das passiert bei uns leider häufiger – Josefina fand sie beim Kräutersammeln im Kiefernwald oberhalb von El Paso. Den Pfoten nach zu urteilen wird sie wahrscheinlich nicht viel höher als dreißig Zentimeter und fünf Kilo schwer.«

Mit einem aufgestellten und einem umgeklappten V-förmigen Ohr und großen schwarzen Knopfaugen beobachtete das Hundemädchen, das genau zu spüren schien, dass von ihr die Rede war, die Menschen.

»Diese Hunde darf man nicht unterschätzen – ihre Vorfahren wurden in England zur Fuchsjagd eingesetzt. Unsere ratonéros sind als Mischlinge oft besonders robust, dabei intelligent, lebhaft, wachsam, kühn, furchtlos und mit hohem Selbstvertrauen, sie verbellen selbst große Hunde.«

Die so gepriesene künftige Jagdhündin hatte es sich mittlerweile bei Ernestine auf dem Schoß gemütlich gemacht. Zusammengekringelt lag sie da, blinzelte aufmerksam in die Runde und schien nicht die geringste Ähnlichkeit mit einem Jagdhund zu haben.

Pedro grinste schief. »Wie man sieht, anhänglich und freundlich ist sie auch. Aber ich würde sie nicht im Wald frei laufen lassen, bevor ihre Erziehung abgeschlossen ist.«

»Hat sie schon einen Namen?«, erkundigte sich Ernestine.

»Nein, ich wollte Ihnen ja nicht vorgreifen. Nannte sie immer nur Perrita.« Prompt begann die Kleine zu wedeln und zu winseln.

»Perrita, Palmerita, Rita«, assoziierte Elsa vor sich hin.

Dies hörend, hopste das Hündchen von Ernestines Schoß und begann leise kläffend aufgeregt von einem zum andern zu springen.

»Pequenita, die Kleine, würde auch passen«, ergänzte Isidora.

»Perrita«, rief Emilie, und prompt kam diese angesprungen.

Wie so oft zeigte sich Elsa entscheidungsfreudig. Sie beugte sich hinunter und streckte behutsam die Hand aus: »Komm her, Rita!« Auch das klappte. »Also, Perrita oder Kurzform Rita, seid ihr alle einverstanden?«

Ernestine lächelte entspannt. »Ja, das gefällt mir.«

»Wie haben Sie den Hund denn auf dem Schiff transportiert?«, erkundigte sich Sophie.

»Nun, das funktionierte nur, weil mein Vater den Kapitän sehr gut kennt. Perrita ging unter meinem Mantel verborgen zunächst als blinder Passagier an Bord. Ich nahm eine Blechkiste mit, in die kam

Zeitungspapier und Holzwolle, und sie verstand erstaunlich schnell, wie sie das benutzen sollte. Nach einem Tag auf See war sie der Liebling der ersten Klasse.«

»Ist sie schon stubenrein?«, erkundigte sich Sophie mit einem besorgten Blick auf die Perserteppiche.

»Wenn sie raus muss, läuft sie inzwischen zur Tür, dann weiß man Bescheid.« Er sah sich um. »Ist denn unser angehender Medicus zu Hause? Und Frau Marga?«

»Mein Sohn ist unterwegs, aber ich lasse Marga sofort rufen.« Sophie nahm sich vor, sich endlich mit Ernestine zu beraten, wie man die gesellschaftliche Zwitterstellung der Haushälterin verändern könnte. Denn nach der Reise nach La Palma, wo alle gemeinsam in der ersten Klasse gereist waren, worauf Wilhelm Jacob bestanden hatte, gab es immer wieder Situationen, wo es angebracht war, Marga dabei zu haben – so wie jetzt. Und sie begleitete die Zwillinge ja nun auch nach Linden, sozusagen als Anstandsdame – ob man sie offiziell zur Gesellschafterin ernennen sollte?

Da kam Marga schon herein und wurde von Pedro formvollendet begrüßt. Nun erinnerte sich der Besucher an die drei flachen Pakete, die in einen Sessel gelehnt auf ihre Verwendung warteten.

»Etwas Lebendiges von der Insel habe ich nun überreicht. Aber es gibt außerdem noch eine Kleinigkeit zum Anschauen und Erinnern für das Gemüt.« Da nun eine Person mehr zu beschenken war, beschloss er, ein Paket der Familie von Elßtorff zu widmen und die anderen Isidora und Ernestine.

Mit einem formvollendeten kleinen Diener überreichte er die Präsente. Das Rascheln des Einwickelpapiers verstand das Hündchen sofort als Aufforderung zum Spielen. Es stürzte sich auf einige der herabgefallenen Verpackungsstücke aus Stofffetzen, die es sich unter lautem Knurren heftig um die Ohren hieb und durch den Raum schleifte.

In diesem Moment betrat der Hausherr den Salon. »Was ist denn hier los? Das ist ja ein entzückender Jack-Russel! Weiß mit wenigen braunen Flecken, so wie es sein muss. Sind wir etwa auf den Hund gekommen, Sophie?«

»Das Hündchen ist ein Geschenk von der Insel La Palma«, informierte diese ihren Gemahl. »Wer nun wie auf den Hund kommt, das möchte ich selbstverständlich nur mit dir gemeinsam entscheiden.« Wohlweislich ging sie nicht darauf ein, dass es sich kaum um einen Rassehund handelte, denn Promenadenmischungen akzeptierte ihr Gatte auf keinen Fall. Schließlich hatte er als junger Mann standesgemäß der Jagd gefrönt. Bis zu der Schlacht von Langensalza 1866, bei der er dank des Einsatzes seines getreuen Burschen Franz eine Verwundung überlebte. Diese machte ihm jedoch das Reiten schwer, und die Kriegserlebnisse hatten ihm die Freude am Waidwerk nachhaltig verleidet. Das Hündchen, beendete Sophie ihren Gedankengang, hat ja auf jeden Fall Jack-Russel Ahnen. Dass diese sich mit palmerischem Hundeblut mischten, braucht mein Gatte zumindest vorläufig nicht zu wissen.

Indessen ließ sich Maximilian Pedro vorstellen und nahm Platz. Einen Moment hatte er wirklich befürchtet, seine Frau würde nun vollends zu eigenmächtigen Handlungen übergehen! Apropos nach eigenem Ermessen – es musste wohl dringend über die Rolle von Marga gesprochen werden, die hier einträchtig mit im Salon saß! Zu weiteren Überlegungen kam er nicht, denn sofort steuerte Perrita, einen langen Fetzen Stoff hinter sich herziehend, auf ihn zu, wedelte freudig und blickte ihn mit ihren großen schwarzen Augen vertrauensvoll an.

Zum Steinerweichen, dachte Elsa amüsiert, sie weiß genau, wen sie überzeugen muss.

Mittlerweile hatten alle die Päckchen ausgepackt und betrachteten die Aquarelle, die unterschiedliche Sujets von La Palma darstellten.

»Wie wunderbar die Landschaft getroffen ist – und die Einheimischen in ihren Trachten.« Freudig bemerkte Ernestine, dass sich großartige Erinnerungen einstellten.

»Die Bilder stammen von Juan Bautista Vandewalle Fierro. Er wurde Anfang der vierziger Jahre in Santa Cruz als Spross einer wohlhabenden Familie geboren und betätigte sich als Politiker, Mäzen und Förderer der Kultur. Wir Palmeros lieben seine ungekünstelten Aquarelle, in denen er Landschaften, aber auch einige große Ereignisse wie die Legung der Telegrafenkabel im Jahre 1883 abbildet. Für euch habe ich jedoch diese drei Motive mitgebracht: ›Die Kapelle von Buenavista während der Fiesta‹, ›Ansicht von Santa Cruz de La Palma aus dem Barranco de los Dolores‹ und die ›Bucht von Santa Cruz‹.«

»Die Farben und die Einfachheit der Darstellung, gerade auch der Menschen bei der Fiesta, das ist La Palma, wie es leibt und lebt!«, rief Elsa begeistert aus.

»Gerade darum schätzen wir ihn zu Hause. Die Naivität in der Malweise ist von ihm beabsichtigt«, erklärte Pedro.

»An den Bildern werden wir viel Freude haben, und sie sind eine großartige Erinnerung, wir danken dir, dass du sie uns gebracht hast.

Morgen schreibe ich in unserer aller Namen einen Dankesbrief an Josefina.«

Inzwischen stand der Hund vor der Tür des Salons und kläffte leise.

»Ich gehe mit ihr«, sagte Pedro, »bevor ich mich verabschieden muss.«

»Gern lade ich Sie für morgen Abend zu einem kleinen Dinner ein.« Sophie überlegte schon den Speiseplan.

»Gleich in aller Frühe geht es weiter, aber ich würde mit Vergnügen auf dem Rückweg vorbeischauen. Dieses Mal rufe ich vorher an.« Mit einem Blick auf die Standuhr verabschiedete sich Pedro eilig, und Maximilian begleitete ihn. »Ich bringe den Hund wieder mit hoch.«

Auf der Königstraße nahm der Palmero auch Abschied von dem Hündchen, was ihm sichtlich nicht leicht fiel. »Wir schätzen auf der Insel mehr unsere großen Hirtenhunde, die Bardinos, aber dieser kleine Hund besitzt besondere Eigenschaften.« Ein letztes Streicheln, und er drückte Maximilian die Leine in die Hand. »Achten Sie darauf, an wen sich Perrita als Erstes wendet, wenn Sie wieder hochkommen. Das wird die Person sein, die der Vierbeiner als neuen Rudelführer akzeptiert.«

»Machen Sie sich keine Sorgen, ich bin auf dem Rittergut mit Hunden großgeworden, ich kann mit ihnen umgehen.«

Beruhigt schüttelte Pedro dem Hausherrn die Hand – eine Geste, die dieser richtig einzuschätzen wusste, da das Händeschütteln auf La Palma nicht üblich war.

Perrita jaulte kläglich, als Pedro Richtung Bahnhof strebte. Doch dann trippelte sie brav mit Maximilian zur Eilenriede, deren vielfältige Gerüche den Abschiedsschmerz überlagerten. Als die beiden eine Weile später den Salon betraten, hatte sich auch Heinrich eingefunden. Der erwartete den Hund ebenso neugierig wie Maximilians Schiedsspruch – schließlich hatte dieser alle früheren Bitten, einen Vierbeiner anzuschaffen, standhaft abgelehnt. Der wiederum überlegte, wem Perrita, nachdem sie Heinrich beschnüffelt hatte, sich nun zuwenden würde. Er löste die Leine. Das Hündchen setzte sich in die Mitte des Salons, jaulte nochmals leise. Und dann sauste sie pfeilschnell auf Ernestine zu, wobei der Versuch, auf deren Schoß zu springen, gescheitert wäre, wenn diese nicht geistesgegenwärtig zugegriffen hätte. Elsa kniete sich daneben und erhielt sofort einen feuchten Hundekuss.

»Perrita hat ihre neue Rudelführung ausgewählt. Nimmst du das Amt an, Ernestine?«

»Mit Freuden, wir hatten ja früher einen Dackel. Allerdings weiß ich nicht, ob mich das nicht überfordert …« Etwas zaghaft streichelte sie das kleine Tier.

»Keine Sorge, habe mir das während des Spaziergangs überlegt – ich schlage vor, es wird ein Familienhund. Vertretung steht wohl ebenso fest …«

Erleichtert atmete Sophie durch und lächelte fein. Der kleine Hund hatte auch das Herz des Hausherrn im Sturm erobert. Denn wenn ihr Gatte plötzlich in den militärisch-knappen Ton des ehemaligen Offiziers fiel, versuchte er meist, Gefühle zu verbergen.

Jubelnd sprang Elsa auf und hauchte ihm einen Kuss auf die Wange. »Onkel Maximilian, so eine Freude. Vielleicht sollte ich heute Abend mit in Linden schlafen, dann kann ich Maman unterstützen.«

»Gute Idee!« Schon gab die Hausherrin Anweisung, schnell eine kleine Reisetasche für Elsa zu packen.

Emilie verspürte einen winzigen Stich der Eifersucht, dann meinte sie: »Aber sie wird doch auch mal hier schlafen?« Fragend blickte sie den Hausherrn an.

»Ganz bestimmt, nicht zuletzt dient sie Sophie bei ihren Spaziergängen in der Eilenriede als Wachhund.«

Unter allgemeinem Gelächter brach Ernestine, die mittlerweile gänzlich erschöpft war, samt ihrer ältesten Tochter und Hund auf. Wilhelm Jacob staunte nicht schlecht, zeigte sich aber erfreut. »Ein Familienhund – das passt doch gut. Damit werden wir noch mehr zusammenwachsen!«

Am Abend, auf dem Lindener Berg, wurde Elsa klar, wie sehr die Reise nach La Palma ihren eigenen Horizont erweitert hatte. Ein anderes Klima, eine andere Sprache, eine andere Kultur und der Weg dorthin – welch eine Bereicherung. Und mit dem Rad erfahren Emilie und ich uns im wahrsten Sinne des Wortes ein weiteres Blickfeld.

Das kleine Hundemädchen kläffte jämmerlich und kratzte am Bett. Immer wieder zündete Elsa das Nachtlicht an und aus – doch das Hündchen blieb hartnäckig und jaulte leise, sowie es dunkel war. Schließlich gab Elsa entnervt auf, schnappte sich eine alte Decke, legte diese ans Fußende und platzierte das Hündchen darauf. Perrita gab sofort Ruhe und rollte sich zusammen. Das ist völlig verkehrte Hundeerziehung, war Elsa klar. So ein winziger Wolf ist eben auch ein Rudeltier. Aber wer kann glücklicher sein, eine Familie zu haben als wir – und da muss sie doch dazugehören. Wer weiß, ob sie bei Pedro nicht ebenfalls auf dem Fußende schlafen durfte – woher sollte sie denn sonst auf die Idee kommen? Schließlich verbringen wir den ersten gemeinsamen Abend mit unserer Mutter unter Großvaters Dach. Und so schlief sie mit einem glücklichen Gefühl der Geborgenheit ein.

Ein Abend in der Diakoniestation

Einige Tage später erhielt Karla Besuch in der Falkenstraße in Linden.

»Die Herrschaften genießen eine Vorstellung im Königlichen Schauspielhaus, da habe ich heute etwas Zeit«, erklärte Marga. »Die Zwillinge kommen auch gleich, sie nutzten die Gelegenheit, mit dem Rad zu fahren. Es bleibt ja noch lange hell, und wir wollen nicht ewig bleiben.«

Da klopfte es schon, und die Mädchen baten, die teuren Räder im Flur abstellen zu dürfen. Neugierig nahm die Diakonisse den Lenker eines Velozipeds in die Hand. »Ist es eigentlich schwer zu fahren?«

»Nein, Elsa lernte es zunächst heimlich bei Cord. Aber ich bekam den Bogen gleichfalls relativ schnell heraus.« Emilie, die anfangs die Anfeindungen, denen Rad fahrende Frauen teilweise ausgesetzt waren, gescheut hatte, fand das Radeln inzwischen herrlich.

»Ein Fahrrad wäre auch für Sie von enormen Nutzen, Schwester Karla«, erklärte Elsa eifrig. »Sie müssten nicht alles tragen und könnten viel schneller Ihre zahlreichen Wege erledigen.«

Emilie puffte sie mit dem Ellbogen und flüsterte: »Wir duzen uns doch!«

»Verlockende Argumente – aber abgesehen davon, dass ich nicht weiß, ob ich in der Lage bin, dies noch zu lernen, das Mutterhaus würde das gewiss nicht gutheißen. Eine Diakonisse auf dem Fahrrad, wo viele nach wie vor über Rad fahrende Frauen herziehen, das ist bis dato unvorstellbar.«

»Onkel Maximilian meint, Frauen auf dem Veloziped würden bald zum normalen Straßenbild gehören – und ihr werdet sehen, dann kommt auch die Gemeindeschwester mit dem Rad«, prophezeite Elsa.

»Nun tretet ein«, forderte Karla sie auf, die sich sichtlich schwer von dem Fahrrad trennte und noch mal nachdenklich über den Sattel strich.

»Wie gern wurde ich dich einmal zu mir einladen«, meinte Marga.

»Sobald die zweite Diakonisse wieder im Einsatz ist, komme ich mit Freuden. Aber ich mag die Station nachts nicht allein lassen. Es wäre mir schrecklich, wenn Hilfsbedürftige hier anklopfen, und ich glänzte durch Abwesenheit – das geht einfach nicht.«

»Du bist wirklich immer im Dienst, Karla, nicht nur dafür bewundere ich dich«, sagte Emilie. »Davon abgesehen: Wir besuchen dich gern, denn es gibt stets etwas zu lernen.«

Über Karlas Gesicht zog eine leichte Röte – mit Lob und Bewunderung konnte sie schlecht umgehen, sie war beides nicht gewohnt. So entgegnete sie schnell: »Ich würde auch mit Vergnügen in die Königstraße kommen, zumal Marga inzwischen eine Hausapotheke hütet, die meine Vorräte hier weit übertrifft.«

»Ja, auf La Palma habe ich vieles dazugelernt und mich oft über die medizinische Verwendung von Kräutern mit Heinrich ausgetauscht und hinsichtlich der Küche mit Cord.«

Erstaunt hakte Karla nach: »Der junge Breuer interessiert sich fürs Kochen? Das ist für mich etwas ganz Neues.«

»Er wuchs ein wenig zwangsweise in das Metier hinein«, erklärte Elsa lächelnd, »denn er versprach seinem Vetter, der in der Gastronomie arbeitet, Rezepte mitzubringen.«

»Der junge von Elßtorff jedenfalls wird mal ein Mediziner, der sich auch in der Naturheilkunde auskennt. Das finde ich gut«, ergänzte Marga. »Einige Anwendungsmöglichkeiten der Zistrose zum Beispiel, die reichlich auf der Insel vorkommt, kannte ich so noch nicht. Inzwischen produziert übrigens der Fast-Verlobte von unserer Isidora, der Chemiefabrikant Theobald von Lensing, unterschiedliche Naturheilmittel. Die Hinweise dazu stammen offiziell von Heinrich, als Dank kommen verschiedene Präparate zu den von Elßtorffs, von denen ich häufig Karla etwas abgebe.«

»Beim Kochen kamen bei uns kürzlich viele Kräuter zum Einsatz, Schwester Karla. Es gab ein palmerisches Dinner. Zum Glück probierte die Köchin vorher jedes Gericht aus. Ihr erster Versuch mit der grünen Mojo-Sauce schmeckte scheußlich, der Koriander war absolut überdosiert,« Elsa schüttelte sich bei dem Gedanken

»Kenntnis und Sorgfalt sind auch in der Küche nötig, aber in der Medizin kann eine falsche Anwendung oder Dosierung tödliche Folgen haben.«

»Die haargenaue Abmessung ist das A und O und ist bei einigen Mitteln imstande, über Leben und Tod zu entscheiden. Das halte ich mir immer vor Augen, nicht zuletzt durch die Gespräche mit Heinrich«, bekräftigte Marga.

»Apropos, mein Ziehbruder beschäftigt sich mit dem Schwefelkohlenstoff, mit dem die Gummiarbeiter kalt vulkanisieren. Cord ist auf diesen Stoff bei seinem Praktikum bei der Conti gestoßen. Wissen Sie etwas darüber, Karla?«

»Schwefelkohlenstoff wurde schon gegen Cholera und Durchfall verwendet, besitzt stark antiseptische Wirkungen und eignet sich auch für infektiöse Darmkrankheiten. Äußerlich durch Auftropfen zur Lokalanästhesie, welche auf der infolge rascher Verdunstung auf der Haut erzeugten Kälte beruht, ferner zur Behandlung chronischer und …« Sie verschluckte »syphilitischer« und fuhr fort: »… anderer Geschwüre.«

»In dünner, wässriger Mischung eignet es sich ebenfalls zur Desinfektion von Kleidern, Betten und so weiter. Nützlich ist es auch zur Vertilgung von Ratten und Mäusen. Dafür habe ich es immer in meiner Hausapotheke stehen«, ergänzte Marga.

»Ich verwende es gleichfalls ab und an.«

Elsa räusperte sich. »Ich möchte etwas anderes fragen. Und hoffe, das ist nicht ungehörig. Wie halten Sie es aus, so oft mit dem Sterben konfrontiert zu werden?« Beklommen sah Emilie ihre Schwester an, denn genau dies ging ihr durch den Kopf, seitdem sie die Diakonisse begleitete.

»Das liegt nun mal in Gottes Hand, und es gibt Kämpfe um das Leben eines Kranken, von denen ich von vorneherein weiß, dass wir ihn nicht gewinnen können. Besonders schlimm ist es für mich, wenn es Kinder betrifft. Manchmal allerdings schließe ich geradezu dankbar einem Menschen die Augen, weil er von einer langen, schmerzhaften Krankheit erlöst wurde.«

»Das kann ich nachvollziehen«, entgegnete Marga nachdenklich. »Vor allem, für den Fall, dass es keine Hoffnung gibt und ein Patient geraume Zeit leiden muss.«

Emilie räusperte sich. »Einige erste Eindrücke haben wir ja über die Lebensbedingungen in Linden erhalten. Sie bekommen tiefere Einblicke in die Verhältnisse und die menschlichen Verirrungen, von denen die meisten Frauen aus dem Bürgertum nichts ahnen. Wie werden Sie damit fertig?«

Unwillkürlich musste Karla an Pauline denken und atmete kräftig durch. »Man sagt ja gern, dass Gottes Wege unergründlich erscheinen. Manchmal verzweifele ich, weil ich nicht eingreifen kann. Ohnmächtig zu sein, wenn man Schlimmes verhindern möchte, ist furchtbar.«

»Ja, das finde ich gleichfalls unerträglich«, stimmte Marga ihr zu, die auch an die Geschwister dachte und froh war, diese bei Breuers in so guter Obhut zu wissen.

»Bei aller Demut«, Karla trommelte mit den Fingern auf den Tisch, »manchmal schicke ich auch die berühmten drei Kreuze hinter einer verstorbenen menschlichen Kreatur her, weil diese nun nicht mehr die eigene Familie tyrannisieren und quälen kann.«

der Arbeiter getan.« Er richtete sich auf und wusch sich in der bereitstehenden Waschschüssel sorgsam die Hände. Leise fügte er hinzu: »Die Berufsausübung in Linden belastet mich immer mehr. Bin froh, dass Heinrich mich begleitet.« Er gab sich einen Ruck: »Das Kind braucht Ruhe – es hat außer dem Schock wahrscheinlich eine leichte Gehirnerschütterung. Hier ist etwas zur Beruhigung.« Er drückte Elsa das Tütchen in die Hand. »Dann wollen wir mal nach dem unseligen Vater sehen.«

Nachdem Elsa der Kleinen das aufgelöste Pulver eingeflößt hatte, hieß sie Mutter und Tochter, sich auf der Chaiselongue auszustrecken und zu ruhen. Sorgfältig breitete sie eine Wolldecke über ihnen aus, dann begann sie leise aufzuräumen und abzuwaschen.

Derweil fanden die drei Frauen in der Charlottenstraße den Übeltäter schweratmend auf dem Sofa vor. Auf dem Tisch davor standen neben einem Bierhumpen ein halbgefülltes Wasserglas, ein Krug und ein braunes Fläschchen. Karla besah die Medizin. Digitalis, stellte sie fest, und sah, dass der Krug leer war. »Emilie, hol bitte von draußen vom Flur frisches Wasser.« Im Nähertreten sah Karla den roten Striemen am Hals des Mannes, offensichtlich vom Bügeleisen. »Marga, such einen sauberen Lappen, ich will den Hals kühlen. Und fahnde in meiner Tasche nach essigsaurer Tonerde.« Sie fühlte dem Mann den Puls, der schwach und unregelmäßig schlug.

Dieser stöhnte, öffnete die Augen und schien die Diakonisse zu erkennen. »Durst«, murmelte er. Karla half ihm, sich aufzurichten, da ergriff er schon das Wasserglas und trank es hastig aus. Danach kam der Humpen dran – der Gestank nach schalem Bier breitete sich ekelerregend aus. Bösartig blinzelte der Mann um sich. »Durst«, brummelte er nochmals fordernd.

Inzwischen kam Emilie mit dem Krug zurück. »Sie haben ja nach Ihren Rezepten einen ordentlichen Nachdurst«, stellte Marga fest. Eine eigenartige Spannung erfüllte den Raum, denn alle drei Frauen befanden sich in Habachtstellung und dachten gleichzeitig daran, was dieser Mann vor kurzem Frau und Kind angetan hatte. Während Karla den Umschlag um den Hals legte, schufen Marga und Emilie etwas Ordnung. Nun stürzte Herr Helmcke auch noch das frisch aufgefüllte Wasserglas hinunter. Wenig später sank er blass zurück und fing an zu röcheln. Die Diakonisse ergriff erneut seinen Puls. »Das sieht nicht gut aus, das Herz versagt.«

Marga blickte entsetzt zu Emilie: Der Mann würde doch wohl nicht hier vor ihren Augen sterben. Bevor sie das Mädchen hinausschicken konnte, war es bereits geschehen.

»Plötzlicher Herztod, kommt bei dem Krankheitsbild häufig vor«, stellte Karla fest. »Du, Emilie, gehst jetzt unmittelbar zur Nachbarin und bittest sie, bis morgen früh die Kinder zu versorgen. Hier hast du fünfzig Pfennig als Brotgeld.«

Blass, aber überraschend beherrscht tat Emilie, wie ihr geheißen.

»Gut, dass du sie gleich rausgeschickt hast«, flüsterte Marga.

Die Diakonisse schloss dem Toten mit geübtem Griff die Augen und setzte sich auf einen Stuhl. Da klopfte es, und Dr. Petzold und Heinrich traten ein. Der Arzt übersah die Lage sofort. »Wann ist er verstorben?«

»Eben gerade. Er klagte über Durst, trank noch Wasser und abgestandenes Bier, und dann machte vermutlich sein Herz nicht mehr mit.«

Dr. Petzold hielt dem Toten einen Spiegel vor den Mund, fühlte nach dem Puls. Er drückte Heinrich ein Stethoskop in die Hand. »Kontrolliere, ob du noch Herztöne hörst.«

Zögernd kam der junge Mann der Aufforderung nach, öffnete das Hemd. »Ich höre nichts«, flüsterte er.

Da klopfte es leise, und Emilie steckte den blassen Kopf in die Tür. »Die Kinder können bei der Nachbarin bleiben.«

»Geht raus und kümmert euch um sie«, brummte der Arzt. »Ich führe die weiteren Untersuchungen allein durch.«

Heinrich warf noch einen Blick auf die Flasche Digitalis. »Es würde mich nicht wundern«, murmelte er, »wenn seine Frau ihm einige Tropfen mehr reingeschüttet hätte.«

Marga, deren Luchsohren dies nicht entgangen war, bugsierte ihn Richtung Tür. »Heinrich, um Himmels willen, sag bloß so was nicht laut. Damit kann man in Teufels Küche kommen.« Dabei schoss ihr durch den Kopf, wie recht der junge von Elßtorff hatte. Denn auch sie war kurz in Versuchung geraten, aus der Digitalis Flasche noch einige Tropfen in das Wasserglas zu schütten. Ob es Karla und Emilie ähnlich ergangen war? Die Gelegenheit dazu hätten sie jedenfalls alle gehabt …

Unterdessen zuckte Heinrich zusammen. »Entschuldige, Marga, bin auch etwas angeschlagen. Ich kümmere mich jetzt um Emilie.«

Eine halbe Stunde später unterschrieb Dr. Petzold den Totenschein und veranlasste alles Nötige. Inzwischen wusste Heinrich, dass der Mediziner da nicht viel Federlesens machte – er ging offenbar nach dem ersten Eindruck und seiner Erfahrung vor.

Die Uhr auf dem halbhohen Vitrinenschrank zeigte kurz vor acht, als Karla müden Schrittes die Diakoniestation betrat. Sie sah ermattet und grau aus im Gesicht, was zweifellos nicht nur diesem harten Tag, sondern auch den äußerst häufigen Nachtwachen geschuldet war. Hinter ihr kamen Emilie und Marga, die ebenfalls mitgenommen und erschöpft waren. Gespannt fragte Elsa leise: »Nun, was ist ...?«

Die Diakonisse wirkte seltsam abwesend, sie blickte auf die zwei schlafenden Gestalten. »Eine Witwe und eine Halbwaise«, meinte sie mit gedämpfter Stimme. »Schlimm genug, aber schlimmer ist, dass eine von den beiden auch tot sein könnte.« Nach einer Pause fügte sie auf Elsas fragenden Blick hinzu: »Der Mann hatte es am Herzen – selbst die Digitalis Tropfen halfen nicht mehr. Als Dr. Petzold und Heinrich von Elßtorff kamen, gab es nur noch den Tod festzustellen. Sie werden euch gleich in einer Mietdroschke mit nach Hause nehmen.«

In der Kutsche kuschelte sich Emilie eng an ihre Schwester und berichtete aufgewühlt, was geschehen war. »Dieses Mal verhinderte der rettende Zufall weiteres Übel«, meinte sie nachdenklich mit Tränen in den Augen. Mitleidig nahm Elsa sie in die Arme. Dabei zu sein, wenn jemand starb, war ein schreckliches Erlebnis – das hatte sie ja im letzten Sommer bei der Aufklärung des mysteriösen Todesfalls im Königlichen Schauspielhaus selber erfahren.

»Rettende Zufälle geschehen aber leider nicht immer«, meinte Marga.

Emilie richtete sich auf. »Wenn es weder eine himmlische noch eine irdische Gerechtigkeit gibt, dann bleiben nur zwei Dinge: entweder zuzusehen, wie das Unglück seinen Lauf nimmt, oder einzugreifen. Und ist es nicht unmoralischer, tatenlos zuzuschauen, wie Menschen zu Schaden kommen, als dem Übeltäter das Handwerk zu legen? Müssen wir willenlos Böses erdulden?«

Heftig erschrocken und besorgt betrachtete Elsa das verkniffene Gesicht ihrer Schwester. Emilie wird doch wohl keine Dummheiten machen und Schicksal spielen? Das werde ich im Auge behalten und darüber mit Heinrich sprechen.

Auch Marga reagierte alarmiert. Sie seufzte und stellte fest: »Was für ein entsetzlicher Abend, aber letztendlich bin ich dankerfüllt für die Güte der Vorsehung, dass wir um Leib und Leben bei den Helmckes nicht länger zittern müssen.«

In Detektivgeschichten, dachte Elsa, sind glückliche Fügungen immer verdächtig. Denn da liegt die Vermutung nahe, dass jemand nachgeholfen hat. Hier jedoch bin ich dem Schicksal ebenfalls dankbar.

Waschtag

Bereits vor sechs Uhr bei Tagesanbruch sprang Sophie von Elßtorff auf und besah sich die Bescherung. Etliche Tage zu früh hatte die Regel eingesetzt. Sie inspizierte das Malheur: Bett- und Leibwäsche waren fleckig.

Zufällig sah sie bei einem Blick aus dem Fenster, dass die Waschfrau auf den Dienstboteneingang zusteuerte. Richtig, heute, am Montag, stand ja der erste Waschtag an, da konnte alles gleich eingeweicht werden, das passte gut. Ihre treue Zofe Lena, die ihr damals vor zwanzig Jahren von München nach Hannover gefolgt war, trat ihren Dienst gegen sieben Uhr an. Die Hausherrin liebte es, den Tag um halb acht mit einem Tässchen Tee angehen zu lassen. Sophie beschloss, das Mädchen nicht zu wecken, sondern schnell selbst runterzulaufen.

Rasch warf sie ein leichtes Morgenkleid über, ergriff die Laken und Leibwäsche und eilte zur Waschküche. Der typische Geruch nach Schweiß und Kernseife schlug ihr samt der feuchten Luft entgegen. Der Waschkessel war offenbar schon früh morgens angeheizt worden. Die Waschfrau Johanne Helmcke, die alle zwei bis vier Wochen aus Linden kam, da Marga die verschmutzte Wäsche keineswegs länger liegen lassen wollte, hatte sich ein weißes Kopftuch umgewickelt und eine Gummischürze vorgebunden. Sie wischte sich über die verschwitzte Stirn, auf der sich einige vorwitzige Locken kringelten. Immerhin hat sie dieses Mal kein blaues Auge, bemerkte Sophie beruhigt. Denn dass neulich deren veilchenblaues Auge von einer Kollision mit einem Fenstergriff herrührte, daran hatte sie nicht so recht geglaubt. Allerdings wirkt sie heute mindestens zehn Jahre älter. Marga deutete an, dass der Ehemann dem Korn reichlich zusprach und dann seine Frau und seine Töchter seinen Wutanfällen ausgesetzt waren, die sich in üblen Verprügelungen entladen konnten. »Man muss wirklich Angst haben, dass da mal ein schreckliches Unglück passiert. Aber wer soll da eingreifen?«, hatte die Haushälterin seufzend gefragt. In diesem Moment betrat Marga die dunstige Waschküche. »Johanne, du liebe Güte, ich habe nicht damit gerechnet, dass du so kurz nach dem Tod deines Mannes zum Waschen kommst!« Erstaunt bemerkte sie die Anwesenheit der Dame des Hauses mit dem Wäschebündel und erklärte an Sophie gewandt: »Herr Helmcke ist gestern Abend plötzlich verstorben. Zufällig waren wir gerade da, um die Diakonisse Karla etwas zu unterstützen.«

Sophie stutzte über das Wir und nahm sich vor, dies schnell zu klären.

»Mein Beileid, Frau Helmcke«, die Hausherrin ergriff die feuchte Hand, »was für eine schreckliche Nachricht.«

Die seufzte und erwiderte mit unbewegter Miene: »Ein Wunder, dass es ihn bei den vielen Rezepten, die der Olle zu sich nahm, nicht schon eher erwischte.«

»Rezepte?«, echote die Dame des Hauses verständnislos.

»Bier und Schnaps«, erklärte Marga.

»Probleme mit dem Herzen hatte er ja bereits lange. Musste ja dieses Digidingsbums nehmen«, fuhr Frau Helmcke fort.

»Digitalis Tropfen«, sekundierte ihr Marga sachkundig, »Fingerhut, hilft außerdem nach Herzanfällen.«

Die Waschfrau brummelte nickend vor sich hin. »Nu muss ich sehn, dass ich das bisschen Geld, dass er abgegeben hat, auch noch verdiene. Also bin ich hier.« Energisch ergriff sie die lange Holzstange, an deren Ende ein längliches Brett befestigt war, und rührte damit in der Wäsche. Die Dampfschwaden verdichteten sich. Hilflos blickte Sophie zu ihrer Haushälterin. In der Rocktasche spürte sie einige Münzen, die sie unauffällig herausfischte. Es war sogar ein Fünf-Mark-Stück dabei. Ohne weiter nachzudenken, reichte sie es der Witwe hinüber. »Hier bitte, es steckte noch in der Tasche. Ich überlege mit Marga, wie wir helfen können.« Johanne Helmcke zögerte sichtlich. Dann nahm sie das Geldstück. »Danke, gnädige Frau, ich werde mich wohl daran gewöhnen müssen, Almosen anzunehmen.« Ihre Augen wurden feucht. »Und nun lasst mich arbeiten!« Heftig begann sie erneut, in dem dampfenden Waschkessel herumzustaken und dabei laut und falsch zu singen:

»*Und der Kutscher auf dem Bock*
macht vor Lachen in den Rock.
Und die Damen in dem Wagen
müssen den Gestank ertragen.«

Marga und Sophie verstanden auf Anhieb, dass sie allein sein wollte, und verließen wie auf Kommando die Waschküche.

»Kommen Sie, wir lassen uns von der Köchin Kakao zubereiten.« Marga fasste die sichtlich verwirrte Sophie am Ellenbogen.

Sie ließen sich an dem gemütlichen großen, runden Tisch nieder, an dem Elsa schon als Kind gern beim Kochen zugesehen hatte. »Johanne ist nicht herzlos, gnädige Frau. Ihr Mann hat die Familie seit Jahren übel tyrannisiert. Karla und ich hatten oft Angst, dass die Schläge ein noch schlimmeres Ausmaß annehmen, seine sechsjährige Tochter erlitt gestern schwere Gesichtsverletzungen und eine Gehirnerschütterung. Er rastete immer öfter völlig aus – es wäre nicht das erste Mal, dass so etwas tödlich endet. Jetzt kehrt dort wenigstens Ruhe ein.«

Mittlerweile stand der Kakao vor ihnen. Genüsslich sog Sophie, der es bei Margas Schilderung kalt den Rücken hinuntergelaufen war, den Duft ein. »Dieses Getränk haben die Götter erfunden«, stellte sie mehr für sich selbst fest.

»Nicht nur die Götter, sondern auch die Azteken wussten schon die wohltuende Wirkung zu schätzen. Damit habe ich Elsa bereits als kleines Mädchen beruhigt.«

Sophie lächelte etwas kläglich. »In letzter Zeit frage ich mich, wie Gott es zulassen kann, dass die Verhältnisse in den unteren Schichten so schrecklich sind, vor allem wenn es Kinder betrifft.«

Unvermittelt musste Marga an Kalle und seine Schwester denken: Wie gut, dass Karla und ich solche abscheulichen Fälle wie Kindesmissbrauch vor den Zwillingen und der Gnädigen fernhalten konnten. Laut sagte sie: »Die Mädchen bedrücken die teilweise fürchterlichen Lebensumstände ebenfalls, vor allem Emilie kann sich mit sozialer Ungerechtigkeit nur schwer abfinden. Wir müssen verhindern, dass sie mit so drastischen Dramen in Berührung kommen.«

Inzwischen nippte Sophie die ersten Schlückchen des heißen Getränkes. »Das wird wohl nicht immer möglich sein, das haben wir ja gerade erlebt. Entweder wir wickeln sie in Watte, wie es für die höheren Töchter üblich ist. Dann werden sie weltfremd, möglicherweise überheblich und in gewisser Weise auch lebensuntüchtig, was weder Ernestine noch ich für wünschenswert halten.« Nachdenklich trank sie einen weiteren Schluck. »Dir kann ich es ja sagen, aber bei einem solchen Todesfall denke ich, dass Gott nicht länger zuschauen konnte, also doch gerecht ist.«

Unwillkürlich zuckte Marga zusammen, denn genau dies hatte sie ja beim Tod von Kalles Mutter und Herrn Helmcke auch gedacht. »Ach, gnädige Frau«, meinte sie bedrückt, »was für schwierige Themen. Unsere Diakonisse Karla würde jetzt möglicherweise sagen, dass Gottes Wege unergründlich sind. Aber ich glaube, dass selbst sie, wenn

Unrecht geschieht, unter der schweren Bürde ihrer Arbeit ins Grübeln kommt.«

Sophie starrte gedankenverloren auf den Vitrinenschrank mit dem Gebrauchsgeschirr. Marga, die die diffizile Thematik abschließen wollte, meinte begütigend: »Meine Mutter pflegte stets zu sagen, dass ohne Gottes Willen kein Sperling vom Dach fällt, er werde schon weiterhelfen. Und wir unterstützen hier unten und helfen so gut wir können mit Rat und Tat.«

»Ja, das wollen wir.« Mit einem Ruck erhob sich Sophie. Die Monatsbinde scheuerte, und sie fühlte sich unwohl – was machte sie morgens um halb sieben in der Küche? Die Köchin, die sich das offensichtlich auch fragte, bat sie: »Bitte lass mir einen Frauenmanteltee zubereiten und schick das Mädchen damit hoch. Und richte für Frau Helmcke außer einem Imbiss einen großzügigen Proviantkorb zu – ihr Mann ist gestern Abend verstorben.« Entsetzt schlug sich die Köchin die Hand vor den Mund. »Jesses, wie soll die ganz allein mit den Blagen über die Runden kommen?«

»Genau das ist zu überlegen.« Sophie wandte sich an ihre Haushälterin. »Richte Johanne Helmcke aus, dass ich sie das nächste halbe Jahr unterstütze, damit sie ein Auskommen hat. Dann sehen wir weiter. Mir ist in diesem Fall nicht danach, Geld für die Beerdigung zu geben.«

»Ganz meine Meinung, gnädige Frau – ein Armengrab ist auch ein Grab. Um die Lebenden müssen wir uns kümmern. Sie verhalten sich wie immer großherzig – ich werde Johanne gleich die gute Nachricht bringen. Und nun legen Sie sich hin, Frau von Elßtorff, Sie brauchen Ruhe und noch eine Wärmflasche.« Und ich schaue nach dem Fortgang der Waschprozedur, dachte sie und erhob sich seufzend. Denn der Waschtag ist keinesfalls in einem Tag erledigt, wie es der Begriff irrtümlich nahelegt. Wir können schon froh sein, dass die Hausherrin nicht vom Personal erwartet, das nebenbei zu erledigen. Eine Waschfrau kostet immerhin fast zwei Mark pro Tag, wobei dieser um fünf Uhr beginnt. Zunächst wird ja die Wäsche sortiert, Flecke werden mit Kernseife eingerieben, dann kommt alles in die Einweichlauge.

Das eigentliche Säubern geht damit los, dass reines Seifenwasser im Kessel erhitzt, die Wäschestücke eingetaucht und Stück für Stück heraus gewaschen wurden. Anschließend kocht man die Wäsche in neuer Seifen- und Borax Lauge.

Mit einem Emaillebecher voll Milchkaffee machte sich Marga wieder zur Waschküche auf. Dankbar trank Johanne einen großen Schluck. Tränen traten ihr in die Augen, als die Haushälterin ihr Sophies Unterstützung erklärte.

»Nach der Beerdigung möchte ich mich bei der Gnädigen selber bedanken. Heute erledige ich den zweiten Waschgang in der abgekühlten Kochbrühe. Die sauberen Teile packe ich danach in die großen Zuber, gieße kochendes Wasser zwischen die einzelnen Lagen, und wenn alles bedeckt ist, kann die Wäsche über Nacht klären. Morgen am späten Nachmittag – dann haben wir die Beerdigung hinter uns – wird gespült und geblaut, damit die weißen Teile auch wirklich frisch aussehen. Die Gnädige hat sich ja immer so mit den Damast-Tischdecken und Servietten von Seegers in Steinhude.« Während sie sichtlich um Fassung rang, rührte Johanne heftig im Kessel.

»Dann bereite ich morgen das in klarem Wasser aufgelöste Wäscheblau vor. Beim Durchziehen der einzelnen Stücke, Auswringen und Aufhängen packen das Dienstmädchen und ich mit an, so bist du abends bei deinen Kindern. Ein Abendbrot bekommst du außerdem mit.« Johanne Helmcke drückte Marga mit Tränen in den Augen an ihre nasse Gummischürze. »Danke, ihr seid hier gute Seelen! Und nu lass mich malochen!«

Nachdem Sophie etwas geruht und ausnahmsweise im Bett gefrühstückt hatte, stand sie auf, denn es bedurfte dringend eines Familientreffens mit Ernestine. Wie gut, dass es das Telefon gab! Eine Stunde später saßen die Zwillinge mit ihrer Mutter und der Dame des Hauses, die noch Marga hinzugebeten hatte, im gelben Salon.

»Also, Marga hat mich heute Morgen über die Vorkommnisse der gestrigen Nacht in Kenntnis gesetzt. Ernestine habe ich am Telefon kurz informiert. Ihr wart, wenn auch mittelbar, Zeuginnen brutaler Gewalt an einem Kind. Und als ob das nicht reicht, hat Emilie zudem noch miterlebt, wie Herr Helmcke starb. Meiner Meinung nach sollten wir eure Hilfsaktion in Linden abbrechen – solche Belastungen sind ungeeignet für das Gemüt höherer Töchter. Ihr könnt euch anderweitig mit guten Werken betätigen, aber das geht zu weit!«

»Ja, ich hatte auf der Fahrt hierher etwas Zeit nachzudenken. Ich bin auch dafür, dass ihr euch anderen wohltätigen Zwecken zuwendet. Gerade du, Emilie, kommst mir sehr bedrückt vor von dem, was du bisher erlebt hast. Marga, was meinst du dazu?«

Die zuckte ein wenig ratlos mit den Achseln. Dann gab sie den Ball geschickt weiter: »Was denken denn die Zwillinge?«

Ausnahmsweise reagierte Emilie als Erste: »Ja, es ist belastend. Und es ist ungerecht, dass Menschen so hausen. Und was sie sich teilweise gegenseitig antun. Aber ich möchte auf gar keinen Fall aufhören. Lieber wenig tun als gar nichts! Außerdem könnte ich momentan Karla niemals im Stich lassen. Durch den Ausfall der zweiten Diakonisse liegen deren Nerven blank. Nachtwachen macht sie auch noch! Ich mache weiter!«

Blitzschnell flogen erstaunte Blicke hin und her. Solches Auftreten war bei Emilie durchaus ungewohnt.

Deshalb fragte Ernestine ihre andere Tochter. »Elsa, wie siehst du das?«

»Ich möchte auch mithelfen. Allerdings muss ich zugeben, dass ich mich wohl weniger eigne als meine Schwester.« Sie wandte sich Emilie zu: »Ich bewundere dich durchaus – aber ich könnte mir keinesfalls wie du vorstellen, als Krankenschwester zu arbeiten.«

»Ist ja interessant, was wir hier mal so nebenbei erfahren.« Ernestine sah Sophie und Marga an, die ebenso überrascht schienen wie sie selber.

»Also, einmal in der Woche gehe ich gern mit. Den zweiten Einsatz würde ich stattdessen lieber bei Großpapa in der Künstlerklause verbringen. Es kamen höchst interessante Zeichnungen aus Frankreich in einem ganz neuen, jungen Stil. Und es kribbelt mir schon in den Fingern, Skizzen zu machen. Außerdem würde ich gern noch etwas anderes probieren. Das Mobiliar in den Arbeiterwohnungen ist ja nicht nur oft heruntergekommen, sondern auch unzweckmäßig. Ich möchte einfache, solide, zweckmäßige, zugleich aber formschöne Möbel entwerfen. Die Platzverhältnisse sind meist sehr beengt, darauf werde ich achten. Und wenn ich etwas Brauchbares zustande bekomme, könnte Großpapa das in Serie produzieren!«

Sophie blickte Elsa höchst interessiert an. »Eine wunderbare Idee!«

»Ein Kapitel nach dem anderen«, warf Ernestine ein. »Ich möchte, dass der Einsatz in Linden beendet wird. Dafür sind meine Mädchen nicht gemacht!«

Mit rotem Gesicht sprang Emilie von ihrem Sessel auf. »Und ich werde weitermachen! Schließlich lerne ich viel, was sich später mal gut verwenden lässt.«

»Das kannst du dir auch anders aneignen, mein Kind!«, blieb ihre Mutter hart. Unerhörtes geschah – Emilie stampfte mit dem Fuß auf und rief: »Wenn ihr mir verbietet, Karla weiterzuhelfen, dann werde ich mich schnurstracks im Mutterhaus bei den Henrietten bewerben.« Sprach's und verließ hoch erhobenen Hauptes den Salon.

Dort herrschte zunächst fassungslose Stille. Schließlich meinte Marga: »Und wenn sie so lange mithilft, bis die zweite Diakonisse wieder da ist? Und danach sieht man weiter?«

Sofort erkannte Sophie, dass Marga zu einer Lösung kommen wollte, bei der weder Mutter noch Tochter einen Gesichtsverlust erlitten.

»Dann würde ich aber darauf bestehen, dass du mitgehst, wenn Elsa nicht dabei ist. Denn wir müssen ein wachsames Auge auf Emilie haben – sie neigt dazu, sich mehr zuzumuten, als sie vertragen kann.«

»Dem könnte ich zustimmen, sofern ihr euch künftig auf eine bestimmte Familie beschränkt, zum Beispiel diese Stambrowskys. Allerdings unter Einhaltung der hygienischen Vorschriften, solange Verdacht auf Tuberkulose besteht! Und ich gestatte auf keinen Fall, dass die Mädchen die Diakonisse zu Sippschaften begleiten, die diese selber noch nicht kennt.«

Sowohl Sophie als auch Marga nickten.

»Verkündet und beschlossen«, sagte Elsa. »Seid ihr alle einverstanden, wenn ich meiner Schwester das Urteil überbringe?«

»Du bist ein Frechdachs, aber ein lieber!«, drohte Ernestine. »Nun lauf schon!«

»Dann können wir heute ja zusammen den Lunch nehmen«, meinte Sophie zufrieden.

Marga stand auf. »Ich sage der Köchin Bescheid und lasse ein Gedeck mehr auflegen.«

Stambrowsky, warum ich den Weg nach der Vahrenwalderstraße auf mich nehme, obwohl es in Linden zwei Gummifabriken gibt. Und außerdem kommt das Gerede von Hannover nicht so schnell zu meiner Alten, die braucht ja nicht mitzukriegen, was ich den jungen Mädchen so an netten Geschenken zustecke – ein zynisches Lächeln flog über sein Gesicht. Er beschloss, den Mund zu halten und die Dinge zu beobachten. Denn Beförderung ist schließlich Beförderung und mehr Geld auch nicht zu verachten.

»Also, Stambrowsky, lass die Pfoten von den Vulkanisiermädeln. Morgen kannst du anfangen.«

»Ich bedanke mich«, scheinbar ehrerbietig deutete er eine Verbeugung an. »Werde mein Bestes tun.«

Eine Visite im Henriettenstift

Schnellen Schrittes eilte Heinrich von der Königstraße aus zur Lavesstraße. Schon bald sah er den am Misburgerdamm nahe der Sallstraße gelegenen, aus gelben Ziegeln errichteten, stattlichen Gebäudekomplex des Henriettenstiftes. Den imposanten Neubau mit angegliederter Kirche und Türmchen hatte in den sechziger Jahren der Architekt Tramm betreut, dessen Sohn Heinrich gerade die Führung des Magistrats als Stadtdirektor übernommen hatte. Die im Jahr 1859 gegründete Lieblingsstiftung ihrer allerhöchsten Majestät, der von vielen Hannoveranern immer noch hochverehrten Königin Marie, war mit einem Erbe von ihrer Großmutter Henriette von Württemberg errichtet worden. Nicht von ungefähr wurde diese in Nachrufen als Diakonisse im Fürstengewand bezeichnet.

Zunächst habe es die Stiftung nicht leicht gehabt, sich zu etablieren, hatte Dr. Petzold Heinrich erklärt. Inzwischen genoss ›die Henriette‹ als Schwestern ausbildendes Stiftskrankenhaus einen ausgezeichneten Ruf. Mit achtzig Betten war sie die bedeutendste Klinik und galt wegen ihrer ethischen sowie fachlich-fundierten Krankenpflege als die am besten eingerichtete hannoversche Krankenanstalt. Aus Berlin wusste Heinrich, dass einige Mediziner besonders deshalb Bedenken gegen die Diakonissenanstalten äußerten, weil sie sich um ihre Reputation und Autorität sorgten. Denn dort stand es der Oberin zu, das erste Wort zu sprechen und nicht den Ärzten. Dr. Petzold hatte dies als das Gehabe männlicher Mimosen bezeichnet und erklärt: »Sollte ich selbst erkranken, dann möchte ich keinesfalls von einem Krankenwärter versorgt werden, sondern von einer Schwester, egal, ob sie nun protestantisch oder katholisch ist. Das schönste Hospital hilft keinem, wenn man dort nicht auf das Humanste behandelt und pflegt.«

Dem hatte Heinrich zugestimmt. Denn auch er hatte in Berlin in der Charité schlechte Erfahrungen mit dem Lohnwärterpersonal mitbekommen. »Im Krankenhaus in Linden«, fuhr Petzold fort, »erlebte ich noch vor zehn Jahren, dass man sechs Wärtern infolge Trunkenheit, Misshandlung der Kranken und Borniertheit kündigen musste, zwei Wärterinnen wurden wegen Unsittlichkeit und Körperschwäche entfernt. Aber auch die ewig Gestrigen lernen dazu: 1885 überwanden sie tatsächlich ihre Bedenken und setzten in der Chirurgie statt eines

Oberwärters eine Oberschwester ein. Und die erlangte nicht nur bei den dort arbeitenden sechs Diakonissen, sondern vor allem bei den männlichen Lohnwärtern durch ihren höheren Bildungsgrad genügend Autorität.« Ein ironisches Lächeln begleitete seine nächste Aussage: »Außerdem hätte der Magistrat einem Oberwärter ein Jahregehalt von 720 Mark zahlen müssen, während das Henriettenstift auch für eine Oberschwester nur 180 Mark verlangte.«

Heinrich war Dr. Petzold dankbar, dass dieser seine Beziehungen hatte spielen lassen, damit er bei einer Visite mitgehen durfte. So konnte er nach Patienten ausschauen, die möglicherweise vom Schwefelkohlenstoff krank geworden waren. Diese scheinbar bisher kaum systematisch erforschte Krankheit beschäftigte ihn immer mehr. Schließlich hatte er nach der Besichtigung der Gummifabrik in Linden am eigenen Leib gespürt, dass schon einige Stunden in schwefelkohlenstoffhaltiger Luft bei mangelhaften Sicherheitsvorkehrungen unangenehme Auswirkungen hatten. Sein Mentor Dr. Petzold hatte ihn beim dirigierenden Sanitätsrat und der Oberin als an Gewerbekrankheiten interessierten Berliner Medizinstudenten im vierten Semester avisiert. Eine freundliche Diakonisse mittleren Alters führte ihn zur Station der ›Inneren‹.

»Der Medizinalrat Hüpeden erwartet Sie.« Draußen fuhr klappernd gerade eine Tram Richtung Kleefeld vorbei, bei einigen der großen Rundbogenfester waren die Oberlichter aufgeklappt, so dass sich in den hohen Fluren frische Luft mit dem Geruch nach Desinfektionsmitteln mischte. Die Diakonisse eilte, den Kopf leicht nach vorn gebeugt, neben ihm her.

»Was kostet es eigentlich, hier verpflegt zu werden, Schwester?«, fragte Heinrich.

»Unbemittelte Kranke, egal welcher Konfession, beköstigen wir, soweit es unsere Geldmittel zulassen, unentgeltlich. In der dritten Klasse betragen die Verpflegungskosten einschließlich aller benötigten Heilmittel täglich 1,50 Mark, in der zweiten sind es drei Mark und in der ersten je nach Größe des Zimmers vier bis sechs Mark.«

»In der Charité ist es ähnlich«, entgegnete Heinrich. Er erinnerte sich an das kürzlich geführte Gespräch über Löhne. »Eine Arbeiterin, die 1,70 Mark am Tag verdient, kann sich selbst die dritte Klasse nicht leisten.«

»Nein, die behandeln wir unentgeltlich.«

»Arbeiten Sie ausschließlich hier in der Henriette, oder gehen Sie auch zur Krankenpflege außer Haus?«

»Ich bin häufiger draußen, das ist eine etwas andere Aufgabenstellung als im Krankenhaus.«

Der Tonfall, in dem dies gesagt wurde, veranlasste Heinrich nachzuhaken. »Das klingt so, als ob Sie ganz gern außerhalb pflegen.«

Nach kurzem Zögern erklärte die Diakonisse: »Draußen liegt mehr Verantwortung auf mir. Der Klinikbetrieb erfordert andere Regeln. Die Schwester hat den Anordnungen der Ärzte genauestens zu folgen, und zwar ohne eine eigene Meinung zu äußern. Auch wenn diese Anordnungen im kürzesten Ton gegeben werden. Eine Diakonisse lebt nicht auf dem Parkett, sondern im Dienst.«

»Für den ich die allerhöchste Hochachtung hege«, beeilte sich Heinrich zu versichern.

Die Diakonisse, die ihre Offenheit gegenüber dem jungen Medizinstudenten ein wenig bereute, wollte das Gespräch zu Ende bringen. »Unsere Arbeit ist ein immerwährender Dienst, aber ein seliger, egal, wo wir ihn verrichten. Und nun sind wir auf Station.« Sie verabschiedete sich eilig.

Der Medizinalrat warf Heinrich einen prüfenden Blick zu, schüttelte ihm kräftig die Hand und brummte: »Sie können kurz in die Krankenblätter sehen, junger Mann, bevor wir zu den einzelnen Patienten gehen. Das meiste habe ich sowieso im Kopf, wenn Sie sich rasch informiert haben, geben Sie mir die Unterlagen wieder zurück.«

Heinrich bedankte sich mit einer angedeuteten Verbeugung. Inzwischen hatten sich noch drei Herren in weißen Kitteln und die Oberin Anna Forcke versammelt. Der Professor schnarrte: »Verehrte Mutter Oberin, werte Kollegen, stud. med. von Elßtorff interessiert sich für Gewerbekrankheiten, er darf heute bei der Visite hospitieren.«

Heinrich wollte sich besonders auf die Erkrankten, die in einer Gummi-Fabrik gearbeitet hatten, konzentrieren. Da ihm der Mediziner die gesamten Krankenblätter in die Hand gedrückt hatte, blätterte er diese zunächst durch, um in der Anamnese nach dem Arbeitsplatz zu suchen. Immerhin zwei Erkrankte kamen aus Gummifabriken.

Während die Gruppe von Bett zu Bett schritt, der Professor gönnerhaft mit den Patienten sprach, sie untersuchte, befragte und Anweisungen gab, las Heinrich ein Krankenblatt.

Krause, Anna, 22 J., aufgenommen am 16. Juli 1891. Lebenslauf: Lernte in der Dorfschule mittelmäßig. Diente nach der Konfirmation vier Jahre beim Bauern. Seit circa zwei Jahren in Hannover. Zuerst ein Dreivierteljahr als Dienstmädchen, ging dann wegen des höheren Verdienstes in eine Spinnerei, verließ diese nach zwölf Wochen, da es ihr in der Fabrik ‚zu gemein' war. Ver-

dingte sich wieder für einige Zeit als Dienstbotin nach Burgdorf. ‚Um mehr zu verdienen', kam sie zurück nach Hannover.

Anamnese: Arbeitete bis zu ihrer Aufnahme acht Monate in der Gummikamm. Zehnstündige Arbeitszeit. Zweimal täglich drei Stunden im Vulkanisierraum mit Aufsetzen von Gummisaugern beschäftigt. In der übrigen Zeit zog sie in einem anderen Raum Sauger auf Holzformen.

Heinrichs Aufmerksamkeit wurde durch eine Diakonisse unterbrochen, die mit einer gemurmelten Entschuldigung versuchte, so unauffällig wie möglich einen Nachttopf zu entfernen, dessen Urin auffällig nach Rettich roch.

Seit mehr als acht Wochen kann sie schlecht laufen und hat Schmerzen in Waden und Oberschenkeln beider Beine. Musste das linke Bein nachschleppen. Später wurden ihre Arme schwächer und zitterten. Bekam immer während der Arbeit Kopfschmerzen. Klagt über beständige Müdigkeit und grundloses traurig sein.

Er überflog die Motilität, bei der ihm das Schleifen auf den Fußspitzen, Einknicken in den Knien, die Schwäche der Fußstrecker und das Fehlen der Achillessehnenreflexe auffiel.

Verlauf: 18. Juli 1891: Patientin behauptet andauernd, wegen Schwäche und Schmerzen in den Beinen nicht laufen zu können. 21. Juli: Gang für gewöhnlich unbehindert, jedoch fällt Patientin manchmal nieder und kann sich nicht wieder erheben. Wird mit Bädern behandelt.

»Nun, Frau Krause, wie geht es inzwischen?«

»Ach, Herr Professor, die Kopfschmerzen sind man weg, und ich bin auch nicht mehr so miesepetrig. Die Arme sind ebenfalls besser. Aber das Laufen, das klappt nicht so richtig.«

»Dann werden wir Sie noch einige Tage hierbehalten und neben den Bädern mit Chinin und Jodkalium weitermachen.«

Eine Diakonisse trug alles sorgfältig in das Krankenblatt ein.

Die nächsten Patientinnen litten an Herzbeschwerden und Lungenleiden. So las Heinrich die zweite ihn interessierende Krankengeschichte.

Regner, Lina, 22 J., aufgenommen am 15. Juni 1891.

Anamnese: Über erbliche Verhältnisse und frühere Erkrankungen ist nichts bekannt.

Patientin arbeitet seit circa vier Monaten in einer Gummifabrik und ist mit Vulkanisieren beschäftigt. Zeigte schon nach kurzer Zeit Intoxikationserscheinungen, welche psychopathischer Natur erschienen. Mattigkeit in den Gliedern, namentlich in den Beinen, so dass sie nicht mehr gut gehen konnte. Ferner klagte sie über völlige Appetitlosigkeit und starke Kopfschmerzen.

Verlauf: Patientin berichtet über Müdigkeit und Kurzatmigkeit bei geringsten Anstrengungen.

Sie zeigt ein auffällig träumerisches und unaufmerksames Wesen, die Stimmung wechselt äußerst leicht.

Bevor Heinrich weiterlesen konnte, war die Gruppe bereits am Bett der Patientin angelangt.

»Wie fühlen Sie sich heute, Frau Regner?«

»Viel besser, Herr Professor. Der Kopf ist gar nicht mehr dröhnig.«

»Wie geht es mit dem Laufen, Herr Kollege?«, wandte sich der Medizinalrat an einen der Ärzte.

»Der Gang von Frau Regner ist noch ein bisschen stampfend, aber fast normal.«

»Und wie steht es mit dem Appetit?«

Bevor der Arzt etwas sagen konnte, antwortete schon die Patientin: »Es schmeckt mir wieder richtig, Herr Medizinalrat, und ich habe auch ein wenig zugenommen. Und die Schwestern hier, bei denen bin ich ja in sehr guten Händen.« Sie errötete leicht.

»Nun, Herr stud. med., wie würden Sie heute den Zustand der Kranken ins Blatt eintragen?«

Heinrich schluckte ob dieser unerwarteten Ansprache, schaute zu Frau Regner, die ihn erwartungsvoll ansah. »Ich würde schreiben: Die Patientin fühlt sich wohl und sieht blühend aus.«

Nun bekam Lina Regner einen richtig roten Kopf, und die sie umstehenden Weißkittel konnten sich ein Lächeln kaum verkneifen.

»Und der psychopathische Zustand?«

Die Patientin blickte irritiert, der Ausdruck war ihr offenbar nicht geläufig.

»Sie wirkt auf mich aufgeweckt, konzentriert und geistig regsam.«

Frau Regner nickte. »Jawoll, bin keine unaufmerksame Transuse mehr.«

Zufrieden schaute der Arzt sie an. »Wahrscheinlich können wir Sie in wenigen Tagen als geheilt entlassen. Wir verabreichen noch weiter Mixt. Bromat. comp., täglich Gymnastik und morgens und abends Bäder.«

Schnell machte sich Heinrich Notizen und war bei den folgenden Patientinnen nicht ganz bei der Sache. Der Medizinalrat bemerkte das sehr wohl, widerstand aber der Versuchung, den jungen Mann vorzuführen. Der sucht bestimmt nach den Gemeinsamkeiten in den Krankheitsbildern, vermutete er zu Recht. Heinrich fiel auf, dass Frau Krause, die mit acht Monaten doppelt so lange vulkanisiert hatte wie Frau Regner, offenbar folgenreicher erkrankt war. Bei Frau Regner stand binnen Monatsfrist Heilung in Aussicht, während bei Frau Krause sich nur eine Besserung abzuzeichnen schien.

Nach der langen und anstrengenden Visite – viele Betten waren mit zum Teil schwerkranken Patienten belegt – traf man sich erst gegen halb zwölf im Zimmer der Vorsteherin. Anna Forcke hatte alle Krankenbesuche mitgemacht. Ihr Bureau war außer mit einem Sekretär und einigen randvollen Bücherregalen mit einem großen, runden Tisch und bequemen Armlehnstühlen eingerichtet. Dort ließen sich gut Besprechungen abhalten und Gedankenaustausch pflegen.

Der Medizinalrat, der nachts kaum zum Schlafen gekommen war, sank nach einer einladenden Geste der Oberin in einen der Stühle, er wirkte blass und müde. »Verehrte Frau Oberin, es ist über elf Ührchen hinaus, könnten wir trotzdem …?«

Die Angesprochene lächelte fein und meinte: »Die Bar zum schwarzen Strumpf, lieber Herr Dr. Hüpeden, schenkt dann in homöopathischen Dosen aus, wenn es benötigt wird.«

Sprach's und goss für jeden ein Schlückchen kristallklare Flüssigkeit in winzige Gläschen mit zarten grünen Stielen, die sie einem Vitrinenschrank aus Wurzelholz entnahm. Sie hob ihr Glas, blickte in die Runde und deklamierte gefühlvoll:

»*Unwandelbar bleibt unser Sinn,*
Für unsere geliebte Königin.
Gewalt hat sie von uns getrieben,
Fest ist ihr Bild in unser Herz geschrieben,
Wir bleiben ihr treu und vergessen nie,
Die Stifterin unseres Hauses, Königin Marie.«

»Wohl bekomm's!«

Heinrich wunderte sich nicht über die Anhänglichkeit an das 1866 von den Preußen besiegte Königshaus, das kannte er von seinem Vater und vielen Hannoveranern.

Alle genossen dieses Ritual nach der Visite, nicht nur, weil es den Magen erwärmte. Es stärkte die Zusammengehörigkeit ebenso wie den Zusammenhalt. Das verband sie zum Wohlergehen der Patienten, aber auch der hier in der Pflege miteinander hart arbeitenden Menschen.

Die Vorsteherin interpretierte das fragende Gesicht des dirigierenden Sanitätsrates richtig: »Eine neue Sorte, Kümmelschnaps mit Wacholder angesetzt, vom Pharmazeuten der Marien-Apotheke, auch erstklassig bei Magenproblemen und Flatulenzen.«

»Eine hervorragende Medizin, Frau Oberin, vielen Dank.« Er erhob sich mit einer angedeuteten Verbeugung und gab damit das Zeichen zum allgemeinen Aufbruch.

Heinrich bedankte sich höflich bei allen. Die freundliche Professionalität, die er während der Visite kennengelernt hatte, beeindruckte ihn. Kurz angebunden war jedenfalls in seinem Beisein kein Arzt zu einer Diakonisse gewesen.

Eine junge Schwester begleitete ihn hinaus.

Er strebte der Haltestelle der Pferdetram zu. Das Herumstehen an den Betten machte sich mit brennenden Füßen bemerkbar. Jedenfalls erhärtet sich der Verdacht, dass die Länge der Vulkanisierzeit etwas mit der Schwere der Symptome zu tun hat, zog er die Quintessenz aus seinen Beobachtungen. Nachdenklich bestieg er die Tram, die die Marienstraße in Richtung Aegidienthorplatz und die Georgstraße befuhr. Er freute sich nun darauf, im Café Kröpcke die Zwillinge zu treffen und mit ihnen über das Erlebte zu reden. Dort genossen viele die spätsommerliche Septembersonne – der Herbst würde nur allzu schnell kommen. Von weitem sah er schon die Schwestern mit Isidora an einem Tisch sitzen – und entschwand da nicht eiligen Schrittes sein einstmals vertrauter Freund Dr. Victor Rehnhoff?

Frau Stambrowsky erinnert sich

Marga und die Zwillinge fuhren bei spätsommerlichem Sonnenschein nach Linden, um erneut bei Stambrowskys zu wirken. »Dort muss mal von Grund auf klar Schiff gemacht werden, da ist jede helfende Hand willkommen«, hatte Marga dargelegt. »Die Frau schämte sich erst etwas, war dann aber einverstanden, dass wir zu dritt kommen. Die Diakonisse dankt uns, dass wir ihr die Reinigungsarbeiten abnehmen, sie gesellt sich später dazu. Sie meint, dass neben der praktischen Unterstützung und der Pflege die Kranke freundliche Ansprache braucht, um zu genesen und Mut zu fassen. Ihr könnt euch also ruhig etwas mit ihr unterhalten und sie zum Erzählen ermutigen.«

Anna Stambrowsky lächelte erfreut, als die drei eintrudelten, Marga sogar mit einem Sträußchen Blumen aus dem Garten in der Hand. Diese stellte sofort fest, dass es ein wenig ordentlicher aussah als beim ersten Besuch. Als Emilie dann auch noch ein Stück Topfkuchen auspackte, traten Frau Stambrowsky Tränen in die Augen. »Ach, du liebes Lieschen! Blümchen und Kuchen – das hat mir seit ewig keiner geschenkt. Wenn man sich wie ich praktisch als Waise durchschlagen musste, is man nich auf Rosen gebettet wie die beiden hübschen Fräuleins.«

Den Faden ergriff Elsa geschickt. »Wir sind auch Waisen und wuchsen als Ziehkinder auf, aber wir trafen es gut. Wie war das bei Ihnen?«

»Setz dich ruhig einen Moment zu unserer Kranken ans Bett, augenblicklich bist du etwas im Weg«, flüsterte Marga und zwinkerte Emilie zu, die schon das Geschirr zusammenräumte.

»Meine richtigen Eltern kenne ich gar nicht. Eine Schwester meines Vaters nahm mich auf. Der Vater verunglückte tödlich in der Zündhütchenfabrik, und meine Mutter war zuvor bei der Geburt des zweiten Kindes gestorben. Nach der Konfirmation besorgte meine Tante für mich ein Dienstbotenbuch. Sie wollte mich nicht mehr durchfüttern, obwohl ich schon längst im Haushalt fast alles machte. Ihre vier kleineren Gören hatte ich am Hacken, denn sie arbeitete ja zwölf Stunden in der Fabrik.«

Die Zwillinge tauschten einen schnellen Blick, was Marga sehr wohl, die Arbeiterin nicht bemerkte.

»Also ging ich mit vierzehn in Stellung als Dienstmädchen, gab aber nach einem Dreivierteljahr wieder auf. Ich bekam's im Hals, und die Arbeit wurde mir zu schwer. Mindestens vierzehn Stunden am Tag war ich auf den Beinen, musste die schwersten Plackereien machen und schlief in einer winzigen, im Winter eiskalten Dachbodenkammer. Einen freien Sonntagnachmittag gab es, wenn überhaupt, nur alle vier Wochen.«

Nicht zuletzt dank Marga, so ging es Elsa durch den Kopf, sieht das bei uns anders aus. Die Dienstboten behandelt man anständig, sie bekommen öfter mal freie Stunden und sind ordentlich untergebracht. Die Bodenkammern haben eine Isolierung und werden im Winter geheizt.

Anna Stambrowsky, die ihr wohl die weggewanderten Gedanken angemerkt hatte, sah sie fragend an.

»Das tut mir leid«, murmelte Elsa peinlich berührt, »in unserem Haushalt läuft das besser.«

Ebenfalls verlegen brummelte Anna: »Nichts für ungut. Ich blieb einige Zeit zu Hause und lernte Schneidern. Das war man gut, denn, so mühselig, wie es auch ist, kann ich jetzt wenigstens noch etwas mit Heimarbeit verdienen.«

Sie starrte auf den Berg von Stoffen, der sich auf dem Tisch türmte.

»Bald können Sie wieder nähen«, sagte Marga aufmunternd, »Sie befinden sich ja schon auf dem Weg der Besserung.«

»Und wie ging es damals weiter?« Elsa blickte zu Emilie – diese dachte gewiss ebenfalls daran, welch hartes Schicksal sie beide als elternlose Kinder auch hätte ereilen können.

»Kurze Zeit arbeitete ich als Kindermädchen, wechselte dann aber zur Mechanischen Weberei, wo ich bei recht leichter Arbeit sechs Mark die Woche verdiente. Um mehr zu kassieren, fing ich anschließend bei Gummikamm an, wo ich 7,50 erhielt. Ich malochte elf bis zwölf Stunden, davon drei bis fünf im Vulkanisierraum, wo ich Gummisauger auf Gestelle setzte und der Vulkaniseurin zureichte. Schon nach einigen Tagen bekam ich Kopfweh, mir war häufig übel, und mir wurde schwindelig. Abends war ich ganz dröhnig im Kopf, morgens ging es wieder etwas besser. Das Essen schmeckte nach Schwefel – den Geruch brachte ich kaum noch aus der Nase. Nach zwei Wochen war es schlimmer geworden. Die Augen tränten, die Füße schmerzten. Auf dem Weg nach Hause fiel ich hin und kam nicht mehr hoch.«

»Und bei Ihren Kolleginnen, zeigten sich da auch Krankheitszeichen?«, fragte Emilie leise.

»Ja, alle bekamen Beschwerden, die einen stärker, die anderen weniger. Es gab nur eine, die war in der Fabrik geradezu berühmt wegen ihrer Unempfindlichkeit gegen die Schwefeldämpfe. Sie ließ beim Hantieren mit der Vulkanisierflüssigkeit die gewöhnlichsten Vorsichtsmaßregeln außer Acht, bekam dennoch keine Beschwerden. Man sagte über sie: ›Die kann schon den Schwefelalkohol saufen, ohne dass es ihr was ausmacht.‹ «

Elsa merkte auf – das waren doch genau die Themen, die sowohl Heinrich als auch Cord interessierten. Sie beschloss, sich alles genauestens zu merken, um es den beiden nachher haarklein berichten zu können.

Frau Stambrowsky indessen schüttelte sich und fuhr fort: »Dann bekam ich zufällig mit, dass mehrere von den Vulkanisiermädels nach der Blödsinnigen-Anstalt in Langenhagen gekommen waren, ebenso auch welche von den Arbeitern. Die hatten angefangen, richtig zu spinnen. Zwar entließ man viele nach Wochen als geheilt, aber andere behielt man bis ans Ende ihrer schlimmen Tage in der Klapsmühle, die sind verrückt geblieben. Die Frau, der scheinbar das Schwefelzeug nichts anhaben konnte, die wurde später völlig wahnsinnig.«

»Nun, man weiß noch recht wenig über diese Erkrankungen, aber bei der Continentalen werden immer mehr Vorsichtsmaßnahmen getroffen.« Emilie, die sich an die Berichte von Cord und Heinrich erinnerte und mittlerweile das Geschirr abtrocknete, schwang unterstreichend ein löcheriges Geschirrtuch.

Indessen weilte Anna Stambrowsky mit ihren Gedanken noch völlig in der Vergangenheit. »Man erzählte, die Männer seien ganz jückig und von den Frauen einige mannstoll geworden. Und mir war gleichfalls schon oft so seltsam zumute.« Sie unterbrach sich, als sie sowohl den warnenden Blick der Diakonisse als auch Emilies gesenkten Blick bemerkte.

»Nee, nee, nu guckt mal nich so, mit die Kerle, darum ging es bei mir nich.« Heftig schüttelte sie den Kopf. »Aber mal sah ich alles rosarot, dann wieder war mir schrecklich miesepetrig, und ich hätte dauernd heulen können. Das machte mir Angst. So entschloss ich mich, mit dem Vulkanisieren aufzuhören. Und das war auch nichts Ungewöhnliches, denn dort blieben die meisten, wenn überhaupt, höchstens acht Wochen.«

Das reichte als erste Anschauung für die Zwillinge, fand Marga. Und die Kranke, die ja nun ein wenig ihr Herz erleichtert hatte, sollte sich nicht weiter anstrengen. Sie nickte Elsa auffordernd zu, woraufhin diese sich prompt erhob. »Was Sie vom Vulkanisieren erzählen, interessiert bestimmt meinen Ziehbruder, der Medizin studiert und sich Gedanken macht, wie man die Arbeiter effektiv schützen kann.«

Nachdenklich sah die Frau sie an. »Mein Mann arbeitet neuerdings bei der Conti in der Vulkanisier-Abteilung. Er erzählt, dass dort alles besser geschützt ist.«

»Dann wollen wir mal die Schlussrunde einläuten«, ging Marga zur Tagesordnung über und verteilte die Aufgaben.

Bald strahlte es vor Sauberkeit. Zum Abschied versprach Marga: »Ich komme ab und zu mal vorbei, bringe eine gute Suppe mit und erkläre noch einige schnelle Rezepte.«

Anna schüttelte dankbar und kräftig deren Hand. »Von Ihnen kann ich was lernen für die Hausarbeit, das hab ich schon mitgekriegt.«

Die zartfühlende Emilie, der das Schicksal der Frau ans Herz gegangen war, versprach: »Und ich komme gern mit und packe mit an, bis es wieder besser geht. Wenn es recht ist, bringe ich auch mal unser Hündchen mit.«

Anna Stambrowsky strahlte. »Das würde mich riesig freuen, ich mag Hunde sehr!«

Elsa war froh, dass die Hauptarbeit getan war. In der Droschke nach Hause memorierte sie mit Emilie und Marga die Einzelheiten über das Vulkanisieren. »Das ist eine ganze Zeit her, aber es wird die beiden bestimmt brennend interessieren.« Womit sie recht behalten sollte.

Während sich die Schwestern mit Perrita an der Leine auf den Weg zum Kröpcke machten, gestand sich Elsa erneut ein, dass ihre Neigung zu guten Werken und Liebesdiensten nicht sonderlich stark ausgeprägt war. Lieber bin ich doch beim Großvater in der Künstlerklause bei den Möbelentwürfen. Da spürte sie einen kräftigen Puff mit dem Ellenbogen, gleichzeitig knurrte das sonst so friedliche Hündchen leise. Victor Rehnhoff kreuzte ihren Weg und zog den Hut. Er blickte irritiert auf den Hund, der mittlerweile die Zähne fletschte.

»Meine Verehrung! Gehört diese Promenadenmischung etwa zu Ihnen? Hätte nicht gedacht, dass Herr von Elßtorff so was in seinem Haus duldet!«

Inzwischen musste Elsa den kleinen Hund festhalten, der offenbar dem Herrn an die Hosenbeine wollte. Sie zauberte ein strahlendes Lächeln auf ihre Lippen, obwohl sie innerlich schäumte. »Sie irren, lieber Dr. Rehnhoff. Es handelt sich hier um eine echte Palmera. Aber ein Anwalt ist ja mit seinen Urteilen schnell bei der Hand, womöglich eine Art Berufskrankheit. Dessen ungeachtet entschuldigen Sie uns wohl, wir sind verabredet und in Eile!«

Das kann nur Elsa sein, dachte er und warf der anderen Schwester einen fragenden Blick zu. Es war ihm seit längerem nicht gelungen, Emilie allein zu treffen, was er außerordentlich ärgerlich fand. Er meinte, ein winziges Lächeln und ein Zunicken wahrzunehmen, da waren die beiden auch schon vorbei. Erst jetzt wurde ihm bewusst, dass er wegen des dämlichen Köters die Contenance verloren und sich gewiss nicht beliebt gemacht hatte. Missgestimmt stürmte er weiter in Richtung seiner Kanzlei.

Unter Freunden

Die Zwillinge hingegen beobachteten Rehnhoff aus den Augenwinkeln und schüttelten die Köpfe. Ich werde genau beobachten, wen unsere Perrita nicht mag, nahm sich Elsa vor. Wer weiß, ob sich nicht daraus Erkenntnisse ziehen lassen …

Isidora, die die Szene verfolgt hatte, trat auf die beiden zu. »Was ist bloß mit dem Anwalt los? Wie führt der sich denn auf?« Der verstohlene Blick zu Emilie war ihr nicht entgangen. Besorgt betrachtete sie ihre langjährige Freundin – schließlich hatten sie im letzten Sommer just diesen Herrn als möglichen Heiratskandidaten für Elsa in Betracht gezogen! Es schien jedoch keinerlei Missstimmung zwischen den Schwestern zu geben. Vielleicht hatte Elsa ja nichts bemerkt?

Aber diese meinte nur etwas nebulös: »Der wird schon sehen, was er davon hat.«

Inzwischen kommentierte das Hündchen die Umarmungen der Freundinnen mit freudigem Gekläffe. »Die ist ja wirklich reizend!«, rief Isidora. »Mit der werdet ihr noch mehr Aufsehen erregen als gewöhnlich.«

»Lasst uns erst mal Platz nehmen und bestellen, ich sterbe vor Durst«, schlug Emilie vor.

»Marga wird auch gleich eintreffen«, ergänzte Elsa. »Tante Sophie hat sie in Absprache mit Onkel Maximilian zur Gesellschafterin und Anstandsdame ernannt, damit sie an bestimmten Evénéments teilnehmen kann. Der Ball kam durch den Besuch von Pedro ins Rollen.«

»Dann habt ihr ja jetzt zwei Anstandswauwaus.« Spitzbübisch lächelte Isidora vor sich hin. »Aber Spaß beiseite, das finde ich sehr erfreulich. Schließlich sind wir auf der gemeinsamen Reise einander so nahegekommen, dass man über einige Standesunterschiede hinwegsehen kann und muss.«

»Das gilt ja in gewisser Weise ebenfalls für Heinrich und Cord«, pflichtete Elsa ihrer Freundin bei. »Die kommen auch noch, aber zunächst haben wir Gelegenheit für einen Schwatz unter Frauen.«

Marga kam hinzu und setzte sich. Als die Bestellungen auf dem Tisch standen, beschloss Elsa, den Stier bei den Hörnern zu packen. »Du kommst mir in letzter Zeit ein wenig bedrückt vor, Isidora. Gibt es etwas, was das junge Glück eintrübt?«

Die zuckte merklich zusammen. »Ach, vielleicht bin ich überempfindlich. Und ich will euch gar nicht mit meinen Bedenken belasten.«

»Wofür besitzt du Freundinnen, meine Liebe? Haben wir nicht stets Kriegsrat gehalten, auch letztes Jahr auf Norderney, als er anfing, um dich zu werben?« Elsa gab der Freundin einen liebevollen Stups. »Nun erzähl schon!«

»Manchmal denke ich, dass es unter Theobalds beherrschter Oberfläche des Öfteren brodelt. Aber vielleicht bilde ich mir das alles nur ein.«

»Na, du bist nicht gerade der Typ, der die Flöhe husten hört. Ich halte dich für eine aufmerksame Beobachterin, das gehört dazu, wenn man schreibt. Was beunruhigt dich genau?«, fragte Emilie.

»Er kommt mir hin und wieder vor wie ein Dampfkessel, bei dem die Notventile noch eben gerade die überflüssigen Kräfte ableiten. Er ist ziemlich leicht auf der Palme, und es interessiert ihn doch letztlich wenig, was ich mache und denke.«

»Ja, fragt er denn nicht nach den Fortschritten deines Romans?«

»So gut wie nie. Und gerade darüber würde ich gern mit ihm sprechen. Ein gestandener Mann hat ja noch mal andere Sichtweisen.«

Nachdenklich nickte Elsa. »Es ist wichtig, dass du dies im Auge behältst. Ich denke auch, dass er recht eifersüchtig ist. Wie die meisten Mannspersonen möchte er außerdem im tiefsten Herzen wohl doch, dass du allem anderen entsagst und ganz darin aufgehst, ihn zu umsorgen und sein Weib zu sein.«

Ratlos zuckte Isidora mit den Achseln. » Mag sein, aber wie ihr ja am besten wisst, haben Theobald und ich dies sehr wohl miteinander besprochen, und er willigte doch ein, dass ich schreibe.«

»Vielleicht reut es ihn inzwischen? Eine Frau, die schreibt, erregt doch Interesse. Und eine Schriftstellerin steht ja auch ein wenig in der Öffentlichkeit, erfährt möglicherweise Anerkennung oder gar Bewunderung. Denk mal an die Marlitt!« Marga, als eifrige Leserin der Gartenlaube, kannte sich da aus.

Isidora stieß einen tiefen Seufzer aus. »Nun, davon bin ich ja noch Meilen entfernt. So berühmt wie die Marlitt muss man erst mal werden! Überhaupt haben durch sie die Fortsetzungsromane ihren Siegeszug angetreten. Wenn ich bedenke, dass oft sogar die Dienstmädchen darauf lauern, dass der Postbote die neueste Gartenlaube mit der weiteren Fortführung eines Romans von ihr bringt.«

»Ja, das ist ein Phänomen! Ich habe zufällig mal mitbekommen, dass sich unsere Trine versteckte und erst mal die Fortsetzungskapitel verschlang, bevor sie das Heft ihrer Herrschaft aushändigte.« Emilie schlug sich mit der Hand vor den Mund und blickte zu Marga: »Aber nicht, dass du deswegen mit ihr schimpfen wirst.« Diese schüttelte beruhigend den Kopf.

»Bedenke außerdem, wie schwer die Marlitt ihr Ansehen errungen hat und wie krank sie ist. Ein Leben im Rollstuhl zu verbringen ist zweifellos hart, das kann auch aller Erfolg nicht heilen.«

»Das empfinde ich genauso, Elsa. Aber wie soll ich mich gegenüber Theobald verhalten?«

»Nun, erzähl ihm von deinem Schreiben. Und was dich bewegt. Wenn das jetzt schon unmöglich ist, so wird dies in der Ehe sicherlich nicht besser. Lass uns etwas abwarten, aber für den Fall, dass es so bleibt, sollten wir vielleicht Tante Sophie zu Rate ziehen. Sie ist in solchen Dingen sehr verständig und lebensklug.«

»Einverstanden. Es gibt allerdings noch einen weiteren Punkt. Der Dichter Ernst von Wildenbruch hat mich gebeten, seine Novelle ›Das wandernde Licht‹ durchzusehen und ihm meine Meinung darüber mitzuteilen. Übrigens etwas für dich, Elsa, eine Art Kriminalerzählung. Ich brenne darauf, es zu tun, denn ich verehre ihn, und es ist für mich außerdem wie ein Ritterschlag unter Schriftstellern, dass ihm meine Stellungnahme relevant ist. Aber ich mag Theobald gar nicht davon in Kenntnis setzen, womöglich reagiert er wieder mit Eifersucht. Was würdet ihr tun?«

»Wie wichtig ist es dir, das Manuskript durchzugehen?«, fragte Elsa.

»Sehr gern möchte ich es tun. Wie gesagt, ich betrachte es als eine Ehre, dass er mir vertraut und auf meine Meinung Wert legt. Und gewiss lerne ich viel dabei.«

»Dann tu es einfach. Und versuche zunächst, Theobald mehr für deine Schriftstellerei zu interessieren. Wir werden abwarten, wie sich die Dinge entwickeln.«

»Gut, ich sehe ihn morgen Nachmittag hier auf einen Tee im Café Kröpcke.«

»Darf ich dir eine kleine Bestellung mitgeben für seine Fabrik? Ich brauche einige homöopathische Mittel.«

In diesem Moment traten Cord und Heinrich hinzu.

Perrita, die sonst eine lautstarke und stürmische Begrüßung zelebrierte, schnüffelte an den Hosenbeinen, knurrte unwillig, zog den Schwanz ein und verzog sich zu Elsa.

»Sie kann uns heute nicht riechen«, witzelte Heinrich, »sie mag wohl weder Krankenhaus- noch Fabrikgeruch.«

»Offenbar hat sie eine feine Nase«, stellte Elsa fest, während sie das Hündchen, das zitternd neben ihr saß, beruhigend streichelte.

»Endlich ist unsere Reisegesellschaft mal wieder beisammen, was für eine Freude! Aber lasst euch nicht stören«, sagte Cord.

»Schön, dass ihr da seid! Wir sind gleich fertig«, erwiderte Isidora. »Gern gebe ich das an Theobald weiter. Er erwähnte neulich, dass sich diese Produkte sehr gut entwickeln. Du hast ihn da auf eine hervorragende Idee gebracht, Marga.«

»Verplappere dich bloß nicht«, warnte Heinrich und warf sich grinsend in die Brust. »Schließlich geht es um mein geistiges Eigentum!«

Alle lachten, bis auf Cord. »Darf ich mitlachen?«

»Manchmal muss man eben die Listen anwenden, die Frauen notgedrungen erfinden, um ihre Vorschläge im wahrsten Sinne des Wortes an den Mann zu bringen«, merkte Elsa mit einem spitzbübischen Lächeln an. »Aber wir vergaßen offenbar, dich einzuweihen.«

»Heinrich, mit dem ich auf La Palma viele Überlegungen austauschte, kann als angehender Mediziner dem Chemiefabrikanten ja Anregungen geben«, erklärte Marga. »Eine Haushälterin würde er sicherlich nicht für voll nehmen.«

»Ich sag es ja«, provozierte Cord, »Schwindeleien und Schlangentänze sind Weibersache.«

Ausnahmsweise sprang Elsa nicht darauf an, und Marga bat Isidora: »Ich brauche noch Schwefelkohlenstoff.«

»Wozu denn das?« Völlig konsterniert blickte Heinrich sie an. »Du weißt doch hoffentlich, wie gefährlich das Zeug sein kann.«

»Keine Sorge, ich sprach kürzlich auch mit Schwester Karla darüber, ich kenne mich aus.«

»Ich beschäftige mich gerade in Zusammenhang mit dem Kaltvulkanisieren damit! Werde euch gleich etwas von meiner Hospitation im Henriettenstift erzählen.«

»Und ich von meinem Praktikum bei der Continentalen«, ergänzte Cord seinen Freund.

Lange saßen die sechs beisammen. Marga freute sich, dass sie in ihrer neuen Rolle unbeschwert dabei sein konnte. So erlebe ich doch mit, wie die jungen Leute sich mit den Gegebenheiten auseinandersetzen und erwachsen werden, dachte sie zufrieden. Da verkündete Cord: »Ich habe noch eine Neuigkeit bezüglich der Gräfin von Potocki. Sie handarbeitet tatsächlich, um Geld zu verdienen – das bekam ich trotz ihrer umfangreichen Vorsichtsmaßnahmen heraus. Meine Mutter machte mich nämlich auf diese Anzeige aufmerksam, ich lese mal vor:

Es dürfte für viele Damen, die durch mehrerlei Ursachen auf einen diskreten Nebenerwerb angewiesen sind, von Interesse sein, dass die Firma J. W. Sältzer, größtes Manufaktur-, Mode-, Tuch-, Kurz-, Leinen-, Weißwaren und Confections-Geschäft der Provinz Hannover, jederzeit zur Efekturierung Ihrer Aufträge besonders in Kunsthandarbeiten geübte Damen sucht. Interessentinnen melden sich in der Seilwinderstraße Nr. 14.

Außerdem fertigt sie noch Stickereien für IG von der Linde in der Osterstraße an. Meist schickt sie ihr altes Dienstmädchen, aber manchmal bleibt ihr wohl nichts anderes übrig, als sich im Geschäft ihre Aufträge persönlich erklären lassen.«

Elsas Augen blitzten. »Also doch! Kein Wunder, dass sie oft so widerwärtig ist. Sie muss total verbittert sein.«

Marga, die die Gräfin schon vor Jahren beobachtet hatte, wie sie im von Elßtorffschen Speisezimmer weißbehandschuht und mit einer Haarnadel versehen an den geschnitzten Schränken die Staubkornprobe vornahm, schüttelte mit dem Kopf. »Bei allem Verständnis: Das rechtfertigt noch lange nicht, so hochmütig und dünkelhaft zu sein. Aber die ganze Heimlichtuerei, dass keiner etwas merkt, kostet bestimmt Nerven. Niemand soll und darf es wissen, denn das wäre absolut unstandesgemäß. Wenn dies bekannt würde, könnte es ihren Stolz geradezu tödlich treffen.«

»Jedenfalls behielt Elsa mit ihrer Beobachtungs- und Kombinationsgabe mal wieder recht – wobei Cord erneut das Ganze verifizierte.« Stolz blickte Heinrich beide an.

»Wie hast du das nur geschafft?«, fragte Emilie, die als Einzige nichts von den roten Füchsen wusste, völlig verblüfft.

»Einige Verbindungen und ein wenig Zufall«, wiegelte Cord ab.

Marga, die zutreffend vermutete, dass keine weiteren Erklärungen abgegeben werden sollten, rief: »Es geht auf sieben Uhr, wir müssen aufbrechen.« Sie wollte noch vor dem Dinner in der Küche vorbeisehen – denn ihrer Aufgaben als Haushälterin, die das von Elßtorffschen Hauswesen wie am Schnürchen perfekt laufen ließ, war sie ja nicht gänzlich enthoben.

Die Zwillinge und Heinrich fanden den Hausherrn aufgebracht im Salon vor, wo er seinen Sherry vor dem Essen bisher nicht angerührt hatte.

»Begegnete heute zufällig Dr. Rehnhoff. Erzählt der Bursche mir, er habe euch mit einem Straßenköter an der Leine getroffen, und ihr hättet gesagt, der Hund sei eine echte Palmera. Stimmt das?«

Elsa spürte, wie blanke Wut in ihr aufstieg. Jetzt brachte dieser Mann auch noch Unfrieden in die Familie! »Ja, so drückte ich mich aus.«

»Willst du damit sagen, dass der Vierbeiner eine Feld-, Wald- und Wiesen-Promenadenmischung ist? Einen Bastard dulde ich keinesfalls in meinem Haus, ich mache mich doch nicht lächerlich.« Empört sprang der Hausherr aus seinem Sessel. Alles erstarrte entsetzt – sollten sie etwa Perrita wieder hergeben?

Wie so oft fasste sich Elsa als Erste. »Selbstverständlich steht am Beginn ihrer Ahnentafel ein echter Jack Russell! Die Linie wurde dann möglicherweise mit einigen Tropfen palmerischem Hundeblut aufgefrischt, was ja offenbar innerlich und äußerlich vorteilhaft ausfiel.« Sie legte eine Pause ein. »Das soll übrigens generell bei Bastarden häufiger der Fall sein.« Das Lächeln, welches sie ihrem Ziehvater schenkte, war nicht ganz frei von Ironie.

Maximilian blickte sie fassungslos an, schnappte hörbar nach Luft und rang offensichtlich mit sich. Inzwischen überlegte Sophie krampfhaft, wie sie das zu erwartende Donnerwetter abwenden könnte. Heinrich verkniff sich ein Grinsen über seinen plötzlich gar nicht liberalen Vater.

Der plumpste in seinen Sessel zurück und fing so schallend an zu lachen, dass Perrita sich jaulend hinter das Sofa flüchtete. Als er sich beruhigt und die Lachtränen abgewischt hatte, verneigte er sich in Elsas Richtung. »Touché, da hast du mir perfekt den Spiegel vorgehalten. Wenn uns jemand nach der Rasse fragt, werden wir in Zukunft sagen, dass sie eine echte Palmera ist.«

Die Spannung löste sich in allgemeinem Gelächter auf, auch das Hündchen kam wieder hervorgekrochen und leckte Elsas Hand.

Im Fabrikanten-Verein

Zwischen dem Möbelfabrikanten Wilhelm Jacob und Cord entwickelte sich eine Verbindung, die von gegenseitiger Achtung und Sympathie getragen war. Denn Jacob befand, trotz aller Vorbehalte gegen den sozialdemokratischen Vater, dass dieser seinen Sprössling gut erzogen und gefördert hatte. Was sicherlich auch für Cords Mutter galt, die ja aus einem Pfarrershaushalt entstammte.

Cord wiederum schätzte Wilhelm Jacob insgeheim wie einen wohlmeinenden Großvater, zumal er seine eigenen nie kennengelernt hatte. Außerdem erfuhr er durch den Möbelfabrikanten ganz andere Sichtweisen, da dieser ihn zum Beispiel in die Überlegungen eines Unternehmers einweihte. Jacob hatte vorgeschlagen, sowohl Cord als auch Heinrich in den Fabrikanten-Verein mitzunehmen. »Die jungen Männer müssen mal mit erfahrenen Vertretern aus der Industrie zusammenkommen, das erweitert den Horizont«, hatte er in einem seiner Gespräche mit Maximilian von Elßtorff angeboten. Und dieser stimmte gern zu, denn er hatte dort als Jacobs Gast schon viele interessante geschäftliche Kontakte geknüpft.

Als sie das Gebäude in der Brühlstraße betraten, schlug ihnen bereits kräftiger Zigarrenrauch entgegen. Nur gute Marken, wie Cord sofort bemerkte, der durch den kleinen Zigarrenladen seiner Großmutter in Linden einigen Sachverstand auf diesem Gebiete erworben hatte. Jacob machte die jungen Männer leise auf einen in besonders dichte Havanna-Wolken gehüllten Bauunternehmer aufmerksam. »Hat drei nicht länger ballfähige unverheiratete Töchter, hoffentlich bekommen wir die Sorgen nicht auch mal«, murmelte er mehr zu sich selbst. Cord und Heinrich tauschten einen kurzen Blick und erinnerten sich an das kürzlich geführte Gespräch, wie viele Jahre noch vergehen mussten, bevor sie es sich erlauben konnten, zu heiraten. Beide seufzten leise, was Wilhelm Jacob nicht entging, der den Zusammenhang richtig schlussfolgerte.

Sie traten näher, um Zeuge einer offenbar erregten Debatte zu werden.

Das Gesicht mit Abscheu in sittlicher Entrüstung verzogen, verkündete ein elegant gekleideter Herr lauthals: »Beim Vulkanisieren erkranken nur die Männer, welche saufen und die Mädchen, welche huren.«

»Das ist einer der Inhaber einer Lindener Gummifabrik«, flüsterte Jacob. »Und sein Vis-à-vis ist Sigmund Seligmann, der Direktor von der Continental-Caoutchouc AG.«

Seligmann war anzusehen, dass er von der Ansicht seines Gegenübers wenig hielt, aber er blieb ruhig. »Die Probleme, die beim Vulkanisieren entstehen, müssen auf vielfältige Weise angegangen werden. Schließlich sind wir den Leuten, die in unseren Fabriken arbeiten, verpflichtet.«

»Seligmann, Ihre väterliche Einstellung zu den Beschäftigten in allen Ehren, aber es geht nun mal um die Produktion, die ist das Wichtigste überhaupt. Für die Ingenieure unserer industriellen Revolution bildet der neue Werkstoff ein Geschenk des Himmels. Reifen aus Gummi verhelfen Fahrrad und Automobil zum Durchbruch. Dichtungen, Schläuche und Transmissionsriemen steckten in fast jeder neu entwickelten Maschine. Und bei der Elektrifizierung ist Gummi als Isolierung kaum zu ersetzen.«

»Ja, unsere Ingenieure treiben die Technik voran, aber häufig merken wir erst später, welche Probleme mit der Fabrikation verbunden sind. Völlig richtig, Gummi ist ein wichtiger und äußerst vielseitiger Werkstoff. Dennoch muss ich wiederholen: Die technischen Fortschritte werden in atemberaubendem Tempo entwickelt. Aber den Gefahren, die möglicherweise bei der Produktion für die Arbeiter und die Umwelt entstehen, denen hinken wir oft hinterher. Ich bin froh, dass ich mit unserem zweiten Direktor Prinzhorn einen erfahrenen Chemiker an der Spitze des Unternehmens habe, der sich über die Gewerbehygiene viele Gedanken macht. Denn die körperlichen und geistigen Störungen, die das Einatmen des Schwefelalkohols zur Folge hat, sind ja gravierend.«

Erneut hob sein Gegenüber indigniert die Augenbrauen und entgegnete herablassend: »Nun, wir können ja nicht ununterbrochen das Arbeitspersonal beim Vulkanisieren überwachen.«

»In der Tat, die Leute müssen zum Beispiel immer und immer wieder angehalten werden, das Gesicht nicht unnötig den Schwefelkohlenstoff ausdünstenden Gegenständen zu nahe zu bringen. Aber das A und O ist doch, durch leistungsfähige Exhaustoren die Luft zu reinigen. Und wir erproben gerade, mithilfe von Abzugsdächern die Arbeiter zu schützen.«

Der Besitzer der Gummifabrik zuckte arrogant mit den Schultern. »Es gibt gewiss selbst bei der Continentalen einen passiven Widerstand der Arbeiter, die zum Beispiel aus Gewohnheit und Bequemlichkeit dazu neigen, den Kopf unter die Schutzdächer zu stecken. Deshalb versuchen wir das gar nicht erst.«

Cord wusste aus seinen Beobachtungen jedoch, dass die Höhen- und Größenverhältnisse sowie auch die Form der Schutzapparate noch teilweise unzweckmäßig waren.

Er konnte nicht mehr an sich halten, mit einer angedeuteten Verbeugung sagte er: »Mit Verlaub, ich absolviere gerade ein Praktikum bei der Continentalen, bevor ich mein Maschinenbaustudium an der Hochschule aufnehme. Die Schutzvorrichtungen bedürfen meiner Meinung nach noch einiger Modifizierung, die Arbeitsabläufe sind teilweise nur mit Verrenkungen zu erledigen, und das führt zu den unerwünschten Haltungen.«

Seligmann sah Cord interessiert an, sein Gesprächspartner hingegen betrachtete ihn wie ein lästiges Insekt. »Erstens, junger Mann, hat Sie niemand um Ihre Meinung gebeten, zweitens wurden Sie uns nicht vorgestellt!«

Wilhelm Jacob deutete eine Verbeugung an: »Wir kennen uns ja. Meine jungen Begleiter berechtigen zu großen Hoffnungen. Unser Cord Breuer hier besitzt einen hellen Kopf, weist ein bemerkenswertes Talent für Maschinenbau auf und ist sehr von seinem Praktikum in Ihrer Conti angetan, Herr Seligmann. Und Heinrich von Elßtorff studiert in Berlin Medizin und begleitet gerade in den Semesterferien Dr. Petzold, den Sie ja auch kennen, um ebenfalls in der ärztlichen Praxis zu lernen.«

»Breuer? – Etwa der Sohn vom roten Breuer?«

»Mein Vater ist Volksschullehrer.«

Der Fabrikbesitzer lächelte äußerst süffisant zu Seligmann hinüber. »Da haben Sie sich ja eine nette Laus in den Pelz gesetzt, gratuliere!«

Dieser schien das nicht zu hören, lud stattdessen mit einladender Geste ein, Platz zu nehmen.

»Nun, es ist eben oft mühsam, Veränderungen durchzuführen. Lassen Sie sich bei Gelegenheit einen Termin bei mir geben, Herr Breuer, falls Sie konkrete Vorschläge haben.«

Cord nickte erfreut.

Der Fabrikbesitzer ignorierte das und fuhr fort: »Die Gewerbekrankheit der Gummiarbeiter, wenn es sie denn überhaupt gibt, betrifft ja nur einige wenige Leute, die in der Kaltvulkanisation von Patentgummiwaren beschäftigt sind.«

»Aber gerade diese sind besonders gefährdet«, warf Heinrich ein. »Selbst in Fachkreisen sind die Schwefelkohlenstoffpsychosen noch kaum bekannt.«

»Junger Mann, vielleicht sollten Sie erst mal Ihr Studium absolvieren, bevor Sie große Töne spucken.« Er schwieg für einen Moment. »Ich kenne schließlich die Praxis! Erfahrungsgemäß gehen ja namentlich die weiblichen Arbeiter sehr leichtsinnig zu Werke.«

»Mag sein … Zumindest sind früher die Vulkanisiermädchen immer bald weggelaufen. Das bedeutete auch, wenn eine Arbeitsstelle alle paar Wochen neu besetzt werden musste, dass viele Leute mit den gefährlichen Ausdünstungen in Berührung kamen.« Seligmann nahm einen tiefen Zug von seiner Zigarre. »Aber inzwischen hat sich dies durch verkürzte Vulkanisierzeiten und stark verbesserte hygienische Einrichtungen in den Sälen geändert. Nichtsdestotrotz haben die Werkführer immer wieder darauf zu achten, dass die Vorschriften für die Arbeitsabläufe auch eingehalten werden.«

Der neue Vorarbeiter, dieser Stambrowsky, muss das allerdings wohl noch lernen, dachte Cord. Er wollte schon etwas sagen, als Wilhelm Jacob ihn unauffällig mit dem Arm anstieß. Cord verstand sofort, dass er besser den Mund halten sollte. Nun, ich kann ja weiter beobachten, sagte er sich. Denn ich glaube, die Vulkanisiermädel lassen den neuen Vorarbeiter, nicht nur was die gesundheitlichen Gefahren betrifft, ins offene Messer laufen. Die sinnen auf Rache! Es heißt, dass er über eine Fünfzehnjährige in einem kleinen Lagerraum regelrecht hergefallen ist. Dabei ist dort wegen der Ausdünstungen ein längerer Aufenthalt strikt untersagt.

»Aber wir haben zum Glück die schlimmsten Auswirkungen auf die Gesundheit unserer Beschäftigten beseitigen können«, fuhr Seligmann fort. »Das Vulkanisier-Personal wechselt nicht mehr, wie früher, ungefähr alle acht Wochen, sondern bleibt. So haben wir viele gelernte und erfahrene Leute, die naturgemäß für die Gefahren des Schwefelkohlenstoffes größeres Verständnis haben, aufpassen und zudem einen besseren Verdienst bekommen.«

»Schön und gut, Seligmann, Personal gibt es ja nun wirklich genug.«

»Mag sein, aber uns ist eine gesunde und in ihrer Tätigkeit erfahrene Belegschaft wichtig. Die arbeiten einfach besser. Außerdem führt die Fortentwicklung der Ventilation dazu, dass wir die maximale Arbeitszeit vorsichtig verlängern können, was sich wieder günstig auf die Herstellungskosten auswirken wird.«

Der Inhaber der Gummifabrik erhob sich, er hatte von diesem Gespräch, wo die sachlichen Argumente so deutlich auf der Seite seines

Gegenübers lagen, offensichtlich genug. »Tja, Sie machen Ihrem Namen eben Ehre«, seine Miene verzog sich spöttisch, während er von oben auf Seligmann herabblickte. »Wenn Sie meinen, Sie müssten Ihre Leute selig machen, passt das ja wohl zu Ihrer Herkunft.« Und damit entschwand er.

Siegmund Seligmann fühlte sich nicht das erste Mal darin bestätigt, dass er die vor Jahren geführten Gespräche über eine Fusion beider Firmen abgebrochen hatte. Die Betriebe hätten sich gemeinsam zu einem schlagkräftigen diversifizierten Gummikonzern entwickeln können. Aber er hatte auf der industriellen Führung des Vorstandes bestanden – es kam zu keiner Einigung. Das war offenbar gut so, sagte sich Seligmann, und bei der Produktion der Schlauchreifen haben wir auch die Nase vorn, den Vorsprung werden die weder technologisch noch beim Umsatz aufholen können. Und menschlich wäre man, wie sich gerade gezeigt hat, kaum miteinander ausgekommen. Zufrieden lächelte er vor sich hin.

Wilhelm Jacob hatte das Gespräch mit wachsendem Groll verfolgt und war nun richtig erbost. Wieder so ein bornierter Kerl mit Vorurteilen gegenüber den Juden, dachte er. »Jeder so, wie es seinem Horizont entspricht«, bemerkte er so laut, dass es alle rundherum hören konnten.

»Und bei manchen ist der Horizont offenbar sehr beschränkt«, fügte Heinrich ebenfalls unüberhörbar hinzu. »Wer so gleichgültig gegenüber der Gesundheit seiner Leute handelt, ist schon menschenverachtend.«

Seligmann seufzte. »Sie sprechen mir aus der Seele, aber dieser Fabrikant stellt bedauerlicherweise keine Ausnahme dar. So wie er denken immer noch zu viele.«

»Und etliche unterschätzen auch leider uns junge Männer, die wir doch durchaus schon gute Ideen und einiges Wissen haben können.« In Cord kochte nach wie vor die Wut über den bornierten Fabrikbesitzer.

Heinrich, dem es nicht anders ging, stimmte ihm zu. »Genau, ich stehe am Anfang und will noch viel lernen. Aber wie dumme Bengel muss man uns nicht behandeln.«

Verständnisvoll nickte Seligmann. »Ja, die Fähigkeiten der Jungen werden oft unterschätzt, das kenne ich aus eigener Erfahrung.«

Jetzt fiel Cord ein, was ihm sein Vater über die wohl beispiellose Karriere dieses Mannes erzählt hatte. Der es nach einer Kaufmannslehre zum Kassenbeamten einer Bank, mit vierundzwanzig Jahren zum Prokuristen und 1879 mit sechsundzwanzig Jahren zum kaufmännischen Direktor und Vorstandsmitglied gebracht hatte. Aber bis ich vierundzwanzig bin, dachte er, läuft noch eine Menge Wasser durch die Leine. Und bis dahin kann sich die Frau meines Herzens, die von meinen Gefühlen nicht mal etwas ahnt, schon dreimal verheiratet haben. Er seufzte und murmelte: »Es dauert viel zu lange, bis es möglich ist, seine Liebste zum Altar zu führen.« Der Einzige, der es mitbekam, war Seligmann, der dieses Problem junger Dachse aus eigener Anschauung kannte. Ein Mann musste schließlich seine Zukünftige standesgemäß ernähren können, bevor an eine Ehe überhaupt nur zu denken war.

Der Direktor der Continental-Caoutchouc AG konsultierte seine Taschenuhr und ließ seine Kutsche rufen, dem schloss sich der Möbelfabrikant an. Die beiden Freunde schlenderten noch gemeinsam Richtung Falkenstraße.

»Seligmann imponiert mir«, bemerkte Heinrich.

»Ja, das ist eine Persönlichkeit, die ich mir neben meinem Vater und Wilhelm Jacob zum Vorbild nehme«, erwiderte Cord. »Der Besuch hier im Fabrikanten-Verein hat sich jedenfalls für uns gelohnt, da haben wir interessante Eindrücke gewonnen.« In dem guten Gefühl, einander zu verstehen, verabschiedeten sich die Freunde.

Frau Stambrowsky in Nöten

»Ach, Schwester, nun ist er seit ungefähr zwei Wochen Vorarbeiter beim Vulkanisieren, und er benimmt sich immer merkwürdiger.«

»Inwiefern, Frau Stambrowsky?«

»Wenn er abends nach Hause kommt, wirkt er, als ob er gekneipt hätte, er spricht ziemlich durcheinander. Seine Nase ist auffallend rot. Er riecht aus dem Mund nach faulen Eiern.«

»Sehr merkwürdig – das könnten doch Frühsymptome der Schwefelkrankheit sein …«

»Ja, das denke ich auch. Denn früher als Vulkanisiermädchen in der Gummifabrik, dat is ja nu über zehn Jahre her, da wurde ich des Öfteren wegen meiner roten Nase aufgezogen, gesagt, dass ich schnapse. Dabei trinke ich gar keinen Schnaps, das kam vom Schwefelalkohol.«

»Bei der Conti ist doch alles gut gelüftet und gesichert, das finde ich merkwürdig.«

»Ja, das geht mir auch so. Denn die anderen Anzeichen, daran erinnere ich mich genau.«

»Noch mehr Symptome?«

»Wenn er heimkommt, läuft er stampfend und unsicher. Außerdem klagt er darüber, dass ihm die Hände kribbeln und sich taub anfühlen. Und zum Klo kann er noch nich richtig, obwohl ich ihm schon alle möglichen Hausmittel gegeben hab. Und genauso kenne ich das noch von vor zehn Jahren.«

Ratlos blickte Karla die besorgte Frau an. »Wie lässt sich das erklären?«

»Ich glaube, dass er unvorsichtig ist, denn wenn im Werk was kaputt wäre, die Lüftung oder so was, müssten das ja alle abbekommen.«

»Ein junger Mann aus Linden macht gerade in dieser Abteilung ein Praktikum, ich werde ihn darauf ansprechen.«

»Das wäre gut, ich mache mir große Sorgen, wenn mein Mann jetzt auch ausfällt, sind wir Matthäus am Letzten.« Nachdenklich schwieg sie einen Moment. Dann sagte sie zögernd: »Schwester Karla, da is noch was Schlimmes – ich muss da mit Ihnen drüber sprechen, obwohl Se fast 'ne Nonne sind …«

»Reden Sie mal frei von der Leber weg, es gibt kaum etwas, was Diakonissen fremd ist.«

Mit sichtlicher Überwindung fuhr die Frau fort: »Anfangs kam er mir vor wie aufgedreht. Sonst lief seit Längerem nichts mehr mit mir, hat ja wohl mit den jungen Mädels im Werk rumpoussiert. Gibt ja immer nette Nachbarinnen, die einem sowas stecken müssen. Aber nu plötzlich, da wollte er alle naselang, na, Sie wissen schon. Und dann hat er angesoffen meine dreizehnjährige Tochter so angestiert, dass mir angst und bange geworden ist. Da ist in mir was geplatzt vor lauter Zorn und Wut, und so hab ich mich vor ihm aufgepflanzt und gesagt: ›Ich habe viel ertragen mit dir und geschwiegen zu deinen endlosen Weibergeschichten. Wenn du dich jedoch an unserer Kleinen vergehen solltest, so schwöre ich dir, dass ich dich umbringe, und ich weiß auch schon, wie!‹ Das hat er selbst betrunken kapiert. Nichtsdestotrotz – ich trau ihm nich.«

»Anna«, Karla brauchte Zeit, um sich zu sammeln – sie wusste nicht, worüber sie entsetzter war, über das Verhalten des Vorarbeiters oder die Morddrohung seiner Frau. »Bei allem Verständnis, das will ich nicht gehört haben.« Doch dann gewann ihre Neugierde die Oberhand: »Außerdem: wie wollen Sie das denn bewerkstelligen?«

Die empörte Frau blickte die Diakonisse listig an und meinte nur: »Mit Schwefelkohlenstoff kenn ich mich aus!«

Karla sprach noch lange mit der erregten Frau, bis diese sich beruhigt hatte. Pragmatisch beschlossen sie, dass das Mädchen nicht mit seinem Vater allein sein sollte. An diesem Abend machte sich Karla mit gebeugten Schultern auf den Heimweg. Sie fühlte sich deprimiert und wütend zugleich und war heilfroh, dass sie nicht einsam für sich sein musste, da sich Marga auf einen Tee angesagt hatte – ihr würde sie alles erzählen können.

In der Continentalen

Bei seinem täglichen Rundgang durch die Fabrik hatte Sigmund Seligmann wie stets seine Augen überall. Den vertrauten Geruch nach erhitztem Gummi, Schwefel und Chemikalien nahm er kaum noch bewusst wahr, die Wärme in einigen Sälen allerdings schon, da er es hasste, ins Schwitzen zu kommen. In dem Raum im obersten Stockwerk, in dem kalt vulkanisiert wurde, roch es leicht süßlich nach Schwefelalkohol. Die nahe dem Fußboden angebrachten Lüftungsanlagen liefen auf Hochtouren, und die großen Fenster waren weit geöffnet. Da fiel ihm der junge Cord Breuer auf, den er vor einigen Tagen im Fabrikantenverein kennengelernt hatte. Dieser wiederum beobachtete, dass eines der Vulkanisiermädchen, über deren Schultern eine Abzugshaube montiert war, sich schwer damit tat, die Flüssigkeit durch die Schläuche laufen zu lassen. Plötzlich kroch sie mit dem Kopf unter das Glasdach und arbeitete weiter. Cord machte sich auf einem karierten Block eifrig Notizen und kleine Skizzen, wie Seligmann gewahrte, als er näher trat. »Nun, junger Mann, machen Sie sich wieder Gedanken über Verbesserungsvorschläge?«

Cord, der das Herannahen des Konzernchefs im Gegensatz zu den anderen Arbeitern nicht bemerkt hatte, schreckte aus seinen Überlegungen auf und verbeugte sich. »Herr Direktor Seligmann, Entschuldigung! Ja, manchmal sind es nur kleine Veränderungen, die aber viel bewirken können.«

»Haben Sie konkrete Vorschläge?«

»Ja, einige inzwischen schon.«

Seligmann, der die von seinem Sekretär geplanten Tagestermine stets im Kopf hatte, nickte und sagte im Weitergehen: »Genau in einer Stunde bei mir im Büro melden.«

Der Vorarbeiter Stambrowsky, der alles beobachtet hatte, brummte: »Mach dich hier mal nich so wichtig, Jungchen. Verbesserungsvorschläge kann ich doch machen.«

Gerade dies wagte Cord zu bezweifeln, hatte er doch oft genug registriert, dass der Mann, der in dieser Abteilung neu war, oft die einfachsten Sicherheitsvorkehrungen nicht richtig beachtete. So pantschte er verschiedentlich gedankenlos mit der Hand durch die Vulkanisierflüssigkeit, während er mit einem der Vulkanisiermädel auf Teufel heraus poussierte. Nicht umsonst hatte ihn eine der Arbeiterinnen, als er sich vor ein paar Tagen vorgestellt hatte, gleich angepflaumt: »Aus Linden biste, aha, von da kommt der neue Vorarbeiter, den se uns aufs Auge gedrückt haben, auch. Hoffentlich jagste nich genauso bekloppt Schürzen wie der!« In der Mittagspause nahm ihn eine Arbeiterin aus Linden beiseite. »Kenn deine Mutter, mein Junge! Also, im Vertrauen: Der Stambrowsky ist ein ganz fieser Kerl. Sein Ruf als Hallodri eilte ihm schon voraus. Aber hier benimmt er sich schlimmer als je zuvor, denn er beachtet die Sicherheitsvorschriften keine Spur, tut so, als könne ihm der Schwefelalkohol nichts anhaben. Der pantscht in der Brühe rum, hockt sich auf den Boden, wo das Gas wabert, und futtert da seine mitgebrachte Stulle im Vulkanisierraum. Und er ist bereits nach einigen Tagen immer ausfälliger mit seinen Sprüchen geworden und dreister mit seinen Grapschereien. Den macht der Schwefelalkohol zum geilen Bock. Also: du weißt Bescheid und hältst dich an die Vorschriften hier, das Zeug ist sonst gefährlich, verstanden?«

Cord beobachtete, dass die Mädchen, die Stambrowsky innerhalb kürzester Zeit wegen seiner beständigen Übergriffe auf dem Kieker hatten, gar nicht mehr daran dachten, diesen zu warnen. Er vermutete, dass die Mädchen den Kerl, nicht nur was die gesundheitlichen Gefahren betraf, ins offene Messer laufen lassen würden. Die sind richtig sauer, die hecken etwas aus, schlussfolgerte Cord.

Stambrowskys Aufmerksamkeit galt inzwischen einer der neuen Arbeiterinnen, einem bildhübschen, knapp fünfzehnjährigen Mädel mit strahlend blauen Augen aus dem Eichsfeld, deren blonde Locken unter dem Kopftuch hervorlugten. So fertigte er den lästigen Praktikanten nur noch kurz ab: »Sieh mal zu, dass de pünktlich bist. Der Chef hasst Unpünktlichkeit ebenso wie undiszipliniertes Verhalten uff Arbeit.«

Das sagt ja gerade der Richtige, fand Cord. In diesem Moment ging eine der erfahrenen Arbeiterinnen an Stambrowsky vorbei und zischte: »Lass die katholische Unschuld in Ruhe, das Mädelchen hat von Tuten und Blasen keine Ahnung.«

Der lachte nur dreckig und leckte sich unbewusst die Lippen. »Verzieh dich, Alte, und kümmere dich um deinen eigenen Kram!«

Pünktlich – und das hieß eine Viertelstunde vor der Zeit – erschien Cord im Vorzimmer des Direktors. Und auf die Minute wurde er vorgelassen.

Das Allerheiligste von Seligmann, der die gesamte interne Betriebsorganisation, den Verkauf, das Sozial- und das Finanzwesen verantwortete, zeichnete sich durch einen mächtigen Schreibtisch, eine Sitzecke und einige Aktenschränke aus. Da hatte Cord in der Möbelfabrik von Wilhelm Jacobs schon repräsentativere Büros gesehen. Als guter Beobachter war Seligmann seinen Blicken gefolgt und meinte mit leisem Lächeln: »Ja, ich sollte mich mal mit Ihrem Mentor ins Benehmen setzen, eine imposantere Büroausstattung wäre bestimmt angebracht, allein, momentan finde ich dafür keine Zeit. Meine Leute kommen genau wie ich auch am Samstagnachmittag oder Sonntagmorgen, um zumindest die Post durchzusehen. Sie arbeiten im wahrsten Sinne des Wortes nicht umsonst so viel, sie schätzen eben meine großzügigen Gratifikationen.«

Cord nickte. »Mein Vater sagt, wenn man Sie in der sozialistischen Presse als den obersten Lohnarbeiter der Conti bezeichnet, so ahnen die gar nicht, wie sehr dies den Kern der Sache trifft. Denn offenbar gehört Ihre ganze Arbeitskraft nur der Continentalen.«

Erstaunt blickte Seligmann ihn an. »Ein ungewöhnlicher Sohn mit einem scharfsinnigen Vater, Chapeau vor beiden. In der Tat lehne ich jegliche Mitarbeit im öffentlichen Leben oder in anderen Unternehmungen kategorisch ab, um meine Kräfte nicht zu Lasten der Continental zu zersplittern. Zum Beispiel als Aufsichtsrat zu kontrollieren und Verantwortung zu übernehmen, dazu verspüre ich weder Lust, noch habe ich dafür die Zeit. In Fachverbänden, wie dem Centralverein der deutschen Kautschukindustrie, engagiere ich mich allerdings stark, auch wenn ich die Reiserei verabscheue. Aber schon mein Schwiegervater Gustav Coppel betonte die Notwendigkeit solcher Reisen mit dem Hinweis darauf, dass eine fliegende Krähe mehr findet, als zehn sitzende.«

Einen Moment lang sahen sich die beiden lächelnd an. Ein wenig erinnert mich der junge Mann an mich, als ich in dem Alter war, ging es Seligmann durch den Kopf.

»Nun, welche Vorschläge haben Sie zu machen?«

»Zunächst nur etwas ganz Einfaches.« Cord räusperte sich ein bisschen verlegen. »Bei der Vulkanisierung der Milchsauger erproben wir ja gerade einen Warentisch, bei dem sowohl die Schüsseln mit dem Schwefelkohlenstoff als auch die Bereiche, wo die Ware auf der untergelegten Saugpappe abtropft, mit Schutzkästen versehen sind. Die Vulkaniseurin steht auf einem Tritt erhöht, und den müsste man der jeweiligen Körpergröße genauer anpassen. Wenn die Mädels zu niedrig stehen, stecken sie häufig aus Bequemlichkeit den Kopf unter die Glasscheibe, die sie eigentlich schützen sollte. Und dann atmen sie die Gase konzentriert ein. Sobald verschieden hohe Schemel bereitstünden, würde das besser funktionieren.«

Während er sich eine Notiz machte, meinte Seligmann: »Ja, Arbeitsabläufe zu verändern gestaltet sich meist schwierig. Der Mensch ist eben doch in vielem ein Gewohnheitstier. Aber der Schutz meiner Belegschaft steht bei mir an oberster Stelle.« Er zupfte heftig an seinen Schnurrbart.

»Haben Sie weitere Ideen?«

»Ja, die sind jedoch noch nicht spruchreif, ich brauche mehr Zeit. Und ich muss für manche Überlegungen erst mal mein Studium beginnen, momentan fehlen mir zu viele technische Kenntnisse.«

»Das nenne ich eine ehrliche Antwort. Lassen Sie sich einen Termin geben, wenn Sie so weit sind. Ich höre mir die Ansichten meiner engeren Mitarbeiter ebenso an wie sachlich begründeten Widerspruch. Sowie mich Vorschläge überzeugen, nehme ich sie gern an.«

Cord verabschiedete sich, und während er hinausging, machte sich Seligmann Notizen.

Der Jacob weiß, warum er diesen jungen Mann unter seine Fittiche genommen hat, überlegte er, der berechtigt zu den schönsten Hoffnungen. Ich werde das wohlwollend im Auge behalten. Um gute Leute kann man sich nicht früh genug kümmern – vor allem wenn sie so sympathisch sind. Mal sehen, ob der dann in der Möbelfabrik landet oder hier.

Und damit wandte sich Seligmann dem nächsten Punkt seines umfangreichen Tagesgeschäftes zu.

Als Cord gegen fünf Uhr zurück in den Vulkanisiersaal kam, deckten die jungen Frauen gerade die Schüsseln mit dem Schwefelkohlenstoff ab. Die Fenster standen weit offen, von draußen drang munteres Vogelgezwitscher herein. Hier drinnen jedoch vermeinte Cord, eine angespannte Stimmung wahrzunehmen. Keine Scherze flogen durch den Raum, und nur ernste, geradezu verkniffene Gesichter wandten sich ihm zu.

»Wo ist Stambrowsky?«, fragte er ein junges Mädchen von gerade mal fünfzehn Jahren, das erst vor vier Tagen angefangen hatte.

»Weiß nicht«, nuschelte diese, und Cord bemerkte, dass das völlig verstört wirkende Mädchen ein blaues Auge hatte. »Was ist denn mit dir passiert?«

»Sie hat sich gestoßen«, reagierte ihre Nachbarin.

»Nee, sie wurde gestoßen«, zischte eine andere voller Zorn.

»Hier stimmt doch was nicht.« Fragend blickte Cord in die Runde.

Aber kaum eine der Frauen erwiderte seinen Blick; es gab nur wütende und verschlossene Mienen.

»Kümmern Se sich mal um Ihre Angelegenheiten, Herr Student in spe«, schnappte schließlich eine der dienstältesten Arbeiterinnen. »Wir müssen ohnehin mit unserm Kram allein klarkommen.«

»So sieht es aus«, pflichtete ihr eine weitere bei. »Die Kerls halten eh alle zusammen. Eine Krähe hackt der andern kein Auge aus.«

Cord gab es auf. Er blickte noch mal auf die bedauernswerte Arbeiterin mit dem Veilchen, die zitternd neben den übrigen stand und aussah, als würde sie gleich aus den Latschen kippen. Er sah sie freundlich an. »Soll ich dich nach Hause bringen?«

»Mach das«, nickte ihm eine der Arbeiterinnen anerkennend zu. »Sie wohnt auch in Linden. Bis morgen!«

Die wollen mich los sein – Cord beschlich ein seltsames Gefühl.

Auf dem Heimweg stützte er das Mädchen vorsichtig mit der Hand unter dem Ellenbogen ab. Dann wagte er einen letzten Versuch.

»Willst du mir nicht sagen, was wirklich passiert ist?«

»Du kannst mir ja sowieso nicht helfen«, schluchzte sie.

»Vielleicht doch! Was ist denn vorgefallen?«

»Die Frauen haben mich gewarnt, dass ich aufpassen soll, nirgends mit dem Stambrowsky allein zu sein. Er jedoch stieß mich in einen kleinen Lagerraum und fiel über mich her wie ein Stier. Ein paar Kratzer habe ich ihm wohl zugefügt, aber er war einfach zu stark.«

»Wir zeigen ihn an«, rief Cord wütend.

»Nein, die anderen raten davon ab. Er wird es bestreiten und ich meine Stelle verlieren, die ich ganz dringend brauche. Die Frauen sagen, dass schon mal eine Arbeiterin versucht hat, sich zu wehren und sich beschwert hat – vergeblich. Sie wurde schikaniert und schließlich entlassen und fand in keiner Fabrik mehr Lohn und Brot. Der Vorarbeiter behauptete, das Mädchen habe ihm den ersten Anlass gegeben und ihn gereizt.«

»Das ist ja eine solche Gemeinheit«, entfuhr es Cord.

»Der hat tatsächlich gesagt, dass er es bei einem anständigen Mädchen nicht versucht hätte. Die sitzen am längeren Hebel. Ich musste den Arbeiterinnen die Hand darauf geben, dass ich schweige.«

»Aber das geht doch nicht …« Einmal mehr fühlte er sich hilflos.

»Hauptsache, ich kriege kein Kind! Und du musst mir auch versprechen, dass du die Klappe hältst.«

Cord brummelte etwas vor sich hin, was als Zustimmung gelten konnte, und lieferte sie an der Blumenauer Straße ab, wo sie eine Schlafstelle hatte.

Zornig machte er sich auf den Heimweg. Wo kein Kläger, da kein Richter … Zum ersten Mal erkannte er, welche Menge bitterer Erfahrung in dieser Volksweisheit steckte. Denn ebenso wie die vergewaltigte Arbeiterin trauten sich viele der sogenannten kleinen Leute kaum, vor Gericht zu gehen, wenn ihnen Unrecht geschehen war. Sein Vater hatte neulich berichtet, dass sich die Sozialdemokraten für ein Gesetz stark machten, durch welches jeder Vorgesetzte, der mit einer von ihm wirtschaftlich abhängigen Frauensperson seines Betriebes in einem unsittlichen Verhältnis stehe, bestraft wird. Aber noch existierte eine solche Vorschrift nicht.

Er überlegte: Ob ich das Seligmann stecke? Dessen Ruf als Patron des Unternehmens ist ja trotz seiner relativ jungen Jahre legendär, die väterliche Zuneigung zu seinen Beschäftigten allgemein bekannt. Andererseits versprach ich mehr oder weniger, mich nicht einzumischen.

Ratlos und uneins mit sich kam Cord zu Hause an. Dort fand er seine Mutter in trauter Runde mit Schwester Karla, Emilie und Marga vor. »Die Kinder holen von Fleischer Piepho auf der Limmer Straße Beutelwurst, der macht die beste, und Kalle freut sich schon drauf. Und ich habe bereits für Familie Stambrowsky eine gute Hühnersuppe gekocht, die arme Frau kommt nur sehr langsam zu Kräften.«

Der ohnehin blasse Cord zuckte bei der Nennung des letzten Namens sichtlich zusammen, was alle drei bemerkten. »Da ist doch was vorgefallen, mein Sohn. Setz dich und erzähl!«

Der nahm einen Schluck Kaffee und blickte zweifelnd zu Emilie. »Es gab heute einen schlimmen Vorfall in der Continentalen. Und der hat ausgerechnet etwas mit Paul Stambrowsky zu tun.« Alarmiert schaute Schwester Karla ihn an. »In der Fabrik – also nicht bei ihm zu Hause?«

»Nein, wie kommst du darauf?«

»Sprecht ihr hier neuerdings in Rätseln? Nur zu, mein Sohn, mal frei von der Leber weg – was ging da heute vonstatten?«

Cord suchte sichtlich nach Worten. »Herr Stambrowsky scheint in der Fabrik schon immer als Schürzenjäger bekannt gewesen zu sein. In der Vulkanisier-Abteilung hat sich seine Rumpoussiererei geradezu manisch entwickelt. Heinrich vermutet, dass dies damit zusammenhängt, dass er die Sicherheitsmaßnahmen im Umgang mit dem Schwefelkohlenstoff sträflich vernachlässigt. Der Stoff erzeugt auch psychische Störungen.«

»Willst du sagen, es kann verrückt machen? So etwas hat uns doch schon Frau Stambrowsky aus ihrer Zeit früher als Vulkanisiermädel erzählt.« Emilie sah aufgeregt in die Runde. »Aber in der Conti wird alles abgesichert. Wieso sollte der Mann da überschnappen?«

»Eben weil er leichtsinnig ist. Die Arbeiterinnen sind ja durch die Bank gesund.«

Seiner Mutter riss der Geduldsfaden: »Was ist passiert, Cord?«

Der räusperte sich, sah entschuldigend zu Emilie. »Stambrowsky hat einer fünfzehnjährigen Arbeiterin Gewalt angetan.«

Emilie entfuhr ein Aufschrei, sie hielt sich die Hand vor den Mund.

Marga murmelte: »Dieses dreckige Schwein.«

Luise hieb wütend mit der Faust auf den Tisch. Sie starrte Karla an: »Du wirkst so merkwürdig gefasst.«

»Frau Stambrowsky vertraute mir kürzlich an, dass ihr Ehegatte sich seltsam benimmt. Sie vermutet auch, dass es etwas mit dem Schwefelalkohol zu tun haben könnte. Außerdem befürchtet sie, er könne sich an der eigenen dreizehnjährigen Tochter vergreifen. Und sie hat ihm gedroht, ihn umzubringen!«

»Keine schlechte Idee, er ist ein Mistkerl!«, entfuhr es Cord, der immer noch das vergewaltigte Mädchen vor Augen hatte, aus tiefster Seele.

»Mein Sohn, sollen wir alle, die hier Unheil anrichten, umbringen? Für Verbrechen ist die Justiz zuständig!«

»Wenn sie überhaupt eingeschaltet wird! Das Opfer traut sich nicht zur Polizei. Und die müsste dann obendrein entsprechend einschreiten. Die sehen doch im Zweifelsfall in den Fabrikarbeiterinnen so etwas wie Freiwild. Und diese haben so schlechte Erfahrungen gemacht, dass sie dem Mädchen das Versprechen abgenommen haben, zu schweigen.«

Emilie konnte es nicht fassen. »Der Kerl soll ungestraft davonkommen? Gibt es denn gar keine Gerechtigkeit mehr? Das können wir doch nicht zulassen.«

»Hier mahlen die Mühlen etwas anders«, sagte Karla schleppend. »Das habe ich mühsam zur Kenntnis nehmen müssen und kann mich immer noch nicht damit abfinden. Man kann nur stets versuchen, Schlimmeres zu verhindern und Geschehenes zu lindern. Ich werde später nach dem Mädchen sehen.«

»Und wie schützen wir Frau Stambrowsky und ihre Tochter?«, fragte Marga.

»Wir könnten dort abends abwechselnd vorbeischauen«, entgegnete Luise Breuer.

»Ich werde heute mitkommen und noch eine Reihe von meinen stärksten Freunden hinzuziehen, damit euch nichts passiert.«

Schon ging Cord im Geiste die roten Füchse durch, von denen sich einige im Arbeiter-Turnverein Bärenkräfte antrainiert hatten.

»Ab morgen wäre es wunderbar, wenn du uns eine Leibwache stellst«, Schwester Karla lächelte ihn mühsam an, »aber heute können Luise und ich nach dem Rechten sehen. Wir kündigen Anna an, dass wir noch eine Abendrunde mit Geleitschutz einlegen.«

»Einverstanden, dann kann ich jetzt los und mich um die Eskorte kümmern«, erklärte Cord. »Ich brauche sowieso etwas Bewegung, um den Kopf freizubekommen.«

Marga und Emilie eilten zur Droschke. »Was wohl Heinrich und Elsa zu dieser abscheulichen Geschichte sagen werden«, meinte Emilie. »Bis auf Heinrich kennen wir alle die Familie, besonders die Tochter, was die ganze Angelegenheit noch viel schrecklicher macht.«

Marga umfasste sie an der Schulter und drückte sie an sich. »Ja, es geht mir ebenfalls unter die Haut. Da kann man genau wie Cord vor lauter Wut und Ohnmacht schon mal mit Mordgedanken spielen …«

»Vielleicht sollten wir heute Abend auch noch bei Stambrowskys vorbeischauen, Marga, was meinst du?«

»Ja, das habe ich gleichfalls gedacht. Doppelt hält besser, ich frage die Gnädige.«

»Wir können ja unseren Wachhund mitnehmen – das wird Frau Stambrowsky auch etwas ablenken.«

Das Unheil nimmt seinen Lauf

Der Wachmann blieb mitten in seinem Kontrollgang stehen. Bisher hatte es keine besonderen Vorkommnisse gegeben, aber jetzt stimmte etwas nicht. Richtig – das Motorengeräusch der Exhaustoren im Trockenraum fehlte. Schnellen Schrittes eilte er zur Tür – sie klemmte. Hier war ganz entschieden was faul! Mit einem kräftigen Ruck zerrte er an der Klinke, da ließ sie sich mit einem knirschenden Geräusch öffnen. Scheinbar hatte sich ein Steinchen dazwischengesetzt. Es roch penetrant nach Schwefelkohlenstoff. Wieso waren alle Fenster geschlossen? Entgeistert starrte er auf die reglose Gestalt auf dem Fußboden. Er hielt den Atem an, presste sich ein Taschentuch vor Mund und Nase und riss die Fensterflügel weit auf. Nachdem er tief durchgeatmet hatte, zog er keuchend den Körper aus dem Raum. Nun erkannte er, dass es sich um den neuen Vorarbeiter handelte – das am Boden konzentrierte Gas hatte ihn regelrecht narkotisiert. Mit Mühe bugsierte er ihn an ein großes Fenster, das er öffnete. »Paul, komm zu dir.« Panisch klopfte er dem Mann auf den Rücken. Der Wachhabende wusste nicht, was er tun sollte – den Ohnmächtigen an die frische Luft halten oder Hilfe holen. Nach einer gefühlten kleinen Ewigkeit, während der er diesen immer wieder schüttelte, kam der Vorarbeiter langsam wieder zu sich. »Dunnerlittjen, was ist bloß mit dir passiert?«, fragte der Wachmann erleichtert. Stambrowsky lallte mühsam etwas vor sich hin. »Ein Unfall, bring mich aus dem Werk! Ich will nach Hause!«

»Aber Paul, ich muss Meldung machen, und du gehörst ins Krankenhaus!«

»Du musst da nix von machen – seierman von Stille und tu, was ich sage.«

Vor dem Werkstor brach er auf der Vahrenwalderstraße taumelnd zusammen. Der Wächter ließ eine Droschke kommen und den angeschlagenen Vorarbeiter nach Hause bringen.

Entsetzt nahm Anna ihn in Empfang. »Kein Arzt – morgen bin ich wieder auf dem Damm.« Seine Artikulation war undeutlich und verwaschen. »Gib mir lieber einen anständigen Schnaps – anständig, ja, ja, ich glaube, die Vulkanisiermädel haben mich ordentlich reingelegt.«

Er trank den Korn in einem Zug und ließ sich dann zu Bett bringen, wo er noch halblaut vor sich hin phantasierte und schließlich einschlief.

Anna entsandte den Nachbarjungen mit einer Botschaft an Karla, erst am nächsten Morgen zu kommen, da momentan keine akute Gefahr drohe.

Nach einer unruhigen Nacht bereitete Anna mit Hilfe ihrer Tochter ein karges Frühstück vor, schickte die Kinder zur Schule und rüstete sich für den Arztbesuch. Da klopften auch schon Karla und Luise, dicht gefolgt von Marga und Emilie mit Perrita.

»Wie geht es dem Mann?«, fragte die Diakonisse.

»Der pennt vor sich hin – der kann momentan keiner Fliege was zuleide tun. Aber die Vergiftungserscheinungen lassen ja oft nach einem Schlaf in normaler Luft nach.«

»Wir werden nach ihm sehen, Frau Stambrowsky, Sie können in Ruhe gehen, wir haben auch gleich eine Suppe zum Mittagessen mitgebracht.«

Nachdem die Diakonisse nach dem Mann gesehen hatte, schlüpfte die neugierige Perrita durch den offenen Türspalt ins Krankenzimmer – und kam postwendend mit gesträubtem Nackenfell und eingezogenem Schwanz zurück. Sie schmiegte sich an Emilies Bein und jaulte heftig. Ratlos nahm diese sie auf den Arm. Dann fiel ihr ein, dass die Hündin ähnlich reagiert hatte, als Heinrich von der Besichtigung der Gummifabrik zurückgekommen war. »Perrita scheint nicht nur eine Mäusefängerin zu sein, sondern auch eine sensible Nase für Schwefelalkohol zu haben«, sagte sie leise zu Marga.

Diese nickte. »Man hat Terrier auch in Bergwerken eingesetzt, da sie die gefährlichen Grubengase früher als die Menschen wahrnahmen. Mach das Fenster auf, damit sie frische Luft bekommt.« Tatsächlich beruhigte sich das Hündchen nach einer Weile, und Emilie nahm sich vor, Elsa und Heinrich von dieser Beobachtung zu erzählen. Die Frauen sahen abwechselnd nach dem Vorarbeiter, während sie noch einiges im Haushalt erledigten.

Eine halbe Stunde später schlug Marga Alarm. »Es geht ihm schlechter!«

Karla verschwand in der Schlafkammer, um nach längerer Zeit mit niedergeschlagenen Augen zurückzukehren. »Da war nichts mehr zu machen, die Atmung setzte aus.«

Als Anna von ihrem Arztbesuch heimkam, trat ihr die Diakonisse bereits im Flur entgegen. Ein Blick in das Gesicht von Karla genügte, und die Frau wusste Bescheid.

»Mein Beileid, Frau Stambrowsky. Der Zustand Ihres Mannes verschlechterte sich rapide – er war nicht mehr ansprechbar, und dann setzte die Atmung aus. Ich vermute, kurz darauf machte sein Herz nicht weiter mit. Dieser Betriebsunfall muss doch gravierender gewesen sein als gedacht.«

Langsamen Schrittes ging Frau Stambrowsky ins Schlafzimmer.

Nach einer Weile kam sie wieder heraus und wandte sich zur Küche, wo sie ein Glas in die Abwaschschüssel legte und Wasser aus dem Kessel darüber goss. Mit einem seltsamen Blick aus den Augenwinkeln musterte sie die vier Frauen. »Er ist tot – nun brauche ich nie wieder fürchten, dass er was Übles anstellt.« Sie brach in Tränen aus und sank auf das mit Wachstuch bezogene Sofa, auf dem ihr Mann so gern gelegen hatte.

Karla wandte sich ab.

»Ich lasse Dr. Petzold verständigen.«

Marga, Luise und Emilie kondolierten ebenfalls, dann verständigten sie sich mit einem Blick.

Luise verabschiedete sich. »Ich muss nach Kalle und Pauline sehen.«

»Und ich koche schnell Tee«, beschloss Marga, »der Doktor und Heinrich werden ebenfalls dankbar für eine Tasse sein.« Sie nahm die Büchse mit der getrockneten Pfefferminze, die sie Frau Stambrowsky geschenkt hatte, zur Hand. »Wir fahren dann gleich nach Hause, Emilie, hier können wir nichts mehr tun.«

Wartend saßen die Diakonisse und die Witwe am Küchentisch. Schließlich brach Anna die Stille und sagte: »Wie auch immer Gott da eingegriffen hat, er hat uns vor weiterem Schrecken gerettet. Und da bin ich vor allem für meine Tochter froh.« Sie trank einen Schluck Tee. »Und die Vulkanisiermädel werden ihm ebenso wenig eine Träne nachweinen. Irgendetwas hat er von denen phantasiert. Früher war er mal anders, aber in den letzten Jahren …« Sie brach ab und schüttelte den Kopf.

In diesem Moment klopfte es, Schwester Karla öffnete.

Nachdem Dr. Petzold und Heinrich kondoliert hatten, berichtete Frau Stambrowsky über den Unfall in der Fabrik, wobei sie nichts Genaueres wusste. Der Arzt setzte sich schweratmend auf einen Stuhl und trank den Tee. Dann ordnete er an: »Dieses Mal nimmst du die Untersuchung vor, Heinrich.«

Die beiden zogen sich ins Schlafzimmer zurück.

Versehentlich stieß Heinrich mit dem Fuß an den Nachttopf, der unter dem Bett stand. Einige Tropfen spritzen auf seine Schuhe. Leise fluchend bückte er sich, griff nach dem Gefäß und verzog die Nase.

»Seltsam, Dr. Petzold. Der Urin stinkt penetrant nach Sellerie oder Rettich. Genau so war es im Henriettenstift. Das ist typisch bei Schwefelkohlenstoffvergiftungen. Aber in der Continentalen wird doch beim Vulkanisieren abgesaugt und gelüftet. Wie kann das sein? Wieso ist der Mann umgekippt?« Er beugte sich über den Toten.

»Der ist nicht einfach so in Ohnmacht gefallen«, bemerkte Heinrich, »er hat hier am Hinterkopf zwei dicke Beulen, das sieht nicht so aus, als ob beide von einem Sturz stammen könnten. Und er riecht süßlich aus dem Mund.«

Dr. Petzold wurde aufmerksam. »Nun, offenbar gab es ja in der Fabrik einen Unfall, so dass er möglicherweise länger den Gasen ausgesetzt war. Aber ein so intensiver Geruch, das ist seltsam, das kann nicht nur vom Einatmen der Gase kommen. Fast, als ob er das Zeug gesoffen hätte.«

»Die Einverleibung von Schwefelalkohol durch die Speisewege wirkt bei genügender Menge tödlich, der Tod erfolgt aufgrund von Atemlähmung.«

»Ein Versehen? Ein weiterer Unfall? Oder gar ein Anschlag? Wollte da jemand ganz sichergehen, dass er das Malheur mit dem Einatmen der Gase nicht überlebt? Der Fall ist mir suspekt, Heinrich. Ich spreche mit Criminal-Inspector Hahn und lasse eine Obduktion vornehmen. Wir sagen erst mal kein Wort von unserem Verdacht, ich will niemanden beunruhigen.«

Der Arzt ging zurück in die Küche und erklärte: »Wegen des Unfalls in der Fabrik müssen noch einige Untersuchungen durchgeführt werden, das ist Vorschrift. Wir lassen den Toten abholen und informieren Sie, wann Sie die Beerdigung angehen können.«

Nachmittags bat Sophie die Zwillinge und Marga zum Tee.

»Heinrich informierte mich, dass es schon wieder einen Todesfall gegeben hat«, sie blickte Emilie forschend an, »du brauchst gar nichts zu sagen, so bedrückt, wie du aussiehst, sehe ich es dir an der Nasenspitze an.«

Während Elsa Tee einschenkte, holte Sophie tief Luft. »Das war der letzte Einsatz christlicher Nächstenliebe dieser Art! Jetzt ist erst mal Schluss – keine weiteren Hausbesuche! Ohne Widerrede und ohne Drohungen, Diakonisse zu werden, Emilie. Zu gegebener Zeit können wir über Hilfe in der Kinderwarteschule sprechen, einen Handarbeitskreis oder was sonst noch sinnvoll sein mag.«

Während Elsa durchaus erleichtert war, wagte Emilie einen letzten Versuch: »Was sagt denn Mama dazu?«

»Ernestine wird von alledem kein bisschen erfahren! Ich wollte euch nicht beunruhigen, aber der Gesundheitszustand eurer Mutter lässt zu wünschen übrig. Abgesehen von den Erinnerungslücken und Migräne-Attacken scheint sie schwach auf der Lunge zu sein. Dr. Petzold will eine gründliche Untersuchung durchführen und noch einen Spezialisten hinzuziehen – dann sehen wir weiter. Jedenfalls sind Aufregungen aller Art zurzeit Gift für Ernestine und strikt zu vermeiden. So habe ich es mit eurem Großvater besprochen.«

Marga fasste sich als Erste – sie fand Sophies Entscheidung völlig richtig. »Ein Grund mehr, Krankenbesuche, die mit Ansteckungsgefahr einhergehen können, zu meiden. Es konnte ja niemand ahnen, dass in so kurzer Zeit zwei Todesfälle geschehen würden. Es wäre doch erholsam, die sonnigen Septembertage zu genießen, auszufahren und zur Ruhe zu kommen.«

Indessen sahen sich die Zwillinge erschrocken an, Elsa nahm Emilie in den Arm. »Die Gesundheit von Maman geht vor. Und wir werden uns mit Marga und Schwester Karla gewiss vieles einfallen lassen, womit wir uns nützlich machen können.«

In diesem Moment betrat Heinrich den gelben Salon. »Das wird wohl nicht so ohne Weiteres möglich sein. Es besteht der Verdacht, dass Paul Stambrowsky keines natürlichen Todes gestorben ist. Wenn das stimmt, könnt ihr euch schon mal auf die Befragungen von Criminal-Inspector Hahn einstellen.«

Alle blickten sich bestürzt an. »Mordverdacht, Heinrich? Herr Hahn kommt hierher?« Elsa war keineswegs erpicht darauf, den Inspector wiederzusehen, der möglicherweise noch nachträglich etwas über ihre Verkleidung als Dienstmädchen verraten könnte.

Doch Sophie zeigte sich wenig beeindruckt. »Das ist alles schockierend, aber letztendlich sollte es uns nicht tangieren, zumal es sich bei dem Verstorbenen ja wohl um einen äußerst unangenehmen Zeitgenossen handelte. Ein paar Routinebefragungen, und das wird es dann wohl gewesen sein. Wir werden uns mit der weiteren Erziehung von Perrita beschäftigen, was meiner Meinung nach dringend nötig ist.« Sofort kam das Hündchen angerannt und versuchte, bei Sophie auf den Schoß zu springen. Die allgemeine Anspannung begann sich zu lösen. Nur Elsas siebter Sinn funkte mal wieder dazwischen. Ein Unglück kommt selten allein, ging es ihr durch den Kopf, und es kribbelte ihr unangenehm den Nacken herunter. Diese Vorahnung sollte sich nur allzu sehr bewahrheiten.

Polizeiliche Ermittlungen

Der Criminal-Inspector saß in seinem engen Bureau in der Polizeidirektion in der Brandstraße. Der Fall Stambrowsky ließ sich verzwickt an. Tod durch Einatmung und Trinken von Schwefelalkohol lautete das Ergebnis der Obduktion. Immerhin waren bei der Untersuchung des Unfallortes Glassplitter gefunden worden, die von einer Flasche voll mit Schwefelkohlenstoff stammen könnten. Wie diese dorthin gelangt und wieso sie zersprungen war, hatte nicht dabeigestanden! Dr. Petzold erklärte, dass durch Zerplatzen oder Verschütten eines größeren, mit Schwefelkohlenstoff gefüllten Gefäßes in einem engen Raum eine rasche Betäubung einer Person zustande komme. Der bewusstlos daliegende Mensch könnte, wenn nicht rechtzeitig Hilfe gebracht wird, in einem mit den Gasen geschwängertem Zimmer zu Tode narkotisiert werden. Nun, das war ja nicht der Fall gewesen. Aber die nicht laufende Lüftung, die Beulen auf dem Hinterkopf des Toten – das waren zu seltsame Umstände für einen Unfall!

Manchmal half ja der Zufall, der am häufigsten und am sonderbarsten herrschende Weltenlenker. Allerdings ließ dieser seine Eingebungen keinesfalls gerecht nur den ermittelnden Behörden, sondern auch den Verbrechern zukommen. Der Inspector seufzte schwer. Aus den Vulkanisiermädels hatte er jedenfalls keinen Deut herausbekommen. Beliebt schien der Vorarbeiter keineswegs gewesen zu sein. »Ein Weiberheld, der seine Stellung ausnutzte«, hatte ihm der Wachmann bei seiner Befragung noch gesteckt. Im Werk kam er vorläufig nicht weiter.

Und dabei hing gerade von den ersten Schritten einer Criminaluntersuchung so vieles ab, häufig sogar alles. Aber hier handelte es sich um kein typisches Verbrechen. Kein offensichtlicher Raubmord war geschehen, für den es so etwas wie eine geordnete und gewohnte Vorgehensweise gab. Verdächtig war in diesem Fall grundsätzlich jeder, der eine Gelegenheit zur Tat und womöglich noch ein Motiv hatte. Er malte Kringel auf ein Blatt Papier vor sich, gab sich einen Ruck und begann zu schreiben.

»Anwesend am Tatort:
die Ehefrau Anna Stambrowsky
die Diakonisse Karla

Luise Breuer, Frau des roten Breuer, wohnhaft in der Falkenstraße
Marga Lheiss, Haushälterin bei den von Elßtorffs, wohnhaft Königstraße.
Emilie Sartorius, wie oben.«

Befragen muss ich die alle. Die Diakonisse ist unverdächtig, könnte aber etwas bemerkt haben. Also werde ich in der Königstraße anfangen. Und Elsa Martin wiedertreffen, diese malle Person, die letzten Sommer als Dienstmädchen verkleidet mit Cord Breuer den mysteriösen Todesfall im Schauspielhaus aufgeklärt hat. Diese Elsa und nun deren Schwester, die Haushälterin der von Elßtorffs und die Mutter ihres Freundes Cord Breuer als mögliche Verdächtige, da habe ich ja einen feinen Ermittlungsschlamassel vor mir. Fehlt nur noch, dass wie voriges Jahr Theobald von Lensing etwas damit zu tun haben könnte.

Er ließ sich telefonisch in der Königstraße avisieren und machte sich auf den Weg. Im ersten Stock öffnete ihm dasselbe Dienstmädchen wie im Vorjahr und führte ihn in den gelben Salon, wo er bereits erwartet wurde. »Fräulein Martin, was für ein völlig unverhofftes Wiedersehen! Ich hoffe, Sie halten sich an Ihr Versprechen und verzichten auf Verkleidungen!«

Sein Gegenüber sah ihn offenbar verständnislos an – in diesem Moment öffnete sich die Tür, und der Inspector sah doppelt. Verblüfft schaute er von einer zur anderen. Auch das noch – die Zwillinge sehen sich ja zum Sprechen ähnlich, da konnte es sehr leicht zu Verwechselungen und falschen Aussagen kommen.

»Guten Tag, Herr Inspector. Meine Schwester Emilie hält gar nichts von Verkleidungen.« Elsa zischte wütend: »Sie gaben mir das Versprechen, mich nicht zu verraten.« Mühsam lächelnd fügte sie hinzu: »Dürfen wir Ihnen eine Erfrischung anbieten?«

Der Inspector ließ sich von den Zwillingen genau schildern, wann sie wo und bei wem in Linden ihre Dienste in christlicher Nächstenliebe geleistet hatten, machte sich Notizen und trug eine undurchdringliche Miene zur Schau. Dann bat er darum, Marga Lheiß befragen zu dürfen. Auf dem Weg zu ihrer kleinen Wohnung dachte er: Elsa Martin kann ich ausschließen, die war gar nicht immer dabei. Aber diese Emilie verhält sich seltsam, man sollte diese jungen Damen nicht zu Hilfeleistungen auf die bedürftige Menschheit loslassen, wenn sie die Bilder des Elends gar nicht verarbeiten können. Mal sehen, was für einen Eindruck die Haushälterin macht. Er ging durch die Toreinfahrt und klopfte an der Wohnungstür auf der Rückseite des Hauses.

Interessiert blickte er sich in der kleinen, aber gemütlichen guten Stube um. In dem großen Bücherregal, welches er hier nicht gerade erwartet hatte, standen einige medizinische Werke, Abhandlungen von Pfarrer Kneipp, Bestimmungsbücher für Pflanzen und zahlreiche Schriften über Naturheilkunde. Er las: »Das Buch vom Heilen«, »Die Früchte des Heilens« und zog ein offenbar älteres Heft heraus.

»Sie dürfen gern hineinsehen, Herr Inspector, das stammt noch von meiner Großmutter«, bemerkte Marga spitz, die sich darüber ärgerte, wie er ohne zu fragen herumschnüffelte.

Er zog es vor, ihren Ton nicht zu bemerken, und stellte fest, dass es sich um eine ältere Handschrift handelte, die die Wirkung von Kräutern beschrieb. Zeichnungen von Blüten, Samen, Blättern und Wurzeln, gepresste Pflanzen, angeheftete Beutelchen mit getrockneten Objekten veranschaulichten die Erklärungen. »Das ist die Apotheke Gottes, pflegte meine Großmutter zu sagen.«

»Sie besitzen da ja eine richtige kleine Bibliothek zu medizinischen Themen, Frau Lheiß.«

»Ja, Herr Inspector, einige habe ich von meiner Mutter, andere von meinem verstorbenen Mann, der Gärtner war. Für Naturheilkunde interessierte ich mich schon immer, denn eine kundige Frau kann in der Familie viel Gutes tun, wenn sie sich zumindest mit Hausmitteln auskennt. Ich besitze eine sehr umfangreiche Hausapotheke, aus der ich bei Bedarf die Herrschaft und das Personal versorge.«

»Darf ich die mal sehen?« Verblüfft bestaunte der Inspector den Schrank, in dem wohlsortiert und ordentlich beschriftet braune Fläschchen, Tinkturen und Kästchen mit jeder Menge Kräuter aufgereiht standen. »Ist davon auch etwas giftig?«

»Ja, ein paar schon, aber es kommt stets auf die sorgfältige Dosierung an.« Der Inspector entdeckte einige Produkte aus der Chemiefabrik von Theobald Lensing. Das wurde ja immer schöner! »Besitzen Sie Schwefelkohlenstoff?«

»Durchaus, den habe ich jederzeit vorrätig zum Desinfizieren und zur Bekämpfung von Ungeziefer.«

Dem Inspector schwirrte der Kopf. Wenn diese Frau auch noch ein Motiv hätte, wäre sie auf jeden Fall verdächtig. Und diese Emilie konnte sich ja wohl ebenso aus dieser Hausapotheke bedienen. Vielleicht waren die beiden sogar Komplizinnen? Er bedankte sich und verabschiedete sich hastig.

Am Abend saß er grübelnd zu Hause und ergänzte seine Notizen. Es war zum Mäusemelken! Diesen Schwefelalkohol, von dem er zuvor nie etwas gehört hatte, über den verfügten tatsächlich alle! Nicht nur die Haushälterin, auch die Diakonisse und die Frau des Verstorbenen in ihrer Wohnung. Was hatte es mit diesem seltsamen

Stoff bei diesem Todesfall auf sich? Gab es möglicherweise unentdeckte vorangegangene Fälle? Er schrieb:

»Dr. Petzold und Heinrich von Elßtorff nach Sterbefällen in den letzten Wochen befragen.

Hoffentlich kein Serientäter!

Werkspionage?

Oder liegen Motive ganz woanders?«

Die Beerdigung, die morgen Nachmittag stattfindet, beschloss er etwas verzweifelt, werde ich besuchen, um dort alle genau zu beobachten.

Beerdigung

Anna Stambrowsky stand mit ihren fünf Töchtern am offenen Grab. Die Dreizehnjährige hatte sie um die Schulter gefasst. Ihre Erleichterung überwog ihre Trauer.

Paul wollte ja nie von hier weg, lieber nahm er den Weg nach der Vahrenwalderstraße in Kauf. Und nun bleibt er für immer in seinem Linden. Und ich muss sehen, wie ich über die Runden komme. Immerhin hat er so lange bei der Conti gearbeitet, dass ich einiges an Geld erhalten werde. Die sorgen für ihre Leute – das wäre sonst bei keiner von den hiesigen Gummifirmen der Fall.

Auch zwei Vulkanisiermädchen nahmen auf Wunsch des Abteilungsleiters an der Trauerfeier teil. Als sich die Trauergemeinde auflöste, sagte eine leise zur anderen: »Wer hätte gedacht, dass der Denkzettel, den wir ihm verpassen wollten, tödlich endet?«

»Pst«, murmelte diese, »du bringst uns sonst ins Kittchen. Und außerdem: vielleicht half noch wer nach? Als er das Werk verließ, war er zwar schwer angeschlagen, aber jedenfalls lebendig.«

»Verdient hat er es auf alle Fälle. Die Ballmalerinnen hat er ja auch getriezt.«

»Und wie! Er hat eine Menge Rüffel verteilt, den Lohn gekürzt, wo unsereins doch jeden Pfennig braucht. Dann hat er mit Entlassung gedroht. Entweder die Arbeiterin ist gegangen, oder sie gab nach. Dabei ist es häufig schwer, in einer anderen Fabrik eine Stelle zu finden, der hat überall rumerzählt, dass die Frau schlecht arbeitet. Von einer aus dem Eichsfeld heißt es gar, man habe sie in auffälligen Kleidern in bestimmten Gassen der Altstadt gesehen.«

»Ja, so weit kann man sinken, wenn man mutterseelenallein da steht und keiner hilft. Aber auch die, die die Gunst des Vorgesetzten annehmen, sind damit nicht in Sicherheit. Von der Gefahr, ein Kind zu kriegen, gar nicht zu reden! Es dauerte häufig nicht lange, bis der Vorarbeiter sie satthatte und ein Auge auf ein anderes hübsches Mädel warf. Vorzugsweise eine, die neu angekommen ist, aus Polen zum Beispiel, und kaum Deutsch spricht.«

»Es ist so ungerecht, das schreit zum Himmel. Und dann kommen wir Arbeiterinnen noch in schlechten Ruf, und man sagt uns nach, dass wir leicht zu haben sind.«

»Irgendetwas scheint doch durchgesickert zu sein. Jedenfalls habe ich gehört, dass Direktor Seligmann eine Vorschrift an die Abteilungsleiter gegeben hat. Ein Vorarbeiter, der eine seiner Arbeiterinnen bedrängt, wird sofort rausgeschmissen. Und alle Rechte, die er in der Firma erreicht hatte, sind dann auch futsch.«

»Das ist gut, so werden es sich die Kerle doch überlegen, bevor sie uns an die Wäsche wollen. Der Seligmann ist eben ein guter Mensch. Jetzt müssen wir nur weiter die Klappe halten, versprich mir das in die Hand!«

Cord, der hinter einem Grabstein verborgen alles mit angehört hatte, sah, wie sich der Inspector näherte, und hustete vernehmlich. Sofort stoben die Köpfe auseinander. Nun trat Cord auf Hahn zu und begrüßte ihn. »Was für ein Zufall, dass wir uns hier treffen. Letztes Jahr ging es um das Eingeständnis eines Mordes – und heute sind Sie bestimmt auch dienstlich da.« Aus den Augenwinkeln beobachtete Cord, dass sich die Vulkanisiermädel aus dem Staub machten.

»Und wieso sind Sie anwesend, Cord Breuer?«

»Ich absolviere ein Praktikum bei der Conti und arbeite in der Abteilung des Verstorbenen.«

»Und Sie bewiesen ja bereits detektivisches Talent – fiel Ihnen etwas auf?«

»Nein, nur dass Herr Stambrowsky recht leichtsinnig mit dem Schwefelalkohol hantierte.« Der Inspector blickte ihn scharf an, doch Cord erwiderte den Blick gleichmütig.

Als Cord weiterschlenderte, fühlte er sich von dem belauschten Gespräch nur mäßig schockiert, da dieses seinen Verdacht bestätigte. Das behalte ich erst mal für mich, beschloss er, es würde nur Staub aufwirbeln, und es brächte die Klärung des Falls nicht wirklich voran. Hauptsache, die jungen Frauen halten dicht. Immerhin reagierte der Direktor auf meinen vertraulichen Hinweis – das sollte auch in anderen Fabriken Schule machen!

Hiobsbotschaften

Völlig vertieft saß Isidora an dem großen Refektoriumstisch in der umfangreichen Kaulbachschen Bibliothek, las, blätterte und machte sich eifrig Notizen. Ihre geröteten Wangen beruhten auf einer neuen Idee für ihren Roman, der dem Ganzen eine ebenso spannende wie unerwartete Wendung geben würde. Nun floss ihre Feder nur so dahin – das waren die beglückenden und kreativen Phasen beim Schreiben, welches sonst so viel Disziplin, Arbeit und sprachliches Handwerkszeug erforderte. Daher nahm sie kaum richtig wahr, dass das Mädchen Theobald von Lensing meldete, der mit wachsendem Unmut und gerunzelter Stirn beobachtete, wie sie ohne aufzublicken weiterschrieb. Selbst sein Räuspern riss sie nicht aus ihrem Schreibfluss.

Schließlich gab er ihr einen Klaps auf die Schulter, was sie zusammenfahren ließ und einen ordentlichen Klecks Tinte sowohl auf dem Papier als auch an ihren Fingern hinterließ.

»Willst du mich nicht einmal begrüßen? Offenbar erfreut mein spontaner Besuch dich in keiner Weise, das Schreiben scheint ja wichtiger!«

»Entschuldige, Theobald, selbstverständlich bin ich hocherfreut über dein Erscheinen.« Sie spähte zur Tür, welche aus Gründen der Schicklichkeit offengeblieben war, und hauchte ihm schnell einen versöhnlichen Kuss auf die Wange. Dies nahm er wohlwollend zur Kenntnis.

Verständnisheischend lehnte sie sich an ihn: »Wenn ich nachspüre, notiere und dann flüssig schreibe, bin ich oft so in einer anderen Welt versunken, dass ich Zeit und Raum um mich herum vergesse.«

Gereizt schob er sie von sich. »Das Studieren macht die Weiber selbstherrlich. Diese ganzen Debatten über die Emanzipation der Frau kann ich so langsam nicht mehr hören. In erster Linie hat das Weib Mutter zu sein. Es ist schwer zu sagen, ob die Gemahlin eher zu verachten sei, die aus Vergnügungs- und Putzsucht Mann und Kinder vernachlässigt, oder diejenige, die als Blaustrumpf keine Störung duldet, um ihre seichten Gedanken zu Papier zu bringen. Mir jedenfalls erscheint ein Tintenfleck am Finger einer Frau immer suspekter.«

Hart ergriff er ihre tintenverschmierte Hand und blickte sie grimmig an.

Wütend riss sie sich los. »Mir scheint, du hältst dich nicht mehr an das, was wir besprochen haben. Du gabst dein ausdrückliches Einverständnis, dass ich schriftstellerisch wirken dürfte. Und die seichten Gedanken verbitte ich mir ein für alle Mal! Schließlich hat die Gartenlaube ernsthaftes Interesse bekundet. So wie du in letzter Zeit sprichst, entsteht bei mir der Eindruck, dass eine Ehe mit dir häufiger mit einer Kette kleiner oder größerer Herabsetzungen und Demütigungen für deine Gemahlin verbunden ist.«

Theobald schnaubte. »Was bildest du dir ein? Wie redest du mit mir? Nur durch die Liebe eines Mannes kann ein Weib hoffen, zu herrschen und in der Welt etwas darzustellen. Meinst du wirklich, dass du eine berühmte Schriftstellerin wirst? Wir Männer lieben Frauen gerade um ihrer Schwächen willen. Die größte Lebensklugheit einer Evastochter ist, dass sie danach trachtet, zu gefallen.«

Nun hatte er es geschafft – Isidora fühlte sich gedemütigt und sprachlos zugleich.

Lässig nahm Theodor von Lensing ein Buch zur Hand, in dem ein Lesezeichen steckte.

Bereits bei der Überschrift stockte er, sein Gesicht verfärbte sich zunehmend puterrot.

»Ernst von Wildenbruch an Isidora«, las er donnernd, verharrte einen Moment und las laut weiter:

»Wer du auch seist, die du von fernem Orte
Mir sandtest deine glutentflammten Worte:
Ich danke dir, du liebes Menschenkind!
Denn, was des Himmels Tau auf Blüt und Ähre,
Das ist dem Dichter eine Menschenzähre,
Die ihm in heiliger Begeist`rung rinnt …«

Er schnappte nach Luft.

»Du sendest einem anderen Mann, offenbar auch so einem Schreiberling, glutentflammte Worte? Bist du wahnsinnig, mich so zu hintergehen und zu beleidigen?«

Außer sich vor Wut versetzte er ihr eine schallende Ohrfeige, die sie zurück auf den Stuhl sinken ließ. Wie ein Rachegott stand er mit in die Hüften gestemmten Armen vor ihr.

Schließlich stammelte sie: »Aber Theo, das war doch lange, bevor wir uns kennenlernten.« Sie hielt sich die brennende Wange.

Für einen Moment stutzte er, dann siegte die blinde Wut. »Du kannst mir viel erzählen, ich glaube dir kein Wort.« In diesem Augenblick trat, gestört durch von Lensings dröhnende Stimme, Friedrich Kaulbach aus dem benachbarten Atelier herein. Ungläubig blickte er auf die rechte Wange seiner Tochter, auf der sich deutlich rote Fingerspuren abzeichneten. Mit dem Pinsel, den er noch in der Hand hielt, zeigte er auf den Chemiefabrikanten. »Was glauben Sie Isidora nicht, Herr von Lensing?«

Bevor der durch den scharfen Ton irritierte Mann etwas erwidern konnte, ergriff Isidora das Wort.

»Er glaubt nicht, dass ich soeben unsere künftige Verlobung annulliert habe, Papa. Er braucht statt einer gebildeten Frau mit selbständigen Gedanken doch besser ein Gänschen, dessen Horizont bereits mit der Gartenlaube überfordert ist. Und er möchte sich verabschieden.« Dabei zog sie den Verlobungsring vom Finger und reichte ihn dem verblüfften Fabrikanten. Der schmiss ihr den Ring vor die Füße, trat noch mal mit dem Absatz drauf und eilte hinaus.

Kaulbach nahm seine zitternde Tochter in die Arme und meinte: »Das war eine weise Entscheidung, mein liebes Kind! Deine Mutter wird das genauso sehen. Gut, dass wir darauf bestanden haben, die Verlobung erst im Oktober offiziell bekanntzugeben! Dein Horizont ist umfassender und dein Blick schärfer und tiefer als der dieses Mannes – eine Ehe mit ihm wäre für dich ein Martyrium geworden. Das kann der Status einer verheirateten Frau nicht wert sein.«

Nachdem sie sich ein wenig beruhigt hatte, machte sich Isidora zur Königstraße auf, um Elsa ihr Herz auszuschütten.

Die Zwillinge, von den Ereignissen in Linden ebenso gebeutelt wie von der Nachricht von Ernestines Gesundheitsproblemen, hatten sich anheischig gemacht, Marga beim Trocknen von Kräutern zur Hand zu gehen.

»Ich muss etwas Praktisches tun«, erklärte Elsa, »ich hab heute irgendwie nicht alle beisammen – ich könnte weder lesen noch Möbel entwerfen.«

»Ich freue mich sehr über eure Gesellschaft«, gestand Marga. »Ich habe das dumme Gefühl, der Inspector tappt im Dunkeln, und er hat mich wegen meiner medizinischen Kenntnisse in Verdacht.«

Da kam Isidora raschen Schrittes zu ihnen.

»Wie schön, dass ich alle hier antreffe! Stellt euch vor, was passiert ist!«

Am Ende des empörten Berichtes erklärte Elsa trocken: »Gratuliere, ich kann deinem Vater nur beipflichten! Du beherrscht das Lächeln,

Girren und holde Erröten ebenso wenig, wie dich dem nicht immer großen Verstand der Herren unterzuordnen.«

»Sprichst du gerade von dir selber oder von Isidora?«, warf Emilie ein, was alle zum Schmunzeln veranlasste und ein bisschen die Spannung löste.

»Nicht umsonst verheiratet man Mädchen gern so jung, dass eigenständige Erwägungen noch nicht querschießen können.« Marga legte ein Bündel aromatisch duftender Pfefferminze beiseite.

»Frauen werden nicht zum selbständigen Denken angehalten, sonst würden sie womöglich entdecken, dass sie durchaus auf eigenen Füßen stehen können, so schwer dies auch in unserer Gesellschaft noch ist. Wenn sie dann obendrein feststellen, dass konventionelle Regeln oft der Prüfung mit dem gesunden Menschenverstand nicht standhalten, beginnen sie, den Kopf richtig zu gebrauchen.«

»Isidora wird jedenfalls eine erfolgreiche Schriftstellerin, da bin ich sicher«, machte Emilie Mut.

»Theobald ist offenbar unbelehrbar«, konstatierte Elsa. »Ganz ähnlich lief es doch mit meiner Freundin, der Schauspielerin Roberta ab. Die sollte für ihn auch die Bühne aufgeben. Nicht jeder Saulus wird zum Paulus. Offenbar fühlt er sich von intelligenten, künstlerisch begabten Frauen zunächst angezogen, aber seine Eitelkeit erträgt es letztendlich nicht, wenn sich nicht alles um ihn dreht …«

»Das soll bei Männern nicht selten vorkommen«, versetzte Marga trocken.

»Stimmt«, erwiderte Elsa, »Wir wissen auch, an wen du denkst. Ich bin dir dankbar, dass du Emilie und mir die Augen geöffnet hast.«

»Dem schließe ich mich an. Ich würde dennoch am liebsten im Boden versinken«, erklärte Isidora. »Erst zerriss sich halb Hannover das Maul, dass ich alte Jungfer mich demnächst verloben würde, und nun das!«

»Man wird kurze Zeit darüber lästern, dass es kein Verlöbnis gibt, und dann zum nächsten Thema übergehen«, meinte Emilie tröstend.

Elsa jedoch rief mit blitzenden Augen: »Isidora, es gäbe eine wunderbare Gelegenheit, von der Bildfläche zu verschwinden. Unsere Mutter befindet sich leider gesundheitlich nicht auf der Höhe …«

Da wurde sie von Isidora unterbrochen: »Entschuldigt tausendmal – ich überfiel euch mit meinen Problemen, ohne nach eurem Befinden zu fragen. Was fehlt der Mama? Und wieso Bildfläche?«

»Unsere Mutter ist etwas schwach auf der Lunge, und es gibt immer noch große Erinnerungslücken. Auch kam ein Brief von Josefina von La Palma, die inständig darum bat, dass Ernestine sie besuchen möge.

Kurzum, Dr. Petzold empfahl dringend, dass Mama den Herbst und Winter nicht hier verbringt, sondern sich auf der schönen Insel erholt. Denn das Klima dort ist höchst angenehm und gesund, namentlich für Brust- und Nervenleidende wohltuend. Möglichst bald soll die Reise losgehen. Sowohl Großpapa als auch Tante Sophie möchten uns keinesfalls schon wieder abreisen lassen. Und wer könnte dann Mutter besser begleiten als du Isidora, zumal mit deinem perfekten Spanisch?«

Die überlegte nicht lange: »Das ist eine hervorragende Idee.«

»Das werden wir sofort mit Mama besprechen«, rief Elsa.

»Und ich mit meinen Eltern«, entgegnete Isidora.

»Und wir gehen hinein«, versetzte Marga, »es wird kühl, ich kann den Herbst schon riechen.«

Die Zwillinge begaben sich gemeinsam mit Isidora in die von Elßtorffsche Wohnung, um Sophie von der neuesten Idee zu berichten. Zu ihrem Erstaunen trafen sie im gelben Salon Wilhelm Jacob und ihre Mutter an, deren bekümmerte Mienen nichts Gutes verhießen.

»Nicht noch eine Hiobsbotschaft«, murmelte Emilie und erfasste unwillkürlich die Hand ihrer Schwester.

»Wir überbringen leider schlechte Nachrichten«, erklärte da schon Wilhelm Jacob. Und Ernestine fuhr fort: »Eure Großmutter, Alexandrine Gräfin von und zu Hohenstein, verstarb gestern völlig unerwartet an Herzversagen.«

Isidora kondolierte und verabschiedete sich hastig. »Über die andere Angelegenheit sprechen wir später!«

Opa Spitzbart, wie sie den Großvater neuerdings unter sich liebevoll nannten, fragte die Zwillinge: »Habt ihr standesgemäße Trauerkleidung?«

Prompt antwortete Sophie: »Ja, es gab im Winter einen Trauerfall in der weitläufigeren Verwandtschaft, die beiden sind bestens ausgestattet.«

»Gut, dann werden wir drei übermorgen nach München aufbrechen, um der Gräfin das letzte Geleit zu geben. Dr. Petzold hat Ernestine strikt verboten, zu reisen. Das würde über ihre Kräfte gehen, zumal sie sich auch für die Fahrt nach La Palma schonen muss.«

Sophie eilte auf die Freundin zu und umarmte sie: »Was hältst du davon, wenn du in dieser Zeit zu mir kommst?«

Die nickte schluchzend.

»Ich kann es gar nicht so schnell begreifen.« Emilie schluckte. »Wir haben sie nur ein einziges Mal in München kennengelernt und nun schon wieder verloren.«

»Und ich hatte mich so auf ihren Besuch im Oktober gefreut. Ich wollte sie noch so vieles zu unserem Vater fragen.« Auch Elsa stiegen die Tränen in die Augen.

»Eure Großmutter und ich haben ziemlich häufig miteinander telefoniert.« Wilhelm Jacob zog an seinem Bart. »Ich habe sie sehr schätzen gelernt, und ihr Ableben betrübt mich außerordentlich.« Er strich seiner Tochter beruhigend über die Hand. »Darüber hinaus gibt es leider weitere schlechte Nachrichten. Eure Großmutter kam fatalerweise nicht mehr dazu, die Stiftung, die sie verfügt hatte, um das Geld nicht ihrem verderbten Neffen zukommen zu lassen, zu euren Gunsten umzuwandeln. Der Großteil des noch verbliebenen Vermögens, welches ohnehin nicht mehr sehr bedeutend war, ist daher leider Gottes für euch verloren. Immerhin stellte sie ihren Enkelinnen eine Art Mitgift aus, über die ihr aber auf meinen Rat hin auch bei Heirat selber verfügen könnt.«

Alle schwiegen bedrückt ob dieser vielen schlechten Nachrichten.

Elsa fasste sich als Erste. »Es ist wohltuend zu wissen, dass Großmutter uns überhaupt bedacht hat und noch mehr für uns tun wollte. Ein größeres Erbe wäre ganz gewiss erfreulich gewesen, aber viel wichtiger ist doch unsere Familie.«

»Ja, genau – es bleibt jedoch bitter, dass wir das Band zur Gräfin nicht weiter vertiefen konnten«, stimmte Emilie zu.

Dr. Victor Rehnhoff zum Letzten …

Endlich! Victor drehte das Billet, welches er gerade erhalten hatte, erfreut in den Händen. Eine Nachricht von Emilie – und nicht nur das – sie schlug sogar ein Treffen auf dem Friedhof der Gartenkirche vor. Sie werde gegen halb fünf am Grab von Charlotte Kestner, geborene Buff, verweilen.

Seine Gedanken überschlugen sich. Am Grabmal von Werthers Lotte – Goethe hatte ja seine Lotte nicht bekommen – das sollte doch nicht etwa ein schlechtes Zeichen sein? Dass ihm Leiden wie dem jungen Werther bevorstünden? Wieso traf sie ihn nicht an der Ruhestätte von Caroline Herschel, der großen Astronomin? Er schüttelte den Kopf, rief sich selbst zur Ordnung und dann seinen Bureau-Vorsteher: »Verlegen Sie alle Termine ab vier Uhr um auf die nächsten Tage. Und lassen Sie einen kleinen Strauß gelber Rosen besorgen.«

»Aber Herr Doktor, das geht wohl nicht – heute Nachmittag haben Sie eine höchst wichtige Mandantenbesprechung.«

»Mein Treffen ist von großer Tragweite – und nun sorgen Sie bitte dafür, dass ich vormittags in Ruhe arbeiten kann.« Wie er im Laufe der nächsten Stunden feststellen musste, war es jedoch mit seiner Konzentration nicht allzu weit her.

Um vier Uhr brach er von der Sophienstraße auf zur Gartenkirche. Während er die Warmbüchenstraße hinunter ging, spähte er schon nach ihr aus. Und tatsächlich – auch sie war überpünktlich erschienen – aber wieso trug sie Schwarz?

Emilie lehnte an der eisernen Einfriedung des Grabes. In der Mitte stand der mit Akanthusblättern und Palmetten verzierte Grabstein von Charlotte, eingerahmt von Grabkreuzen aus Eisen für ihre Urenkelin Maria Laves und ihren Enkel Georg Kestner. Räuspernd machte sich Rehnhoff bemerkbar. »Meine liebes, hochverehrtes Fräulein Emilie, was ist geschehen?« Er überreichte den Strauß, den sie mit einem reizenden Neigen des Köpfchens zart errötend annahm.

Ach, sie verkörpert eben ganz die edle Weiblichkeit, die Elsa so abgeht, ging ihm durch den Kopf. Während sie ihm die Hand wieder sanft entzog, deutete sie auf eine nahe Bank. »Lassen Sie uns dort

Platz nehmen, ich fühle mich etwas schwach – die letzten Tage verlangten mir so einiges ab.«

Plötzlich blieb sie abrupt stehen. »Du liebe Güte, was ist das denn?« Sie befanden sich vor einem zentnerschweren Grabstein, der schräg auf seinem Sockel stand. Offenbar hatte eine immer größer gewordene Birke den Quader in die Schieflage geschoben. Der Stein trug die Inschrift: *»Dieses auf ewig gekaufte Begräbnis darf niemals geöffnet werden.«*

»Das trotz des Gebotes der Beschriftung nicht mehr korrekt geschlossene Grab gilt inzwischen als eine Art Attraktion für die Fremden, die die Stadt besuchen«, erklärte Rehnhoff.

Sie ließen sich nieder, und Emilies Blick schweifte über die alten Begräbnisstätten, die häufig stadtbekannte Namen trugen.

»Es gibt an diesem Ort wirklich einige sehr schöne klassizistische Grabdenkmäler«, bemerkte Rehnhoff, »viele Mitglieder aus den Hübschen Familien fanden hier ihre letzte Ruhestätte.«

»Aus den Hübschen Familien?«, echote Emilie verständnislos.

»So nannte man im frühen 19. Jahrhundert die bürgerliche Oberschicht, die bei Hofe zugelassen war. Diese Geschlechter achteten untereinander, ebenso wie der Adel, auf Ebenbürtigkeit und ähnliche Besitzverhältnisse. So grenzte man sich gegen andere Bürgerliche wie Kaufleute, Anwälte oder Ärzte ab. Die Familie Kestner gehörte auch zu diesem Kreis.«

»Wie interessant! Ja, ich möchte noch viel über Hannover erfahren. Aber offenbar wird der Friedhof nicht mehr benutzt – das Ganze wirkt ja eher wie ein Park.«

»Bereits 1864 schloss man diese Anlage, als der neue Stadtfriedhof auf der Engesohde angelegt wurde.«

Inzwischen konnte Rehnhoff die unverbindliche Konversation nicht länger aushalten. »Aber bitte, Fräulein Emilie, spannen Sie mich nicht weiter auf die Folter! Wieso tragen Sie Trauer?«

Nach einem schweren Seufzer entgegnete sie: »Ganz plötzlich verstarb die Großmama! Unsere ohnehin noch in der Rekonvaleszenz befindliche Mutter traf dies so sehr, dass sie nicht mit nach München zur Beerdigung fahren konnte. Großpapa begleitete uns.«

Victor Rehnhoff stellte fest, dass ihr die Trauerkleidung außerordentlich gut stand. Aber dann begriff er die Tragweite ihrer Eröffnung. Das Erbe! Denn selbst die bewährte Detektei Greiff, deren Kompagnon er war, hatte nichts Konkretes über die zu erwartende Erbschaft der Zwillinge herausbekommen können.

»Meine liebe Emilie, was für ein schwerer Schlag für Sie!«

»Ach Victor!« Ihr Schluchzer klang etwas eigenartig. »Es ist eine Katastrophe! Wir sind so bettelarm wie zuvor. Der Tod ereilte die Großmutter, bevor sie ihre Verfügungen hinreichend geändert hatte. Noch nicht mal den Familienschmuck haben wir geerbt. Es schien alles so hoffnungsvoll«, sie sah ihm tief in die Augen, »aber mein Schicksal steht offenbar unter einem schlechten Stern.«

Rehnhoff erstarrte. Das darf doch wohl nicht wahr sein. Meine schönen Träume zerplatzen wie Seifenblasen! Eine bettelarme Frau kann ich mir nicht leisten! Und die brauche ich auch meiner Mutter gar nicht ins Haus bringen! Wie soll ich mich aus dieser Falle wieder herauswinden?

Ein lastendes Schweigen breite sich aus, bis Victor Rehnhoff endlich stammelte.

»Mein liebes Fräulein Emilie, eine so reizende und hübsche junge Dame kann nur unter einem guten Stern geboren sein! Das alles tut mir ja so unendlich leid – ich weiß gar nicht so recht, was ich sagen soll. Mir fehlen die richtigen Worte.« Schließlich hörte er auf, herumzustottern, und raffte sich zu einer klaren Aussage auf. »Es wird sich gewiss ein passender Gemahl finden, der auf eine Mitgift verzichten kann. Zu meinem größten Bedauern gehöre ich nicht zu dieser Kategorie.«

Da richtete sich die bis vor kurzem noch Angebetete kerzengerade auf und entgegnete: »Victor Rehnhoff, Sie sind ein berechnender Opportunist und dazu ein konservativer Trottel, der außerdem am Gängelband seiner ehrgeizigen Mutter hängt. Wie gut, dass sowohl meine Schwester Emilie als auch ich das schon lange durchschaut haben. Die Frau an Ihrer Seite können wir nur bedauern.«

Victor starrte sie offenen Mundes an. »Elsa!«, rief er entsetzt.

Schlagartig wurde ihm klar, dass er sich die ganze Zeit mit Elsa getroffen hatte. Auch das noch – er war von den Zwillingen nach allen Regeln der Kunst vorgeführt worden.

»Du siehst aus, als ob es dir die Petersilie verhagelt hätte, alter Freund«, erklärte Heinrich und trat hinter einem Gebüsch hervor. Zu ihm gesellte sich Emilie, die den Juristen mit einem Blick eiskalter Verachtung von oben bis unten musterte.

Elsa schoss einen weiteren Pfeil ab: »Nichts reimt sich schöner auf Anwalt und Procurator, als Krokodil und Alligator.«

»Dr. Victor Rehnhoff, ich kündige Ihnen hiermit die Freundschaft.« Heinrich blickte seinen alten Freund verächtlich an und fiel zum letzten Mal ins vertraute Du zurück. »Ich wünsche dir eine Ehefrau, die dir die

Hölle auf Erden bereitet.« Er bot den Zwillingen den Arm. »Lasst uns gehen, ich kann seinen Anblick nicht mehr ertragen.«

Während sie heimwärts zur Königstraße gingen, schimpfte Heinrich: »Wenn es nicht völlig meinen pazifistischen Einstellungen widerspräche, hätte ich nicht übel Lust, diesen Schnösel zum Duell zu fordern.« Seine Wut war keineswegs verraucht. Derweil Emilie vor atemlosem Entsetzen nur kleine Quietschlaute von sich gab, wehrte Elsa mit einer müden Handbewegung ab. »Das fehlte gerade noch, dass dir dabei etwas passiert. Das ist er einfach nicht wert.«

»Aus welchen Gründen würdest du dich denn mit Rehnhoff duellieren? Rein theoretisch, meine ich?« Ratlos blickte Emilie von ihrer Zwillingsschwester zu deren Ziehbruder.

»Weil dieser Schnösel einen Schritt vor und zwei zurückgeht, mit über dreißig noch am Rockzipfel seiner ebenso ehrgeizigen wie intriganten Mutter hängt. Und offenbar zu keiner eigenen Meinung oder gar zu einem Entschluss fähig ist. Vor allem aber machte er im letzten Jahr Elsa den Hof, um heutigen Tags sich dir an den Hals zu schmeißen. Das wäre mehr als Grund genug, die Ehre des Hauses von Elßtorff mit einem Duell wiederherzustellen.«

Elsa wusste genau, wie sie ihren Ziehbruder Heinrich von der Spitze der Pappelbäume wieder auf die Erde befördern konnte. »Weißt du, Emilie«, wandte sie sich betont an ihre Schwester, »bei Duellen geht es keinesfalls um die Frauen, es dreht sich immer um die Ehre der Männer. Das ist das Risiko, welches die Herren tragen müssen, und das finde ich nur gerecht. Wir Frauen sind entehrt, verlieren unseren Ruf, dürfen unsere Kinder nicht mehr sehen, wenn man uns der Untreue zeiht. Ein Mann, der einer verheirateten Frau den Hof macht oder gar noch weitergeht, und ein Mann, der einer jungen Dame wie mir oder dir den Hof macht und sich wie gehabt zurückzieht, muss eben auf die Forderung zum Duell gefasst sein. Dabei wird keineswegs die Würde der Frau wiederhergestellt, wie gesagt, das spielt gar keine Rolle. Fragen der Ehre gibt es nur für die Männer.«

Während Heinrich zunächst noch mit verbiestertem Gesichtsausdruck zugehört hatte, entspannte er sich nun sichtlich. »Touché, Schwesterchen, deswegen habe ich ihm auch gesagt, was für ein Hornochse er ist. Und ihm die Freundschaft gekündigt.«

Emilie meinte schaudernd: »Jedenfalls halte ich Duelle für etwas Schreckliches, vor allem, wenn es für einen der Beteiligten tödlich endet.«

»Begegnungen mit Gevatter Tod hatten wir in letzter Zeit mehr als genug, wenden wir uns anderen Dingen zu«, leitete Heinrich einen

Themawechsel ein. »Es wird schon ein wenig herbstlich, eine leckere Schokolade zu Hause könnte unsere Nerven stärken und die Gemüter erfreuen.«

Doch in der Königstraße fanden sie absolut nichts Erfreuliches vor.

Unter Verdacht

Am Schiffgraben kam ihnen Cord aufgeregt entgegen. »Zum Glück treffe ich euch hier! Der Inspector, dieser Trottel, hat Marga zum Verhör ins Polizeipräsidium geladen. Er scheint sie allen Ernstes zu verdächtigen. Mutter befragte er ebenfalls schon hochnotpeinlich. Emilie, dich will er auch nochmals sprechen. Und die unsägliche Tante Edelgarde kommt zu Besuch. Marga, die sich bereits auf dem Weg zur Brandstraße befindet, bat mich, euch vorzuwarnen. Wenn das so weitergeht, Elsa, bleibt uns nichts anderes übrig, als den richtigen Täter zu ermitteln. Macht es erst mal gut, ich muss nach Hause.«

Elsa stöhnte. »Das kann doch wohl alles nicht wahr sein.«

Während sie zur Königsallee eilten, instruierte sie die anderen. »Von Margas Verhör darf Tante Edelgarde keinesfalls erfahren. Sie ist so verschwiegen wie ein Waschweib. Das könnten wir gleich in den Hannoverschen Courier setzen.«

Als sie atemlos vor der Wohnungstür standen, die ihnen von dem völlig in Tränen aufgelösten Dienstmädchen geöffnet wurde, seufzte Elsa: »Zu spät, ich höre sie schon, die näselnde Stimme ist unverkennbar. Mal sehen, ob noch was zu retten ist.«

Beim Betreten des gelben Salons fanden sie Sophie bleich und ernst vor, während Tante Edelgardes Augen vor Sensationsgier glitzerten. War ihr doch in ihrem Standesdünkel die absolute Vertrauensstellung, die sich Marga Lheiß im Laufe von fast zwanzig Jahren im Hause von Elßtorff erworben hatte, stets ein Ärgernis gewesen. Sie plusterte sich noch mehr auf, dann ging es ohne Punkt und Komma los.

»Eine Schlange habt ihr da an eurem Busen genährt. Nun, was will man erwarten, sie stammt aus Linden, da ist ja schon die Muttermilch rot eingefärbt. Überdies pflegt sie auch noch Freundschaft mit dem Breuer, diesem sozialdemokratischen Volksschullehrer. Dessen Sohn Cord nimmt ja in diesem Haus eine mir unverständliche, vertrauliche Sonderrolle ein. Dieses rote Gesocks, dem nichts heilig ist. Was lieber an Karl Marx als an die Bibel glaubt, dem kann man eine Selbstjustiz ohne Weiteres zutrauen. Diese Genossen tun ja gern so, als hätten sie die Gerechtigkeit auf Erden, die sie besonders fordern, selbst erfunden! Wer weiß, wer mit dieser Marga außerdem unter der Decke steckt, diese Luise Breuer ist gewiss auch zu einigem fähig.«

Inzwischen beschloss Heinrich, der diesem Sermon mit wachsendem Unmut zugehört hatte, den Hausherrn zu vertreten. »Tante Edelgarde, ich bitte dich, uns jetzt für einen Familienrat allein zu lassen. Außerdem wirst du strikte Diskretion halten.«

Diese wollte schon aufbrausen, denn schließlich gehörte sie ja, wenn auch entfernt, zur Familie. Sie beherrschte sich aber im letzten Moment. Bereits zu oft hatte sie sich mit ihrer vorschnellen Zunge um Kopf und Kragen geredet! Und nur zu gut erinnerte sie sich an das zurückliegende halbe Jahr, welches sie überwiegend mit sich allein und aus eigenen überaus bescheidenen Mitteln ohne die Familie von Elßtorff hatte verbringen müssen. Dies war bitter genug gewesen.

Maximilian hatte ihr auf Ersuchen der weichherzigen Sophie, vor der Edelgarde eine große Abbitte und Reue geheuchelt hatte, eine allerletzte Chance eingeräumt. Und sie hatte sich fest vorgenommen, ihre Meinungen mehr als allgemeine Ansichten zu verpacken und direkte persönliche Angriffe zu vermeiden. Dass ihr dies wieder nur teilweise gelungen war, wurde ihr schlagartig bewusst. Dennoch überwog ihre Neugierde – sie wollte nicht kampflos weichen. »Zur Familie gehöre ich ja wohl ebenfalls!«

»Tante Edelgarde, lass uns bitte allein. Und denk an die Diskretion.«

»Das ist für mich selbstverständlich«, zischte sie indigniert, machte aber keinerlei Anstalten, aufzustehen.

»Das beruhigt mich sehr, liebe Tante«, fauchte Elsa leise, »nur so bleiben J. W. Sältzer und IG von der Linde auch unser kleines Geheimnis.«

Entsetzt sah Edelgarde sie an. Ausgerechnet Elsa wusste um ihre Schmach! Dann setzte sie mit großer Anstrengung ein gequältes Lächeln auf, nickte und sagte: »Ich wollte mich sowieso gerade verabschieden.« Mühsam erhobenen Hauptes rauschte sie hinaus.

Während man in der Königstraße etwas perplex Kriegsrat hielt, ging die Befragung von Marga Lheiß ohne Ergebnis zu Ende, was die Laune des Inspectors weiter verschlechterte.

»Falls hier überhaupt jemand in mörderischer Absicht nachgeholfen hat, Herr Inspector, was ich immer noch nicht glaube, so muss man mal feststellen, dass der Verstorbene sowohl auf seiner Arbeitsstätte als auch in seiner Familie ein gerütteltes Maß an Unrecht angerichtet hat.«

»Es gibt keinen Zweifel daran, dass hier ein Mord vorliegt, Frau Lheiß! Und selbst wenn das Opfer ein Missetäter war, so leben wir doch in einem Staat, wo nicht jeder einfach das Recht in die eigene

Hand nehmen kann. Da können wir ja gleich zu Sippenhaft und Blutfehde zurückkehren.« Da Marga trotzig schwieg, fuhr er fort: »Ihre Argumentation, gute Frau, macht Sie gerade verdächtig. Das sollten Sie sich mal klar machen! Mord bleibt Mord – schließlich liegt hier keine Notwehr vor!«

Müde erwiderte Marga: »Herr Inspector, Sie haben in Ihrem Beruf bestimmt mehr Schlimmes gesehen als ich. Was Notwehr ist, darüber ließe sich trefflich streiten. Denn manchmal folgt aus dem Tod eines Menschen, dass dieser kein weiteres Unrecht anrichten kann. Aber sei es, wie es sei – hier geht es darum, dass Sie offenbar mich verdächtigen. Und ich sage Ihnen klipp und klar: Ich habe rein gar nichts damit zu tun!«

Entnervt wedelte Hahn mit der Hand – die redete sich noch um Kopf und Kragen, aber er hatte keinerlei stichhaltige Beweise. »Gehen Sie nach Hause, Frau Lheiß, ich brauche keine weiteren Vorträge von Ihnen.«

Während er wieder Kringel auf ein Blatt kariertes Papier malte, fragte er sich, was er als Nächstes tun solle. Die Befragung des Chemiefabrikanten Theobald von Lensing hatte lediglich bestätigt, dass Marga Lheiß ab und zu Produkte aus der Fabrik erhalten hatte. »Über Fräulein Kaulbach, eine gemeinsame Bekannte, mit der ich aber nichts mehr zu tun habe«, hatte der Fabrikant mit purpurfarbenem Kopf geknurrt. Woraus der Inspector messerscharf schloss, dass dieser Mann wenig Glück mit den Frauen hatte. Was keineswegs etwas daran änderte, dass es sich hier lediglich um eine weitere Sackgasse in seinen Ermittlungen handelte.

Er ging noch mal alles gedanklich durch: Luise Breuer als Gattin des roten Breuer, die sich auch in vieles einmischt und Ungerechtigkeit schlecht erträgt, ist ganz gewiss tief in ihrer evangelische Grundhaltung verwurzelt, heißen ja nicht umsonst Protestanten. Finden sich mit dem Gegebenen nicht einfach so ab. Scheint ein ähnlicher gelagerter Fall zu sein wie diese Marga Lheiss. Aber wer wäre so mutig und so vermessen, das Schwert der Gerechtigkeit selber zu führen? Diese Emilie? Oder steckten alle unter einer Decke? Die Mädel in der Fabrik? Was wusste möglicherweise dieser Cord? Und Elsa?

Wütend knallte Justus Hahn die Faust auf den Tisch. Er beschloss, sie allesamt erneut vorzuladen. »Aber diese Marga Lheiß ist und bleibt meine Hauptverdächtige, ich werde androhen, sie in Untersuchungshaft zu nehmen!«, brummte er entnervt und entschied, sich in der Klickmühle ein Bier zu gönnen.

Elsa geht ein Licht auf

In der Königstraße herrschte Ratlosigkeit. »Der Inspector verrennt sich, weil ihm nichts mehr einfällt«, vermutete Elsa. »Selbst wenn wir ihm zur Ablenkung die Vulkanisiermädchen auf dem Silbertablett servieren, Cord, hilft uns das nicht wirklich. Aber dass er so weit geht, Marga die Untersuchungshaft anzudrohen, finde ich ein starkes Stück. Auch Schwester Karla ist außerordentlich empört darüber. Wie sollen wir das bloß aus der Welt schaffen?«

»Ich bin unschuldig, und ihr steht alle hinter mir«, sagte Marga tapfer.

»Manche schlimmen Probleme lösen sich ja von allein, wie bei der Mutter von Kalle«, meinte Cord etwas ratlos und blickte nachdenklich zu Marga.

»Ja, es kam mir fast vor wie eine göttliche Fügung, sozusagen Rettung aus höchster Not«, stimmte diese ihm zu. »Aber hier liegt ja der Fall ganz anders.«

Elsa guckte konsterniert. »Wird bei uns neuerdings in Rätseln gesprochen? Darf ich fragen, wovon ihr überhaupt redet?«

Die schnellen Blicke, die zwischen Heinrich, Marga und Cord gewechselt wurden, machten sie noch neugieriger.

»Ach, das passierte vor einigen Wochen. Eine Mutter, eine moralisch völlig enthemmte Trinkerin, die wirklich alles, auch eigentlich Undenkbares tat, um an Geld für Schnaps zu kommen. Wir waren ziemlich verzweifelt, selbst Karla wusste nicht so recht, wie wir Schlimmes verhindern sollten.«

»Nun weiß ich es ganz genau«, reagierte Elsa gereizt, »also, was tat sie denn?«

Nach allem, was die Zwillinge inzwischen mitbekommen haben, könnte ich es nunmehr sogar sagen, dachte Marga und blickte fragend zu Heinrich, der unmerklich nickte.

»Diese Mutter wollte ihre zwölfjährige Tochter an ältere Herren verkaufen. Das hatte sie zwei Jahre zuvor mit einer anderen Tochter schon mal getan, das endete tödlich. Es handelt sich übrigens um Pauline, die ja jetzt mit ihrem Bruder bei Breuers lebt.«

Elsa erstarrte, erst allmählich begriff sie, welche Ungeheuerlichkeit Marga da gerade angedeutet hatte. In ihrem Kopf begann sich alles zu drehen, und Übelkeit stieg in ihr hoch. Indessen füllte Marga bereits zwei Gläschen mit ihrem Allheilmittel, dem Condurango-Wein aus der Marienapotheke, und gab sie den Schwestern. Emilie starrte verständnislos zu Marga. »Wieso tödlich?«

Mir bleibt aber in letzter Zeit auch nichts erspart – verzweifelt suchte Marga nach Worten, um das Schreckliche zu erklären. »Wenn ein erwachsener Mann ein Mädchen missbraucht, kann es zu schweren inneren Verletzungen kommen, und das war damals der Fall.«

Es dauerte einen Moment, bis Emilie begriff – das war für sie zu viel, sie sprang auf, konnte jedoch nicht mehr verhindern, dass sie sich mitten in der Wohnküche von Margas Wohnung in hohem Bogen erbrach.

Während sich Marga und Cord um Emilie und die Säuberungsarbeiten kümmerten, blieb Elsa wie gelähmt auf ihrem Stuhl sitzen. Zwar war auch sie entsetzt, aber ihre Gedanken wanderten in eine ganz andere Richtung. Göttliche Fügung oder Zufall? In zwei weiteren Familien hatten sich ja kürzlich Probleme ebenfalls durch den Tod aufgelöst!

Unwillkürlich fielen ihr einige der Criminalerzählungen von J. D. H. Temme ein, die sie in der Gartenlaube entdeckt hatte. In dessen Werken schilderte oft ein Criminalrichter seine Vorgehensweisen mit sowohl analytischen als auch logischen Überlegungen. Genauso muss ich nun gleichermaßen kombinieren, rief sich Elsa zur Ordnung. Also: Wer kannte sich in den Familien am besten aus? Wer verfügte über genügend medizinische Kenntnisse und Medikamente, um einzugreifen? Wer litt unter den Verhältnissen, besonders jedoch darunter, sehenden Auges Übles hereinbrechen zu sehen, ohne es mit normalen Mitteln verhindern zu können? Sicherlich, auch Luise Breuer, Marga und Emilie hatten in letzter Zeit mitleidsvoll die Zustände in einigen Familien beklagt. Aber was in Kalles Sippe vorgefallen war, hatte Emilie, deren kriegerische Äußerungen durchaus besorgniserregend gewesen waren, ja gar nicht gewusst.

»War das die Angelegenheit, die dich neulich so bedrückte, Marga?«

»Ja, das hat mir Albträume bereitet.«

»Wie ist diese Frau denn gestorben?«

Während Marga die Szene schilderte und Heinrich ergänzte, liefen Elsas Gedanken auf Hochtouren. Weder Luise noch Marga konnten diesen Tod herbeigeführt haben. Es gab nur eine Person, die hierfür Gelegenheit gehabt hatte. Karla – Karla hat sich verrannt! Elsas Einsichten überschlugen sich förmlich. Der jaulende Hund, der offenbar bei Stambrowskys eine heftige Dosis Schwefelalkohol gerochen hatte!

Die seltsamen Bemerkungen, die die Diakonisse in letzter Zeit gemacht hatte. Die Überlegungen, Hannover zu verlassen. Die Androhung von Inspector Hahn, Marga in Untersuchungshaft zu nehmen, könnte Karla dazu treiben, eine unüberlegte Handlung zu begehen. Sie musste sofort zu ihr! Abrupt stand Elsa auf. Sie stupste Cord mit dem Ellbogen, zupfte sich am Ohrläppchen und blickte ihn ernst an. »Habe vor lauter Aufregung vergessen, dass ich Luise Breuer noch für heute einen Besuch versprach. Es ist wichtig. Entschuldigt uns – Cord wird mir ganz gewiss auch zurück Geleit geben.« Der nickte mit unergründlicher Miene. Sie umarmte ihre blasse Schwester, winkte Heinrich zu, klopfte Marga auf die Schulter und eilte, von Cord auf dem Fuß gefolgt, hinaus.

»Also, Elsa, wenn du mir schon etwas mit einem der absolut geheimen Zeichen der roten Füchse signalisierst, was du offenbar durch genaue Beobachtung herausgefunden hast, dann scheint es wohl sehr wichtig zu sein«, äußerte Cord gereizt. »Denn mit meiner Mutter bist du gewiss nicht verabredet!«

»Es ist in der Tat schwerwiegend, besorge bitte umgehend eine Droschke, wir müssen sofort zu Karla.«

Cord blickte sie prüfend an, verkniff sich weitere Fragen und stürzte auf die Königstraße. Elsa ging tief in Gedanken versunken langsam hinterher. Was soll ich ihm anvertrauen? Am besten momentan gar nichts, dachte sie. Denn bisher handelt es sich um einen Verdacht – noch habe ich keine Gewissheit.

Da fuhr auch schon eine Droschke erster Klasse vor. Cord hielt ihr die Wagentür auf und rief dem Kutscher die Adresse zu. Kaum waren sie in die Polster gesunken, fragte er: »Also, was ist los?«

»Es ist alles noch nicht spruchreif«, murmelte sie, »bitte, lass mich erst mal mit Karla sprechen.« Sie rieb sich mit den Fingerspitzen beider Hände die Stirn. »Mir platzt gleich der Schädel. Ich muss während der Fahrt nachdenken – sei so gut und hol mich in einer guten Stunde wieder bei der Diakonisse ab.«

Obwohl er vor Neugierde brannte, knurrte Cord: »Na gut, weil du es bist, Elsa, du weißt hoffentlich, was du tust.«

Der Rest der Fahrt verlief schweigsam. Unwillkürlich lehnte sie sich ein wenig an ihren vertrauten Freund und legte ihren Kopf, in dem sich die Gedanken überschlugen, an seine Schulter. Alles in Elsa sträubte sich, wenn ihr Verdacht sich bestätigte, Karla der Polizei auszuliefern. Aber wie konnte diese dem Arm der irdischen Gerechtigkeit entkommen? Eine vage Idee formte sich in ihren Überlegungen.

»In einer Stunde stehe ich hier wieder vor der Tür und warte auf dich.« Besorgt blickte Cord seine Freundin an. Elsa drückte seine Hand: »Mach dir keine Sorgen, es wird mir nichts passieren. Aber vielleicht gelingt es zu verhindern, dass Marga in falschem Verdacht bleibt.«

»Nun sag schon, was dir durch den Kopf geht!«, drängte Cord beunruhigt. »Allein Detektiv spielen kann gefährlich sein!«

»Solange ich mir nicht sicher bin, halte ich es für besser, zu schweigen. Du hilfst mir ja wie immer. Also, bis später.« Und damit verschwand sie.

Als Elsa nach kurzem Anklopfen unmittelbar hereinstürmte, fand sie die Diakonisse ohne Haube am Küchentisch vor – ein unerhörter Anblick. Vor Schreck kleckste Karla einen Tintenfleck auf den zweiten Bogen Papier, den sie gerade beschrieb. Sofort sah Elsa, was über der ersten Seite als Überschrift stand: Abschiedsbrief und Geständnis. Für einen Moment blieb ihr der Atem stehen. Ich hatte die richtige Ahnung, sie war es, und sie will sich umbringen. Entsetzt sah sie Karla an. Die starrte zurück, zuckte mit den Achseln und sagte lapidar. »Du weißt es also. Ich habe mir schon gedacht, dass du es rausbekommst. Keineswegs darf Marga weiter verhört oder gar in Untersuchungshaft genommen werden. Es wäre schrecklich, wenn der Verdacht auf ihr hängen bliebe. Am besten für uns alle ist, ich bringe mich um! Denn ins Zuchthaus gehe ich nicht!«

Indessen hatten sich Elsas Gedanken weiterentwickelt.

»Genau, das habe ich mir auch überlegt!«

Nun blickte Karla fassungslos auf die junge Frau. »Du bist überraschend kaltschnäuzig …«, stammelte sie.

Elsa trat näher, legte einen Arm um Karlas Schulter und setzte sich mit einem tiefen Seufzer.

»Auf gar keinen Fall gehst du ins Zuchthaus, und ebenso wenig bringst du dich um. Du warst überarbeitet und verzweifelt. Aber der soll den ersten Stein werfen, der nicht einen Funken Verständnis aufbringt. Denn du hast gehandelt, um andere Menschen zu schützen.«

In diesem Moment fiel alle Selbstbeherrschung von Karla ab, und sie fing an, haltlos zu weinen. Während Elsa ihr tröstend über den Rücken strich, baute sie ihre Ideen zu einem groben Plan aus. So könnte es klappen, dachte sie, wobei sicherlich der Teufel nicht nur im Detail, sondern auch in der Kürze der zur Verfügung stehenden Zeit liegt.

Schließlich nahm das Schluchzen ab. Derweil sie ihre rotgeränderten Augen rieb, murmelte Karla ratlos. »Ich habe da korrigierend eingegriffen, wo die göttliche Gerechtigkeit überfordert war. Und dort, wo ich Schlimmeres verhindern wollte und völlig Unschuldige gelitten haben. Aber was soll nun geschehen? Es ist, als ob eine Welle des Entsetzens über mich hereinbricht. Ich bin entlarvt! Zuchthaus, Schande nicht nur für mich, sondern auch für die Diakonie! Rauswurf aus dem Mutterhaus – dabei ist das doch das Einzige, was ich als Halt und Heim hatte.«

Beruhigend strich ihr Elsa über die Schulter. »Noch ist nicht alles verloren. Hör meinen Plan! Erstens, du wirst an der Stelle von Isidora meine Mutter nach La Palma begleiten. Zweitens, den Selbstmord täuschen wir vor. Drittens, du hinterlässt einen Abschiedsbrief. Somit ist Marga aus dem Schneider, und du bist für immer weg.«

Offenen Mundes starrte die Diakonisse sie an. »Wieso weg? Deine Mutter wird im Frühjahr zurückkehren.«

»In der Tat, du jedoch bleibst dort. Es gibt schlimmere Exile, Karla, glaube mir! Du bist eine ausgezeichnete Krankenschwester, du könntest da eine Menge Gutes tun.«

»Aber Elsa, in ein katholisches Land, das geht doch gar nicht. Ich weiß das große Glück zu schätzen, der freien protestantischen Geistesrichtung anzugehören.«

»Nun, wenn du in die Mission gingest, wärest du unter lauter Heiden, hier befindest du dich immerhin inmitten von Christen.«

»Aber ausgerechnet Katholiken!«

»Wir haben auf La Palma viele fabelhafte Menschen getroffen. Besonders die Lehrerin Josefina ist eine freisinnige Person, mit der du dich gewiss sehr gut verstehen wirst. Sie spricht ausgezeichnet Deutsch, und in ihr hättest du eine Gefährtin.«

Karla blickte zweifelnd vor sich hin. »Die ist doch auch katholisch.«

»Und verstand sich hervorragend mit unserer Mutter.« Nach einer kleinen Pause fuhr Elsa fort: »Als wir dort waren, haben wir übrigens in Los Llanos durchaus den Gottesdienst besucht.«

Karla konnte einen entgeisterten Laut nicht unterdrücken. Ihr Gesicht drückte pures Entsetzen aus. »Ich? Zu den Katholiken in die Kirche? Niemals!«

Nun reichte es. Elsas ohnehin kurzer Geduldsfaden, zudem angenagt durch die mannigfaltigen nervlichen Belastungen, war endgültig überdehnt und riss. Peng! Ihre rechte Hand schlug so heftig auf den Tisch, dass die Teetassen auf den Untertellern klirrten. »Karla, nun schalte mal endlich deinen Verstand ein und die Vorurteile aus! Es gibt neben Evangelischen und Katholischen, die man bekanntermaßen Christen nennt, noch Juden, Mohammedaner,

Buddhisten und andere Religionsgemeinschaften. Und die kommen zum Beispiel bei den Freimaurern friedlich zusammen, um im Geiste des allmächtigen Baumeisters aller Welten an sich zu arbeiten. Wenn das eine Runde unterschiedlichster Männer schafft, wirst du als kluge Frau es wohl eher auf La Palma aushalten als bei den Hottentotten!« Sie holte tief Luft.

»Aber es ist doch so fern.«

Elsa vermutete, dass Karla sich auf dem Rückzug befand, und begann sich mit dem Gedanken an La Palma anzufreunden. »Wem Gott will rechte Gunst erweisen, den schickt er in die weite Welt.«

Unwillkürlich nickte Karla. »Und die Sprache müsste ich auch noch lernen«, seufzte sie.

»Das schaffst du vor Ort ganz gewiss. Josefina hat schon unserer Mutter Spanisch beigebracht, und wir haben ebenfalls viel von ihr gelernt.«

Die Diakonisse ergriff Elsas Hände und drückte sie. »Was du sagst, stimmt ja – es geht nur alles so schnell …«

»Eben – rasch muss jetzt etwas passieren! Bevor dir Inspector Hahn noch auf die Spur kommt, solltest du mit dem nötigen Gottvertrauen in ein neues Leben starten. Du weißt doch: Der Wolken, Luft und Winden gibt Wege, Lauf und Bahn …«

»Der wird auch Wege finden, da mein Fuß gehen kann.« Die Diakonisse richtete sich auf. »Ich bin ein undankbares Geschöpf, Elsa, schließlich rettest du mich vor dem Zuchthaus, und ich komme hier mit kleinlichen Bedenken. Auf deiner Insel gibt es wenigstens die Möglichkeit, durch harte Arbeit mich ein wenig von der Schuld abzulenken, die ich auf mich geladen habe – davon wird mich niemand befreien können.«

»Du hast sozusagen Gott ins Handwerk gepfuscht, denn es heißt ja: ›Mein ist die Rache, sprach der Herr.‹ Und ich falle dem Arm der Gerechtigkeit in den Arm.«

Beide seufzten und sahen sich an.

»Noch kannst du zurück, Elsa«, flüsterte Karla, »ich habe bei meinen Überlegungen gar nicht richtig bedacht, dass du dich strafbar machst. Übrigens glaube ich, dass Anna ihrem Mann auch von dem Schwefelalkohol gegeben hat. Die Dosis, die bei der Obduktion festgestellt wurde, kann nicht allein von mir gekommen sein.«

Elsa starrte die Diakonisse an. »Na, an dem Todesfall scheinen ja mehrere mitgewirkt zu haben. Sei es, wie es sei – genug des Redens, wir haben keine Zeit zu verlieren. Es ist abgemacht, Karla. Viele Dinge sind schleunigst zu regeln. Wir müssen uns um Kleidung für dich kümmern. Hast du überhaupt noch etwas in Zivil?«

Karla zuckte mit den Schultern. »Nur ganz wenig, das wird für eine Reise nicht ausreichen.«

»Gut, wir werden sehen, was sich in Emilies und meinem Kleiderschrank findet. Und ich glaube, es sind einige elegante Kleider samt Korsett da von meiner Freundin Roberta, der Schauspielerin. Die hat sie mir geschenkt, als sie auf Reformkleidung wechselte und nach Amerika ging. Damit wirst du auf der Schiffsreise Furore machen. Ja, ja, ich weiß schon, eine Diakonisse lebt nicht auf dem Parkett, sondern im immerwährenden Dienst, aber den kannst du auf der Insel in aller Stille und inkognito antreten. Bis dahin heißt es, deine Spuren zu verwischen. Von Roberta habe ich übrigens noch Henna für die Haare und einige Schminkutensilien, damit werde ich dich verschönern und vor allem verändern! Wir verwandeln dich in einen ganz anderen Menschen. Manchmal ist es ja doch gut, Dinge aufzuheben.«

Trotz der Anspannung rissen die schwungvollen Ideen Elsas Karla mit. »Du bist einfach unglaublich. Wäre die Sache hinter der Maskerade nicht so ernst, könnte man fast glauben, es macht dir Spaß.«

Für einen Moment stutzte Elsa. »Es ist gewiss angebracht, mich etwas zu zügeln. Aber es fließt auch ein wenig ein Abenteuer und eine Herausforderung mit hinein. Wenn das Inspector Hahn wüsste! Und damit endet die Philosophiererei, es ist bitterernst, und wir dürfen keinen Fehler machen. Die Würfel sind gefallen, und wir haben reichlich zu tun.« Plötzlich fiel ihr ein: »Hast du gültige Ausweispapiere?«

»Ja, in meiner Gewissensnot dachte ich daran, mich zur Mission in die Kolonien zu melden. Dabei unterlief denen auf dem Amt ein Schreibfehler, der vielleicht ganz nützlich sein könnte. Statt Karla haben sie Klara geschrieben.«

»Das ist hervorragend. Mir fällt gerade auf, dass ich deinen Nachnamen gar nicht kenne.«

»Käppel. Als Klara Käppel klinge ich doch ziemlich unauffällig.«

»Absolut harmlos«, bestätigte Elsa. Plötzlich zuckte sie zusammen. »Isidora! Die muss ja einverstanden sein. Wir haben keine andere Wahl, als sie einzuweihen.«

»Willst du ihr wirklich alles sagen? Und wohin soll sie gehen? Sie kann ja nicht einfach hierbleiben, das fällt doch auf!«

Elsa spürte, wie ihr der Kopf brummte. »Gib mir bitte einen Bogen Papier und einen Bleistift. Ich muss anfangen, mir Notizen zu machen.«

Sie blickte auf die Wanduhr. »Herrje, fast eine Stunde ist um. Cord erwartet mich gleich. Also, ich fahre sofort mit einer Droschke zur Villa von Professor und Hofmaler Kaulbach am Waterlooplatz 11. Mir muss noch ein sicherer Ort einfallen, an dem Isidora ihren Roman beenden kann, das wird sie überzeugen. Denn sie wollte uns einerseits einen Gefallen tun, andererseits und vor allem ihrem Entlobten ausweichen.« Sie klopfte sich an die Stirn: »Wir sollten unbedingt genau überlegen, was du in dem Abschiedsbrief schreibst.«

»Den hab ich ja schon angefangen.« Nach kurzem Zögern schob Karla die erste, fertige Seite rüber. »Sieh selber!«

Konzentriert las Elsa Zeile für Zeile. Plötzlich glättete sich ihre gekrauste Stirn. »Ich hab es! Du bezichtigst dich nicht des Mordes, sondern du fühltest dich körperlich und seelisch völlig überfordert, zumal ja die andere Diakonisse schon seit längerem ausgefallen war. Du befürchtest, dass einige Todesfälle auch auf Pflegefehler deinerseits zurückzuführen sind. Das kannst du nicht ertragen. Du fühlst dich dem allen nicht mehr gewachsen, glaubst zudem, selber erkrankt zu sein, und bist des Lebens müde.«

Karla starrte Elsa an. »Dein Kopf arbeitet wirklich schnell und dazu noch einfallsreich.«

»Also schreib einen Brief in diesem Sinne, aus dem man dir keinen Strick drehen kann, wenn etwas schiefgeht!«

Indem klopfte es leise an die Tür.

»Das wird Cord sein. Verfasse den Abschiedsbrief so, wie gerade besprochen, und pack alles zusammen, was du hast. Die Mütze und die Tracht in einen Beutel. In ungefähr einer Stunde bin ich wieder da. Und mach keinerlei Dummheiten, versprichst du mir das?«

Karla stand auf und umarmte ihre Retterin kurz und kräftig. »Ja, versprochen – ich stehe für ewig in deiner Schuld.«

»Dazu ist momentan gar keine Zeit«, versuchte Elsa ihre Rührung zu verbergen, »wir brauchen einen klaren Kopf. Wenn ich mit Isidora gesprochen habe, komme ich wieder. Cord bitte ich, bei den von Elßtorffs Bescheid zu geben, dass du mich noch für einen Notfall benötigst.«

Beim Abschied meinte Karla: »Ich schwöre dir, bei allem, was mir heilig ist, ich werde deine Mutter hüten wie meinen Augapfel. Und auf La Palma in Demut meine Kräfte für die Kranken einsetzen und versuchen, dadurch Abbitte zu leisten.«

Ein schneller Rollentausch

Wie stets bewunderte Elsa die wunderschöne, von Tramm entworfene Villa am Waterlooplatz, die der hannoversche König Georg einst seinem Hofmaler geschenkt hatte.

Hoffentlich ist Isidora überhaupt zu Hause, durchfuhr es sie ängstlich, aber wahrscheinlich bereitet sie schon ihr Reisegepäck vor.

Das Dienstmädchen führte sie ohne Umschweife zu Isidoras Zimmern – man stand ja durch die lange Freundschaft beider Familien auf vertrautem Fuße.

Isidora betrachtete aufmerksam, wie die Freundin fast zeitgleich mit dem sie meldenden Mädchen eilig hereinstürmte.

»Was ist los? Du bist blass und wirkst ein wenig derangiert. Gibt es etwas Neues zu Margas Vorladung?«

»Nicht direkt, aber mein Überfall bei dir hat damit zu tun.«

Aus einer Karaffe schenkte Isidora ein Glas Wasser ein. »Trink erst mal, setz dich, und dann erzähl.«

»Wir müssen Tacheles reden, denn die Zeit drängt. Karla, die, wie wir wissen, seit Wochen völlig überarbeitet ist, befürchtet, dass sie einige Pflegefehler gemacht hat. Bevor sie sich womöglich noch etwas antut, möchte ich sie hier möglichst weit aus der Schusslinie haben.«

»Schwant mir richtig, dass sie statt meiner Ernestine begleiten soll?«

Sichtlich erleichtert blickte Elsa ihre Freundin an. »Du kennst mich eben schon lange und gut.«

Isidora sah nachdenklich aus dem Fenster und wandte sich dann wieder Elsa zu. »Damit ist aber Marga nicht aus dem Schneider.«

»Genau erfasst, Fräulein Schriftstellerin. Karla hinterlässt einen Abschiedsbrief, in dem sie diese Pflegefehler zugibt. Und irgendwann wird man ihre Haube finden.«

»Na, du bist ja schon erstaunlich weit in der Gestaltung des Justizbetruges! Und wo gedenkst du, mich unterzubringen?«

Elsa stutzte. »Das weiß ich bislang nicht so richtig«, gestand sie und wirkte plötzlich merklich kleinlauter. »Mir schwirrt inzwischen auch schon mächtig der Kopf.«

»Nun, wir haben ja bereits erfolgreich an anderen Fällen gearbeitet. Aber sag mir noch – handelte es sich bei den Fehlern von Karla wirklich um Versehen, oder hat sie nachgeholfen? Einige der Todesfälle, von denen du mir erzählt hast, stellten doch für die drangsalierten Angehörigen eher einen Glücks- und weniger einen Unglücksfall dar.«

»Darüber, liebste Freundin, schweigt in deinem eigenen Interesse des Sängers Höflichkeit. Solltest du jemals befragt werden, weißt du buchstäblich nichts.«

»Diese Antwort sagt mir schon alles.« Isidora stand auf. »Aber ich muss ja auch von der sprichwörtlichen Bildfläche verschwinden. Und punktgenau wieder auftauchen, wenn eure Mutter von der Insel zurückkommt. Denn ich gehe sicherlich zu Recht davon aus, dass Karla dort bleiben soll?«

Bejahend nickte Elsa.

»Und Ernestine wird ja einige Monate fortbleiben. In dieser Zeit könnte ich wunderbar meinen Roman fertig schreiben. Aber wo?«

Ratlos sahen sich die Freundinnen an.

»Es darf nicht zu weit weg sein, denn ich muss dich ja informieren, wann Ernestine wieder heimkehrt. Notfalls könntest du auch unter einem Vorwand schon früher zurückkommen.«

»Das ist die übernächste Kartoffel, Frau Detektivin Holmes. Erst müssen wir klären, wo ich überhaupt bleibe.«

»Sherlock würde bestimmt eine geniale Lösung finden.« Nachdenkliche Stille hing im Raum. Da schlug sich Elsa an die Stirn. »Die Elßtorffsche Großmama lud dich doch schon des Öfteren ein, auf ihrem Rittergut mit der herrlichen Bibliothek in Ruhe an deinem Roman zu arbeiten. Das hast du ja mit Rücksicht auf Theobald ausgeschlagen. Nun weilt die Gute ja für etliche Monate in Süddeutschland bei ihrer Nichte, um dieser nach einer schwierigen Entbindung beizustehen. Ihre Haushälterin kennt dich, du setzt sie von der geplatzten Verlobung in Kenntnis und quartierst dich dort ein. Und erklärst ihr, dass niemand wissen soll, dass du da bist, denn Theobald tobt und stößt wüste Drohungen aus.«

»Was nun ausnahmsweise sogar stimmt«, fügte Isidora trocken hinzu.

»Tatsächlich? Das hast du mir gar nicht erzählt!«

»Hätte ich noch getan. Auch deshalb erschien mir die Reisebegleitung nach La Palma in immer rosigerem Licht. Je mehr Kilometer zwischen mir und Theobald liegen, desto besser. Mal abgesehen davon, dass ich eure Mutter sehr schätze, die Insel wunderbar finde und mich auf das Wiedersehen mit Josefina gefreut habe. Das wird ja nun leider nichts.«

Betroffen blickte Elsa die Freundin an. »Also vermassele ich dir eine Reise, die du sehr gern unternommen hättest.«

»Ja, ein wenig schon. Gar nicht davon zu reden, wie angenehm es auf der Insel im Winter sein soll, mit Frühlingstemperaturen und Mandelblüte.«

Elsa stöhnte. »Hör bloß auf – mein Gewissen wird immer schlechter!«

»Damit solltest du dich wohl kaum belasten«, erwiderte Isidora mit einem schiefen Lächeln. »Du lädst dir ja gerade ganz andere und dazu noch strafbare Taten auf. Aber es geht darum, Karla zu retten – und ebenso, dass wir Marga aus den Fängen des Inspectors befreien. Der scheint sich in seinen Verdacht ja förmlich verbissen zu haben.«

»Stimmt, das glaube ich auch!«

»Ich bin ziemlich perplex«, bekannte Isidora, »kaum vorstellbar, in was für schrecklichen Konflikten und in welchem Durcheinander von Gefühlen Karla sich befunden haben muss. Auf der einen Seite will sie Kranken helfen, auf der anderen Seite leidet sie mit den Opfern, die grausamer Willkür ausgeliefert sind. Zugleich fühlt sie sich als Diakonisse christlicher Demut verpflichtet, aber auch zur Barmherzigkeit und zum Dienst an den Elenden.«

»Ich bewundere dein Einfühlungsvermögen, mit dem du dich hervorragend in die Situation eines Menschen hineinversetzen kannst.«

»Danke für die Blumen! Die verdienst du jedoch auch. Beobachtungsgabe, logisches Denken und Intuition gehören ebenso zur Detektivarbeit! Nicht umsonst bildeten wir mit Cord und Marga ein gutes Gespann. Doch zurück zu Karla – sie fühlte sich in einem Dilemma, welches ihr kaum lösbar erschien. Denn egal, was sie tat oder nicht tat – sie lud immer Schuld auf sich – wie in einem Drama.«

»So empfand sie das gewiss – als eine schier ausweglose Situation. Ob es nicht noch weitere Möglichkeiten gegeben hätte, darüber konnte sie nicht mehr mit klarem Kopf nachdenken – und will ich hierüber jetzt auch nicht grübeln. Augenblicklich haben wir Dringenderes zu tun.«

»Wohl wahr«, stimmte Isidora zu. »Wie erklären wir das Ganze Ernestine? Je weniger Personen eingeweiht sind, desto besser.«

»Du erkrankst plötzlich und bist nicht reisefähig.«

»Einverstanden. Und ich kenne zufällig eine ausgezeichnete Krankenschwester, die gerade eine neue Aufgabe sucht.«

»Exzellent. Wie und wo führen wir Karla ein?«

Nun begann Elsa auf- und abzugehen, dabei konnte sie besser nachdenken. »Erstens, Mutter kennt Karla nicht persönlich. Zweitens, zum Glück hat Mama sich einen großen Bahnhof verbeten, sie hasst Abschiede. Drittens, Karla wird ohne Haube und Tracht völlig anders aussehen. Ich werde ihr noch mit Henna von Roberta die Haare färben. Die erkennt kein Mensch.«

»Vorsicht, meine Liebe, wie steht es mit Emilie?«

»Dr. Watson, wo Sie recht haben, haben Sie recht!«

Die Freundinnen, denen inzwischen von dem angestrengten Nachdenken und der Aufregung die Wangen glühten, schmunzelten sich an.

»Die neue Begleiterin wird eben Ernestine oben in Hamburg treffen. Wir können doch froh sein, dass sich so schnell ein Ersatz fand. Und dann noch eine ausgebildete Krankenschwester, die du gut kennst.«

Isidora nickte zufrieden. »So könnte es klappen.«

»Am besten wäre, wenn Karla bereits in ihrem neuen Aussehen gleich morgen den Zug nach Hamburg nimmt. Übermorgen tritt unsere Mutter ihre Fahrt an. Karla muss also nur eine Nacht in einer Pension verbringen. Hast du einen Koffer für sie übrig?«

»Ja, ich habe doch noch den von der La Palma-Reise, den schenke ich ihr gern. Und von meiner Reisegarderobe trete ich ebenfalls einiges ab. Den Reiseanzug mit der Kaftan-Jacke und den Hosen für die Inselüberquerung auf dem Maultier zum Beispiel. Den könnte ich hier sowieso nicht tragen. Und ich gucke sofort, was ich sonst noch entbehren kann. Denn sie braucht ja auch etwas für die Dinner auf dem Schiff am Abend. Komm, wir erledigen das schnell gemeinsam. Dann nimmst du den Koffer gleich mit.«

Stürmisch umarmte Elsa die Freundin. »Du bist wirklich ein Schatz, Isidora. Ich habe ebenfalls einiges, sogar noch Garderobe von Roberta – damit bekommen wir Karla ausstaffiert.«

»Apropos – Roberta fehlt hier im Ensemble des Königlichen Schauspielhauses. So eine Schauspielerin wie sie gibt es nicht oft. Weißt du, wann sie aus Amerika zurückkommt?«

»Nein, das ist leider noch unbestimmt, ich vermisse sie oft. Aber jetzt komm, wir müssen uns beeilen. Denn auch du musst ja möglichst dank einer an Wunder grenzenden schnellen Genesung baldmöglichst zum Rittergut aufbrechen.«

»Verlass dich nur auf mich. Der Kutscher, der Papa oft zu seinen adeligen Auftraggebern gebracht hat, ist absolut vertrauenswürdig. Mit der Eisenbahn zu fahren wäre zu riskant, ich darf nicht gesehen werden. Spätestens übermorgen bin ich von der Bildfläche verschwunden.«

Eine Viertelstunde später lagen sich die Freundinnen in den Armen und nahmen Abschied voneinander.

»Isidora, das vergesse ich dir nie. So schnell und patent, wie du reagierst, das wird dir kaum eine andere junge Dame nachmachen!«

Die so Gelobte lächelte erfreut und erwiderte spitzbübisch: »Schriftstellerinnen sind eben aus einem besonderen Holz. Und nun sieh zu, dass du weiterkommst. Du musst noch in die Königstraße, um Reisegarderobe zu besorgen, und zu Karla, um die Verwandlung voranzutreiben.«

»Ja, ich werde Cord gleich mit dem Koffer zu ihr schicken und dann von zu Hause aus eine Droschke nehmen und in zwei Taschen packen, was ich beisteuern kann. Das ist unauffälliger.«

»Mr. Holmes, ich hoffe, wir haben alles in Betracht gezogen.«

»Ja. Mr. Watson, das wünsche ich mir inständig. Aber fast hätte ich vergessen – sie braucht ja auch Geld. Da wird mein Erspartes dran glauben müssen.«

»Du bist wirklich großzügig, Elsa!«

Die beiden begaben sich zur Haustür.

Cord sprang herbei, um mit dem Koffer behilflich zu sein. Die Freundinnen tauschten wehmütig ein letztes Winken für einige Monate aus. Dann eilte Isidora hastig in die Villa zurück. Es gab ja noch so viel zu tun und zu bedenken!

Inszenierung eines Freitodes

Nachdem sie sich vergewissert hatte, dass im Haushalt alle beschäftigt waren, huschte Elsa in die Remise am Kutscherhaus. Hier befand sich schon seit einigen Jahren ihr Versteck für ihre Verkleidung als Dienstmädchen. Schnell schlüpfte sie aus ihrem Reformkleid und zog sich eine gestreifte Bluse, einen schwarzen Rock und ein hochgeschlossenes Oberteil an. Die weiße Schürze vervollständigte die Aufmachung. Die dunkelhaarige Perücke stammte aus dem Fundus des königlichen Schauspielhauses – die hatte Elsa mit etwas schlechtem Gewissen nach einer Laienvorstellung zu Ehren des Malerfürsten Kaulbach behalten. Diese Perücke, die perfekt zu den dunklen Augenbrauen passte, machte die Verwandlung vollkommen. So kostümiert, konnte sie auch mal allein aus dem Haus schlüpfen, über den Markt rund um die Marktkirche spazieren, das Leben aus einem ganz anderen Blickwinkel wahrnehmen. Nur Inspector Hahn war ihr letztes Jahr auf die Schliche gekommen, als sie so verkleidet mit Cord unterwegs gewesen war. Der hatte damals angedroht, sie zu verraten, falls er sie nochmals erwische. Sie zögerte für einen Moment. War die Maskierung als junger Mann, die sie zu den Velo-Ausflügen mit Cord genutzt hatte, nicht doch besser? Was würde Sherlock Holmes, der Meister der Verkleidung tun? Kein unnötiges Risiko eingehen, lautete die Antwort. Denn der Inspector war keineswegs dumm.

Bei der letzten Befragung hatte er sie angeknurrt: »Sie wissen ja sicherlich, dass Verschleierung von Straftaten strafbar ist?« und sie dabei misstrauisch beäugt. Blitzschnell zog Elsa alles wieder aus, griff Hose, Hemd, Weste, Jacke und Schiebermütze, die die schnell hochgesteckten Haare verbarg. Sie malte sich mit den von Roberta geschenkten Schminkutensilien noch einige Sommersprossen.

Zufrieden blickte sie in den Spiegel. Gerade ihr braungepunktetes Antlitz gefiel ihr sehr, denn das war für eine höhere Tochter gar nicht comme il faut! Spähend sah sie sich um und witschte dann unbemerkt aus der Toreinfahrt auf die Königstraße. In ihrer Jackentasche knisterte der Abschiedsbrief, den sie als Erstes in die Diakonissenstation brachte, um ihn dort schräg hinter die Pendule zu klemmen, so dass er sofort ins Auge fiel. Denn gewiss würde Schwester Karla bald vermisst werden.

Danach lief sie ein Stück die Blumenauerstraße entlang und bog rechts zur Ihme ab. Sorgfältig vergewisserte sie sich, dass sie nicht beobachtet wurde, und warf dann die mit Karlas Initialen versehene Haube und den weißen Kragen so weit sie konnte in den Fluss. Beides hatte sie locker um einen alten Gummiball gewickelt, damit es noch eine Weile weitertrieb. Erleichtert trat sie den Rückweg an. An der Ihmebrücke merkte sie, wie sich Erschöpfung in ihr ausbreitete. Daher nahm sie die Tram bis zum Bahnhof, schlich sich dann unbemerkt in der Königstraße ein und verwandelte sich wieder in eine höhere Tochter.

Auf dem Flur traf sie Emilie, die sie prüfend anblickte. »Du siehst müde und blass aus, meine Liebe.«

»Ja, es war alles zu viel in den letzten Tagen. Der Tod der Großmama, die Verhöre von Inspector Hahn, der auf Marga lastende Verdacht, die plötzliche Krankheit von Isidora und die Abreise von Maman – ich nehme ausnahmsweise mal ein Pulver gegen Kopfschmerzen.«

»Wie gut, dass Isidora so raschen Ersatz wusste. Hoffentlich wird sich Mama mit dieser Krankenschwester auch gut verstehen.«

»Auf Isidoras Menschenkenntnis ist Verlass. Wichtig ist, dass sich alles zu einem guten Ende fügt. Und nun lege ich mich hin und halte eine Siesta wie auf La Palma.«

Als sie drei Stunden später keineswegs erholt den gelben Salon betrat, fand sie die komplette Familie nebst einer verweinten Marga versammelt. Erst da fiel ihr ein, dass sicherlich auch Luise Breuer und viele Menschen in Linden um die Diakonisse trauerten.

Überhaupt – die Tragweite meiner Inszenierung und dieser ganzen Rettungsaktion wird mir jetzt so richtig bewusst, dachte sie und nahm schnell Platz, da ihr schwindelig wurde. Zur Besinnung bin ich ja auch gar nicht mehr gekommen, so wie sich die Ereignisse überstürzten.

Sophie räusperte sich und erklärte. »Mein Kind, wir wollten dich ruhen lassen. Es gibt schon wieder eine Hiobsbotschaft. Schwester Karla hat sich das Leben genommen, sie ist in die Ihme gegangen.«

Emilie schluchzte laut auf. »Sie hat sich zu viel zugemutet, so eine Menge Arbeit und noch die Nachtwachen!«

Es fiel Elsa nicht schwer, bestürzt auszusehen, da sie sich von den Auswirkungen ihres Handelns geradezu überrollt fühlte. Immerhin gelang es ihr zu fragen: »Aber wieso hat sie sich umgebracht?«

Die Antworten rauschten an ihr vorbei.

Ich muss hier raus, dachte sie. Am besten zu Großvater in die Fabrik. Vielleicht treffe ich dort auch Cord. Sie erhob sich vorsichtig.

»Vor lauter Aufregung vergaß ich, dass ich dringend mit Großpapa verabredet bin.«

»Muss das wirklich sein? Du siehst aus, als ob du gleich umfällst! Wir können doch telefonisch absagen.« Sophie betrachtete sie besorgt.

»Mir geht es gut«, versicherte Elsa, obwohl das Gegenteil zutraf, »es geht um ein Furnier, das dringend ausgesucht werden muss.«

»Wenn es dir so wichtig ist, soll Franz dich hinfahren«, bot Maximilian an.

Elsa bedankte sich und verabschiedete sich hastig. Sie wollte nur noch weg.

Finale mit Überraschungen

Elsa verließ die Möbelfabrik ihres Großvaters wieder und stand auf der Davenstedter Straße, wo sie sich eine Droschke erster Klasse nehmen wollte, um heim in die Königstraße zu fahren. Der Besuch hatte sich als Reinfall entpuppt, da Großpapa samt Kutsche ebenso abwesend war wie Cord.

Sie fühlte sich am Ende ihrer Kräfte. Das Fass zum Überlaufen gebracht hatte morgens eine auf edles gehämmertes Büttenpapier gedruckte Anzeige. Mit der gab Baronin Mary Sina de Hodos aus Klagenfurth in Kärnten die Verlobung ihrer Nichte Mary von Rainer-Harbach mit Dr. Victor Rehnhoff bekannt. Diese beiden Damen hatte seine Mutter bereits im vergangenen Sommer auf Norderney umschwänzelt. Dennoch versetzte es Elsa einen Stich, dass Victors Verlöbnis so schnell erfolgt war. Emilie hatte merklich ungerührter gemeint, er habe sich dem Willen seiner Frau Mama gebeugt, und diese Mary sei zu bedauern.

Der Droschkenkutscher, der hier sonst immer stand, war nicht da – weit und breit ließ sich kein anderes Gefährt erblicken. Auch das noch, ärgerte sich Elsa, ich bin so fix und fertig, dass mir ganz schwindelig ist. In diesem Moment sah sie einen etwa dreizehnjährigen Butjer mit Schiebermütze auf sich zukommen, der offenbar die Möbelfabrik ansteuerte. Ohne weiter nachzudenken, nahm sie Zeige- und Mittelfinger in den Mund und stieß einen gellenden Pfiff aus.

Der Junge zuckte zusammen, aber außer dem Fräulein war gerade niemand in der Nähe zu sehen. Nun winkte sie ihn auch noch gebieterisch zu sich heran. Dabei berührte sie mit der Hand ein Ohrläppchen, und der Junge, der sie mit weit aufgerissenen Augen anstarrte, griff im Gegenzug ebenfalls an sein Ohrläppchen, woraufhin doch tatsächlich sein linkes Handgelenk umfasst und geschüttelt wurde.

»Wie heißt du?«, zischte die reichlich blasse Unbekannte.

»Kalle«, lautete die gestammelte Antwort.

»Der Bruder von Pauline? Der für Großpapa Botengänge macht?«

»Ja. Sind Sie Elsa?«

»Die bin ich. Kannst du Cord auftreiben? Ich muss ihn unbedingt so schnell wie möglich sprechen. Es ist wichtig!«

In diesem Moment trat der technische Leiter der Fabrik hinzu. »Aber gnädiges Fräulein, Cord Breuer hilft doch hinten im Betrieb am Bahnanschluss, wir verladen gerade einige Schränke in einen Güterwaggon. Sie sehen blass aus. Ich bringe Sie mal in die Künstlerklause, da ist gerade keiner, und mache Ihnen einen starken Kaffee.«

Kalle nickte eifrig. »Bevor sie uns aus den Latschen kippt.«

»Du bist hier nicht gefragt, renn zu Cord, und schick ihn her!«

Mit einem starken, heißen Kaffee mit viel Zucker in einer dicken Porzellantasse in der Hand blickte Elsa von der Künstlerklause im ersten Stock, in der sie so gerne Entwürfe fertigte, auf den langen Gang, den Cord nehmen musste. Da kam er auch schon, sie seufzte erleichtert. Während er mit großen Schritten heraneilte, fiel ihr zum ersten Mal auf, wie erwachsen und männlich er inzwischen wirkte. Kein Mensch würde darauf kommen, dass ich ein Jahr älter bin als er, dachte sie. Bei unserer Rückreise von La Palma haben ihm einige der jungen Dinger nicht nur aus der dritten Klasse recht kecke Blicke zugeworfen. Und die Fabrikmädchen in der Conti machen ihm bestimmt schöne Augen, da könnte er gewiss das eine oder andere Techtelmechtel haben. Zu ihrem Erstaunen bemerkte sie, dass ihr diese Vorstellung gar nicht gefiel. Da stürmte Cord, zwei Stufen auf einmal nehmend, bereits herauf.

»Du siehst aus wie Buttermilch mit Spucke. Hat es etwa wieder einen Mord gegeben?«

»Nein, es wird auch keine weiteren unnatürlichen Todesfälle mehr geben.«

Cord stutzte merklich. »Was soll das heißen, Elsa? Hast du etwa erneut dem Inspector ins Handwerk gepfuscht? Hat der schon jemanden verhaftet?«

»Nein, es wird auch niemand festgenommen werden. Vielleicht vertuscht man das Ganze sogar – ach, Cord, wenn ich nur wüsste, ob ich alles richtig gemacht habe!«

»Nun nimm dich zusammen und erzähl!«

Unterbrochen von zahlreichen Schluchzern und undamenhaften Schneuzern in Cords großes kariertes Taschentuch schüttete Elsa ihr Herz aus. Der guckte im Laufe ihres Berichtes immer verblüffter.

»Unglaublich«, murmelte er, »ausgerechnet eine Diakonisse, die den Racheengel spielt. Darauf wäre der Inspector nie gekommen!«

»Unterschätze ihn nicht, Cord. Hauptsache, er kommt mir nicht auf die Schliche bei dieser Angelegenheit. Er traut mir gewiss nicht mehr so ohne Weiteres über den Weg. Dann wandere ich auch noch ins Gefängnis!«

Bei diesem Gedanken brach sie erneut in heftige Tränen aus. Cord nahm sie in die Arme, wiegte sie sanft hin und her. »Nie und nimmer, mein Elschen«, flüsterte er. »Du hast alles richtig gemacht. Keinesfalls darf Karla im Zuchthaus verrotten.« Er hielt sie vorsichtig fest, so schwer es ihm auch fiel, sie nicht an sich zu reißen. Stattdessen gab er ihr einen brüderlichen Kuss auf die Stirn und streichelte ihr den Rücken, um sie zu beruhigen. Als seine Hand mehrfach ihre Wirbelsäule bis zur Taille herabglitt, spürte Elsa plötzlich einen wohligen Schauer. Das war ihr erst einmal passiert, damals bei ihrem heftigen Flirt mit dem flotten Ferdi, der ihr über die Grenzen des Anstandes hinaus aus den Fugen gelaufen war …

Erstaunt hob sie den Kopf, um Cord anzusehen, der ihren Blick hingebungsvoll erwiderte und ihr zart eine Locke aus der Stirn strich. Dabei lächelte er sie so liebevoll an, dass es ihr wie Schuppen von den Augen fiel. »Cord«, stammelte sie und streckte sich ihm unwillkürlich ein wenig entgegen. Da besann er sich nicht weiter und küsste sie, was zu seinem Erstaunen von Elsa mit zunehmender Lust erwidert wurde. Die Welt versank in einer immer leidenschaftlicheren Umarmung, da knallte unter lautem Gepolter eine Eisenstange zu Boden. Die hatte Kalle, der das Schauspiel interessiert verfolgte, zackig umgestoßen, als er den Hausherrn Wilhelm Jacob vom Haupteingang her kommen sah. Wie vom Blitz getroffen, stoben die beiden auseinander. Elsas wiederkehrender Verstand vermeldete ihr flugs, dass sie sich kaum einen ungeeigneteren Kandidaten für eine gemeinsame Zukunft hätte aussuchen können: erstens, zu jung, zweitens, kein Vermögen, drittens, noch ohne Ausbildung und viertens, unter Stand. Über eine solche Mesalliance würde sich Tante Edelgarde mit Wonne auslassen … Aber was für ein aufregender Kuss, der verführerisch nach mehr verlangte! Ihr Kopf dröhnte wie eine Trommel, und eine gnädige Ohnmacht beendete erst mal ihr inneres Chaos.

Epilog

Josefina, Ernestine, und die Krankenschwester Klara Käppel saßen einträchtig unter der mit Wein bewachsenen Pergola des ererbten Hauses in Los Llanos auf La Palma. Der große Krug mit selbstgemachter Zitronenlimonade aus eigener Ernte ging zur Neige. Es ließ sich unschwer erkennen, dass die drei Frauen bestens miteinander auskamen. Eine einsame Wolke zog vor blauem Himmel in den Kessel der Caldera de Taburiente. Seit ihrer Ankunft konnte sich Klara an der Schönheit der Natur gar nicht sattsehen. Und sie genoss das milde Klima mit nicht nachlassendem Erstaunen: »Wir haben Ende November, und es ist wie bei uns im Sommer.«

»Mit etwas Glück wird es auch im Dezember noch so sein«, erklärte Josefina. Sie blickte nach oben zur abgeernteten Weinlaube. »Wir hatten besonders schöne Trauben – da bekommen wir aus der Bodega von Honorio bestimmt einen guten Tropfen.«

Ernestine streckte sich wohlig seufzend. »Es bekommt mir gut, hier zu sein. Mein Husten ist fast verschwunden, meine Erinnerung kehrt in immer größeren Teilen zurück.« Sie stieß einen Seufzer aus: »Die Zwillinge allerdings, meinen Vater und Sophie vermisse ich sehr.«

»Und ich Marga«, schloss sich Klara an, die mit ihrer neuen Identität auch den anderen Vornamen übernommen hatte. Sie strich eine rotblonde Strähne aus dem Gesicht, die sich aus ihrem kleidsam aufgesteckten Haar gelöst hatte. »Aber trotz der begeisterten Beschreibungen von Elsa hätte ich nie gedacht, dass ich mich so schnell an mein Exil gewöhnen würde. Am Wichtigsten ist jedoch, dass ich den Mut gefunden habe, euch alles zu beichten. Und dass ihr mich nicht verdammt, sondern mir Freundschaft und das Du angeboten habt, dafür bin ich euch ewig dankbar – und Elsa, die mich im wahrsten Sinne des Wortes gerettet hat.«

»Möge der Himmel verhüten, dass ich jemals in solche Dilemmata gerate wie du«, entgegnete Josefina ernst. »Und wie sehr wir hier deine Fähigkeiten als Krankenschwester brauchen können, das ist offensichtlich. Du wirst hoffentlich bei uns noch lange segensreich wirken.«

»Und ein gemütliches neues Heim hast du in der Calle Fernández Taño auch gefunden«, fügte Ernestine hinzu.

Klara, deren vormals blasses und übermüdetes Gesicht durch eine zarte Bräune und etliche Sommersprossen belebt wurde, lächelte unter Tränen. Genau wie Ernestine liebte sie es inzwischen, sich inspiriert von der heimischen Tracht zu kleiden: Ein schlichter Rock, eine helle Bluse, eine Art Weste und, nicht zu vergessen, einen kecken Hut, der mit einem Tuch gegen die Sonne schützte. Ernestine betrachtete sie mit einem gewissen Stolz, denn am liebsten hätte Karla zunächst schwarz oder dunkelblau getragen. So wie sie jetzt aussieht, davon war Ernestine überzeugt, würde niemand die ehemalige Diakonisse erkennen.

»Wenn wir am morgigen Sonntag zur Messe gehen, wollen wir dann unsere neu geschneiderte einheimische Sonntagskleidung anziehen?«, fragte Klara.

»Ja, sehr gern«, erwiderte Ernestine.

Und Klara sinnierte, dass diese hübsche Tracht ganz anders war als die der Diakonissen. Vor allem aber wusste sie, wie stolz Elsa auf sie sein würde.

Für ihr Seelenheil kann ich auch in einer katholischen Kirche beten, dachte sie und lächelte zufrieden.

Es gibt nur ein Heldentum:
die Welt zu erkennen, wie sie ist –
und sie zu lieben.
Romain Rolland

Historisches und Erdachtes

Der von Bismarck entfachte Kulturkampf, der sogenannte Ultramontanismus, war spürbar in allen Schichten der Bevölkerung und spiegelte sich auch in den Romanen der damaligen Zeit wider. So auch in einigen der Erfolgsschriftstellerin Eugenie Marlitt, die klar den protestantischen Standpunkt vertrat. Animositäten zwischen den Konfessionen gab es noch in den siebziger Jahren des vergangenen Jahrhunderts. Ebenso waren Lindener den Hannoveranern immer noch suspekt. Meine mütterliche Linie stammte aus Linden, was ich als Nicht-Akademikerkind, welches in Hannovers Südstadt aufgewachsen ist, am Gymnasium besser nicht erwähnte …!

Helene Lange wohnte und arbeitete ab 1898 mit Gertrud Bäumer zusammen.

Das Gedicht Ernst von Wildenbruchs an Isidore Kaulbach stammt aus ihren Lebenserinnerungen.

Der Begriff Hanomag wurde erst später verwendet, erstmals 1904 in Telegrammen.

Hannöversche beziehungsweise Lindener Begriffe

Backbeeren: bewegliche Habseligkeiten (Kram), überwiegend verächtlich gemeint

Hörerman von auf: von etwas aufhören

Alles, was noch in den Dialogen außerhalb gewohnter Rechtschreibung vorkommt, wie **seierman von weg**, ist ebenfalls entsprechend zuzuordnen.

Literatur

Dr. Rudolf Laudenheimer (psychiatrische Nervenklinik zu Leipzig): Schwefelkohlenstoff-Vergiftung der Gummi-Arbeiter unter Berücksichtigung der physischen und nervösen Störungen und der Gewebehygiene. Mit Abbildungen im Text und zwei Tafeln. Broschiert, 1899.

Diese Abhandlung erwarb ich antiquarisch – und musste die Seiten erst aufschneiden. Das Buch hatte also 115 Jahre niemand gelesen. Alles, was ich nicht exakt wiedergegeben habe, geht auf meine Kappe.

Wilhelm Treue, Gummi in Deutschland, München 1955, bildete meine Hauptquelle über die ›Conti‹, wie wir Hannoveraner liebevoll abkürzen.

Heidi Rosenbaum, Proletarische Familien, Frankfurt 1992.

Karin Hausen (Hrsg.): Frauen suchen ihre Geschichte. München, 1983.

Zahlreiche Literaturhinweise zu den Diakonissen verdanke ich Ulrike Tüpker, Henriettenstift Hannover. Vor allem die 1903 erschienene Diakonissengeschichte ›Frei zum Dienst‹ von Luise Algenstaedt schildert sehr lebendig deren Leben und Wirken.

Liebe Leserinnen und Leser,

die Auswahl der Rezepte ist absolut subjektiv – es gibt noch viele typische Gerichte von der Insel, vor allem mit Schweinefleisch. Rezepte für Fisch, der in der Pfanne gebraten wird, habe ich weggelassen, das gelingt Ihnen sicherlich auch so. Dafür habe ich die untypischen Pimientos de Padron aufgenommen, die inzwischen als Bratpaprika bei uns häufig angeboten werden. Mir schmecken sie sehr gut, sie sind schnell und simpel gemacht, und auch meine Freunde lieben sie! Im Roman kommt der *mojo rojo*, die typische rote Sauce, nicht vor. Da diese Sauce ein ausgesprochener Renner zu gegrilltem Fleisch ist, habe ich sie noch beigefügt. Beide Mojosaucen findet man inzwischen in gut sortierten Supermärkten auch in Deutschland – ich finde sie selber gemacht unvergleichlich viel besser …

Viel Spaß beim Kochen und Genießen wünsche ich Ihnen!

***

Pimientos de Padrón
(werden bei uns häufig als Bratpaprika verkauft)

Als Vorspeise/Tapa für 4 Personen
500 g Bratpaprika, Öl, Meersalz

Zubereitung:
Paprika waschen und sorgfältig trocken tupfen. In einer Grillpfanne etwas Öl erhitzen und die Pimientos unter häufigem Wenden gleichmäßig glasig werden lassen. Aufpassen, dass sie nicht zu langen braten, sie sollten noch etwas Biss haben. Mit grobem Meersalz oder Fleur de Sal bestreuen und entweder abknabbern oder mit Stumpf und ohne Stiel verzehren.

Tipp: Ich würze mit »Lemon & Dill« aus der Biomühle (enthält u. a. Fenchelsamen, Knoblauch, Zitronengras). Sehr lecker schmecken sie auch mit ein wenig frisch gemörserten Kräutern der Provence.

Sopa de picadillo

Für 4 Personen:
Zutaten: 300 g Hühnerfleisch, 300 g Rindfleisch, 1-2 Lorbeerblätter, 3 Eier, 1 Brötchen, etwas Öl, Salz

Zubereitung:
Die Brühe wird aus dem Fleisch zubereitet (ca. 1 ½ Liter). Das Brot wird ganz fein gehackt und bei geringer Hitze angebraten. Drei hartgekochte Eier werden geschält und mit dem Fleisch aus der Suppe gehackt. Nun gibt man alle Zutaten in die Brühe und lässt alles nochmals köcheln.
In einigen Rezepten werden noch feingeschnittener gekochter Schinken und kleingehackte Kartoffelstückchen hinzugefügt.

Tipp: Statt der hartgekochten gehackten Eier schmeckt natürlich auch Eierstich gut.

***

Carne de res en salsa

Für 4 Portionen:
1 kg Rindfleisch, 2-3 Möhren, 2 Zwiebeln, 2 große Tomaten, 1 rote Paprika, 3 Lorbeerblätter, Thymian, Paprika edelsüß, schwarzer Pfeffer, 1 Glas trockener Rotwein, Tomatenmark, Olivenöl.

Zubereitung:
Das Fleisch würfeln und in heißem Öl rundherum anbraten, beiseite stellen. In einer hohen Pfanne die gewürfelten Zwiebeln und den Knoblauch goldgelb anbraten, gewürfelte Paprika und Tomaten, Möhren in fingerdicke Scheiben geschnitten hinzufügen. Aufköcheln lassen und zum Fleisch geben. Alles mit Paprika, Lorbeerblättern, Thymian (frisch oder gemörsert), Pfeffer und Tomatenmark würzen, mit Wein aufgießen, ggf. mit Brühe auffüllen. Ca. 1 ½ Stunden leicht köcheln lassen. Nach Geschmack nachwürzen.

Tipp: Etwas frisch gemahlener Zimt darüber passt gut dazu, ebenso eine Prise Garam Masala. Den Thymian in diesem Fall sparsam dosieren oder ganz weglassen.

Papas arrugadas

Für 6 Portionen:
2 kg kleine Kartoffeln, möglichst halbmehlig, ½ Tasse grobes Meersalz (oder mehr, je nach Geschmack)

Zubereitung:
Die Kartoffeln gut waschen bzw. abschrubben und ungeschält – nicht ganz mit Wasser bedeckt – aufsetzen. Das Salz hinzugeben und den Topf mit einem Deckel verschließen.
Wenn die Kartoffeln gar sind (nach ca. 20 Minuten), das Wasser abgießen und den Topf noch einmal auf die heiße Herdplatte stellen. Die Kartoffeln jetzt so lange rütteln, bis sie leicht runzlig und weißlich vom Salz werden.
Die Kartoffeln werden mit Pelle gegessen.

***

Mojo rojo

Gibt es ebenfalls in vielen Varianten. Für die schärfere Version nehmen Sie die in Klammern gesetzten Zutaten dazu

Für 4 Portionen:
1 rote Paprikaschote, 1 große Tomate, (1 rote Pfefferschote getrocknet oder frische rote Chili), 1 kleine Knoblauchzehe, Salz, Paprika edelsüß (oder rosenscharf), 3 EL Rotweinessig, 3 EL Olivenöl, 1 Prise Zucker

Zubereitung:
Paprikaschote vierteln und putzen. Von der Tomate und von der roten Pfefferschote den Stielansatz entfernen. Alles zusammen mit der Knoblauchzehe, Salz, Gewürzen, Rotweinessig und Olivenöl in einen Blitzhacker geben und fein pürieren (oder mit dem Schneidstab). Mit Salz und Zucker abschmecken.

Tipp: Je nach Gusto können Sie noch Kümmel oder Kreuzkümmel hinzufügen und eventuell Tomatenmark, um die Paste sämiger zu machen.

Mojo verde

Da hat jede Familie und jedes Restaurant eine eigene Variation. Hier mein Favorit:

Für 4 Portionen:
1 grüne Paprikaschote (möglichst hellgrün), 1 Bund glatte Petersilie, 1 Bund Koriandergrün, frische Thymianblättchen, 1 bis mehrere Knoblauchzehe(n) nach Gusto, 100 ml Olivenöl, Salz, Zucker, Saft von ½ Limette, ersatzweise 1-2 EL besten (Rotwein-)Essig

Zubereitung:
Die Paprikaschote putzen, dabei Stiel, alles Weiße und Kerngehäuse entfernen. In grobe Stücke schneiden. Die dicken Kräuterstiele abschneiden, Kräuterblättchen grob hacken. Alles mit dem Knoblauch, Salz, Pfeffer aus der Mühle und 1 Prise Zucker in einen Blitzhacker geben und fein hacken. Mit Limettensaft oder Essig würzen. Olivenöl hinzufügen. Ist das Ganze zu dünn geraten, mit ganz fein zerkrümeltem Toastbrot andicken.

Tipp: Eventuell etwas Kreuzkümmel hinzufügen und die Menge des Korianders je nach Gusto reduzieren.

Mojo verde passt sehr gut zu Fisch. Ich mag ihn auch zu (gegrilltem) Ziegenkäse und Tomaten.

***

Bienmesabe

Zutaten:
250 g Mandeln, 350 g Zucker, 6 Eigelb, ¼ l Wasser, ½ Glas süßen Malvasier-Wein, ersatzweise süßen weißen Port oder Ähnliches, Schale einer Bio-Zitrone, ½ - 1 TL frisch gemahlenen Zimt
Kochgeschirr: 1 Kasserolle, 1 Eisenpfanne

Zubereitung:
Das Wasser erhitzen, den Zucker einrühren und bei mittlerer Hitze zu einem sirupartigen Läuterzucker einkochen. Währenddessen die abgezogenen und sehr fein gehackten Mandeln in einer Pfanne ohne Öl unter Wenden hellbraun rösten. Die Mandeln langsam in den Sirup

einrühren und aufkochen lassen. Den Topf vom Herd nehmen und einige Minuten abkühlen lassen. In dieser Zeit die Eier trennen und die Eigelbe verquirlen. Das Eigelb sowie den Malvasier, die geriebene Schale der Zitrone und den Zimt mit einem Holzlöffel unter Rühren unter die Mandelmasse ziehen, dann nochmal vorsichtig erhitzen. Sobald die Masse kocht, 3-4 Minuten unter Rühren auf kleiner Flamme nachziehen lassen. Die Mandelcreme in Dessertschälchen füllen und kalt stellen.

Beilagen:
Vanilleeis, Vanillepudding, Schlagsahne

Tipp: Als Variante mit dem Sirup getränkte Biskuitkekse unter die Crème geben.

Danksagung

Dr. Heiko Jacobs, Villa Seligmann, half mit interessanten Literaturtipps und Hinweisen zu Sigmund Seligmann, über dessen Leben leider nur sehr wenig überliefert ist.

In der Firma Wohlenberg in Hannover-Döhren gab es, vermittelt durch Edelgard Wollny, profunden Anschauungsunterricht zur Gummiverarbeitung.

Marion und Wolfgang Jüttner schenkten mir umfangreiche Literatur über Linden und zur Geschichte der Frauen.

Ein großer Dank geht an meine bewährten Testleserinnen: Angelika Behrens, Christa Hoffmann, Margo Ott-Siedentopf, die nicht nur den Fehlerteufel jagten, sondern auch den Finger auf psychologische Ungereimtheiten legten und dadurch an einigen Passagen meine »feine Feile« anregten!

Dr. Karin Ehrich, Büro für Geschichte, eine profunde Kennerin sowohl der Frauen- als auch der Regionalgeschichte, steuerte viele historische Details bei und las mit spitzem Bleistift sehr genau Korrektur.

Tina Jordan stellt auf La Palma wunderschönen und aparten Silberschmuck her – und fand noch einiges an Schnitzern – besonders bei den spanischen Begriffen …

Euch allen gilt mein herzlichster Dank für Eure sorgfältige Durchsicht und die damit verbundene Zeit, die Ihr mir geschenkt habt.

Mein Freundeskreis verdrehte nur selten die Augen, nahm die Ankündigungen, bis zu welcher Manuskriptseite ich gerade vorgedrungen sei, Mut machend entgegen. Verständnis herrschte auch beim zeitaufwendigen Endspurt des Manuskriptes. Besonders danke ich Günter Tyrakowski, der mir wieder tatkräftig den Rücken frei hielt.

Mein erneuter Dank geht an Leitung und Team des Hotels Sol La Palma in Puerto Naos, wo die ›escritora‹ wieder freundlichst zur Schreibklausur aufgenommen und unterstützt wurde. Auch bekam ich die Möglichkeit zu mehreren Lesungen aus meinem zweiten Roman ›Verheimlichte Liebe‹, der sechzig Seiten über La Palma 1891 enthält.

Dank an Yasmin Ehlers und Renée Repotente vom Schardt Verlag für das kundige Lektorat.

Uwe Köhl danke ich für das Layout und Barbara Bär vom ELVEA Verlag für die tolle Gestaltung des Covers. Beide haben den ehrgeizigen Zeitplan für die Neuauflagen tatkräftig unterstützt.

DANKE an alle!

Handelnde Personen

Sophie von Elßtorff, Schulfreundin von Ernestine Jacob, heiratet Anfang 1870 in München und zieht dann zu ihrem Mann nach Hannover
Maximilian von Elßtorff, Architekt, Mitglied einer Freimaurer-Loge
Heinrich von Elßtorff, der einzige Sohn, Student der Medizin in Berlin
Elsa Martin lebt seit ihrem vierten Lebensjahr als Waise bei Familie von Elßtorff
Emilie Sartorius, Zwillingsschwester von Elsa
Ernestine Jacob, Mutter der Zwillinge Elsa und Emilie
Wilhelm Jacob, Vater von Ernestine, Möbelfabrikant, ›Solida-Comfort-Möbel‹ in Linden bei Hannover
Edelgarde Gräfin von Potocki, eine weitläufige Cousine von Sophie
Karla Käppel, Diakonisse der Henriettenstiftung
Marga Lheiß aus Linden, Witwe, Haushälterin bei den von Elßtorffs
Isidora Kaulbach, Tochter des Malers Friedrich Kaulbach, befreundet mit Elsa, ebenso beteiligt an der Aufklärung mysteriöser Geschehnisse in den vergangenen Jahren wie
Cord Breuer, Sohn des ›roten‹ Breuer, befreundet mit Elsa, demnächst Student des Maschinenbaus
Hannes Breuer, Volksschullehrer, Sozialdemokrat
Luise Breuer, Pfarrerstochter, seine Frau
Theobald von Lensing, Chemiefabrikant, inoffizieller Verlobter von Isidora
Dr. Victor Rehnhoff, Jurist, Rechtsanwalt und Strafverteidiger, Sophienstraße 10 mit Detektei Greiff
Dr. Friedhelm Petzold, langjähriger Hausarzt der von Elßtorffs
Kalle und Pauline, Geschwister aus Linden
Familie Helmcke: Fritz, Arbeiter in der Lindener Actien-Brauerei, Johanne, Waschfrau, Töchter (6, 10, 13) und Sohn (8), wohnen in der Charlottenstraße
Familie Stambrowsky: Paul, Vorarbeiter bei der Continentalen, Anna, früher Vulkanisiermädchen, jetzt Heimarbeiterin, fünf Töchter, wohnen in der Viktoriastraße.

Sigmund Seligmann, Direktor der Continental-Caoutchouc- und Guttapercha-Compagnie AG, kurz Continentale, wohnt in der Prinzenstraße

Criminal-Inspector Justus Hahn, Polizeidirektion Brandstraße

Weitere Bücher von Barbara Schlüter

Vergiftete Liebe

ISBN 978-3-946751-82-3

Die eigensinnige Elsa Martin ist fasziniert von Detektivgeschichten à la Sherlock Holmes. Der mysteriöse Tod eines Ensemblemitglieds am Königlichen Schauspielhaus versetzt nicht nur sie, sondern ganz Hannover in Aufruhr. Zugleich bietet er aber eine Ablenkung von den beherrschenden sozialen Themen der Zeit, der Arbeiterbewegung und den Forderungen der Frauen nach mehr Rechten. Mit Scharfsinn, Beharrlichkeit und einigen Tricks kommt die junge Frau dem Täter auf die Spur.

Verheimlichte Liebe

ISBN 978-3-946751-81-6

Welch ein Schock! Kaum hat sich die junge Elsa von den Ereignissen am Königlichen Schauspielhaus erholt, wird ein Geheimnis im Haus der Familie von Elßtorff gelüftet, das alles ins Rollen bringt. Nach dem plötzlichen Auftauchen der Zwillingsschwester Emilie fährt die Familie zur Sommerfrische nach Norderney. Dort ergeben sich überraschende Hinweise zur Herkunft der Zwillinge. Elsa kann nicht anders, sie wird zur Detektivin in eigener Sache und reist gemeinsam mit ihrer Entourage auf Spurensuche an den Ort ihrer Geburt: die kanarische Insel La Palma …

Verschaukelte Liebe
ISBN 978-3-946751-02-1

Hannover im Herbst 1891.
Die eigensinnige Elsa Martin, Ziehtochter in der Architektenfamilie von Elßtorff, ist verliebt. Allerdings stehen dem Glück der Zwanzigjährigen zahlreiche Hindernisse im Weg.
Dass auch andere junge Frauen große Probleme bewältigen müssen, erfährt sie hautnah durch Kontakte zum Magda-lenium, dem Asyl für gefallene Mädchen.
Eine exklusive, ausgedehnte Lustreise zur See in den Orient im Januar 1892 verspricht erholsame und abwechslungsreiche Wochen. Familie von Elßtorff ist mit von der Partie, aber Schmuckdiebstähle, gefährliche Unfälle bei einem Mitglied ihrer Reisegruppe, vor allem aber Elsas ureigene heikle Situation, lässt die Familie nicht zur Ruhe kommen.

Verschacherte Leben
ISBN 978-3-946751-83-0

Hannover in den 1890er Jahren: die Moderne kündigt sich an.
Die Zwillinge Elsa und Emilie kehren 1892 gemeinsam mit ihrer Mutter Ernestine Jacob, deren Freundin Josefina und Elsas Tochter Elisabeth von La Palma nach Hannover zurück. Sie ziehen alle auf den Lindener Berg, wo Großvater Wilhelm Jacob einen Flügel an seine Villa hat anbauen lassen. Es gibt viele Veränderungen: Die Zwillinge bereiten sich darauf vor, in die großväterliche Möbelfabrik einzutreten – ein für die Zeit ungewöhnlich fortschrittliches Vorhaben –, während ihr Großvater seine Hochzeit mit Marga Lheiß plant. Sophie von Elßtorff, Ziehmutter von Elsa, Johanna Seligmann und ein Kreis von engagierten Frauen wollen etwas für ledige Mütter tun, deren Lage meist desolat ist.
Dabei werden sie auf eine Problematik aufmerksam, die mehr und mehr die Gemüter der Zeitgenossen bewegt: der internationale Frauen- und Kinderhandel. Alle ahnen nicht, dass sich etwas zusammenbraut, was sie unmittelbar betreffen wird…

ÜBER:LEBEN 1947

Hannover ist eine Messe wert

ISBN 978-3-911379-11-3

Hannover 1947. Die Stadt liegt in Trümmern. Hunger, Schwarzmarktgeschäfte und Kälte prägen den Alltag.
Doch die britische Besatzungsmacht hat große Pläne: Eine Export-Ausstellung soll mitten im Chaos den Aufbruch in eine bessere Zukunft ermöglichen.
Die eigenwillige Elsa Jacob-Breuer, Jahrgang 1871, hat ihre Werkstätten für feine Holzverarbeitung in Hannover-Linden erfolgreich durch zwei Weltkriege geführt.
Sie erkennt sofort die einmaligen Chancen, die eine Messe bietet.
In einer Männerdomäne und unter widrigsten Bedingungen baut sie gemeinsam mit Tochter und Enkelin Messestände und präsentiert einen eigenen Stand.
Womöglich ist es der Götterbote Hermes, Schutzpatron der Export-Messe, der Bewegung in das Liebesleben der Jacobschen Frauen bringt, er ist jedoch nicht immer so treffsicher, wie sein Kollege Apoll...
Die erste Export-Schau und die folgenden Messen werden ein großer Erfolg.
Zwei spezielle Besucher tauchen überraschend auf: Ein nach Palästina ausgewanderter Blutsverwandter sowie aus Argentinien ein skrupelloser Schurke. Es kommt zu dramatischen Ereignissen.

Mit großer Detailfülle und packendem Stil lässt Barbara Schlüter das zerstörte, aber couragierte Hannover jener Jahre lebendig werden.
Sie erzählt faktenreich und mitreißend vom Neubeginn einer Stadt und vom Aufbruch in das deutsche Wirtschaftswunder.

Ausgerechnet zum Feiertag - Historische Mordsgeschichten
ISBN 978-3-946751-83-0

In Hannover und der weiten Welt ist man um 1900 nicht sicher vor ungewöhnlichen Mord(s)geschichten. Brenzlige Situationen häufen sich ausgerechnet zu den Feiertagen. Es trifft Ehepaare, Maler, Sucher nach einer heiligen Quelle, eine uneheliche Welfentochter - gerät selbst Kaiser Wilhelm II. in Gefahr? Schauplätze sind Berlin, Braunschweig, Gmunden in Österreich, Hannover, Konstantinopel, Kuba, La Palma, Linden, Norderney und St. Blasien.

Barbara Schlüter, Schriftstellerin und Historikerin, recherchierte wie stets akribisch in unterschied-lichen Milieus und förderte so manch Überraschendes zutage ... Mit vielen historischen Aspekten und Beschreibungen zu Ortschaften und Gegenständen lässt sie das späte 19. und frühe 20. Jahrhundert lebendig werden.